# 旅客

姜輝 ——————— 著

## 目錄之沙漏篇 ▏

序言　008

旅人心聲　009

香巴拉之門　010

我的小鎮　028

「卡夫卡式」流浪　032

早安，臺北　036

漂泊的心停泊在基隆港　041

陽明山，秋的別館　048

鹿港小鎮　056

九份，悲情城市　064

晚安，大地的孩子　071

柏林蒼穹下　080

咫尺天涯　092

海岸序列　098

氣泡男孩　107

冷冷的河　113

賭徒的考驗　117

恩賜大地　125

無聲巴塔　133

聖徒的節奏　143

題目，東京‧鎌倉　152

尾聲　166

## 目錄之銅弦篇 ▏

前言　170

藍色三部曲之「藍袈裟」篇　171

春風拂動了藍袈裟　172

克利須那，笛聲飄零　182

毗濕奴的旅夢　191

藍色三部曲之「藍十字」篇　208

被愛的藍十字　209

藍色三部曲之「十誡」篇　222

電腦兒童　223

遺書，告別的年代　233

戀曲　243

旅程　252

葬犬，生命的妄證　265

蒲公英　273

應許的聖詠　287

婚禮　300

宿命的巴別塔　309

鄉愁，八音盒　317

「藍色十誡」之番外篇　329

海上花　331

本傑明　346

「藍色三部曲」完結語　365

雅園　366

聖韻　379

日落之處　395

尾聲　414

結束語　417

沙漏篇 ┐

# 序言

　　北京，杭州，香港，大阪，慕尼黑，約翰尼斯堡，巴黎，布拉格，伊斯坦布爾，臺北，柏林，費拉拉，波多菲諾，普羅旺斯，戛納……

　　音樂、相片、文字、電影。

　　執著於理想，或者那份執著變成了偏執，都遠比非常痛苦地去認可一個沒有幻夢的事實或適應一個剝奪曾經擁有夢想的現實來得積極，那樣又如何呢？是吧？

　　美國民謠歌手James Taylor曾經講過一段話：「A secret of life is enjoying the passage of time, any fool can do it, there ain't nothing to it」。

　　生命的意義在於享受時間的過程，簡單卻真摯的一段話。

　　我很喜歡用「旅行」這個詞，而不是「旅遊」。

　　「旅遊」的概念很簡單，拍拍風景，寫下一段文字，記錄一段終生難忘的影像，或者「血拼」買回大包小包心愛的紀念品，都是對每個人來說非常幸福的一件事情。

　　「旅行」呢？除了這些，我認為應當有更深刻的內涵。

　　旅行是一個整體過程，從最初的設想甚至突發奇想，到一步步為計畫而努力，待到計畫備妥，就開始倒計時一樣的期待，直到背上行囊出發，歷經旅途種種難忘的片段，再到歸來後的整理與總結，此後長時期的回味，直到褪色、沉澱成為記憶，甚至若干年後突然重拾旅程中的一份驚喜時，那如獲至寶的激動。

　　身臨其境獨一無二的感受，是任何別人的文字和圖片無法取代的。

　　因為你親臨其境，因為你心在旅途。

　　出發吧。

# （一）旅人心聲

出發吧，去遠行。

會旅行的人永遠擁有一顆年輕的心。

如果你對這陳舊的環境感到失望，就去那片旅程中未知的領域發現全新的自己。

如果你是一個戀家不愛出門的人，在一次旅行後，你會更愛你自己的家。因為，在旅途中，你才能最徹底的感受到你有一個家，而那個家，原來比想像中要溫暖得多。

不管你是什麼樣的人，只要你在旅途中，就已經足夠。

出發吧，My Traveling Star。

# （二）香巴拉之門

## 1. 寂靜山間的佛陀

如果你嚮往那夢一樣的天堂，如果你心中始終相信那個叫做烏托邦的地方，如果你已經找到了屬於自己的桃花源，那麼，你一定知道一個地方，一個屬於西藏這片神奇土地的地方，她的名字叫做香巴拉。

如果你踏上一段特別的旅途，你一定會暫時忘掉天堂，忘掉烏托邦，忘掉桃花源，心中只剩下對香巴拉的嚮往。

因為你旅途的前方是西藏。

2007年7月，當自己清晨離開北京，搭上飛往拉薩的航班，在四個小時的航程中，內心一直被激動與緊張夾雜在一起的忐忑佔據。激動的是我終於要來到這個雖然並不遙遠卻對自己來說完全未知的地方，緊張的是高原的環境我能否適應。要知道，雖然我也去過四川、雲南一些高海拔的山區，但那畢竟只是由低到高的短暫漸進過程，而西藏是完全不同的，在這裡，我將在高海拔的籠罩中日復一日度過半個月的時間。

終於，當我看到舷窗外壯麗的珠穆朗瑪峰時，我知道西藏快要到了。

走出拉薩貢嘎機場，馬上有了特殊的反應：呼吸變得急促，膝蓋有些酸軟無力，但除此之外，我沒有絲毫的不適應，心中一塊石頭終於落地，萬幸，看來自己的身體狀態還算不錯，適應三千米以上的海拔應該沒有問題，雖然三千米對於西藏來說也僅僅只是一個底線而已。不過也不可以放鬆警惕，畢竟有些人是來之後的第二或者第三天才開始出現不良反應的。

乘車離開貢嘎機場，道路兩邊尽是高山，我問藏族小夥子紮西這是什麼山，那是什麼山，他一直用獨特的藏族口音重複回答我：「喜瑪拉雅山、喜瑪拉雅山……」。這個憨實的藏族小夥子沒有修飾詞，因為山全部屬於喜瑪拉雅山脈，山就是完全自然的山。

有時候，對自然風景注入太多的人文氣息反而失去了真實。

如果說在貢嘎機場對西藏還沒什麼切身感受的話，那麼隨著向拉薩市

行進的過程中窗外盡收眼底的風景越來越豐富，我終於有了對這片高原美麗風光的最初印象。

突然，紮西叫停車子，帶我們來到路邊一個山口，看起來神神秘秘的，也沒有什麼當地人來往經過，我帶著懷疑的態度隨他進去，畢竟這太不符合我們思維定式中參觀遊覽的程式。可是當我進去之後，抬頭看到山口裡的景象時，頓時大吃一驚！

一尊釋迦牟尼佛像不知是手繪的還是鑲嵌在山壁上，還有其他一些佛陀的畫像，以及無數個信徒獻上的潔白哈達，組成一幅極具個性的景象：縹緲的白雲下，蒼茫的群山間，居然在寂靜山谷裡有一尊無數潔白哈達供奉的佛陀，這給了初到西藏的我視覺上從未有過的奇特衝擊，完全顛覆了以前看景象的傳統視角。此時除了我們根本沒有其他人，那種信徒來來往往頂禮膜拜的景象完全不存在，況且這個地方並不在拉薩市區，只是在貢嘎機場到拉薩途中的山路旁，我內心深處頓時對這個地方平添了太多神秘的憧憬。

和同行人一路聊天，餘光看到的都是山，可突然一個轉彎，經過一條很普通的小路後不經意間豁然開朗，感覺拉薩市一下子就到了，寬闊的馬路，被群山包圍的城市，無論你駐足在城市里任何一個十字路口，四個方向都可以看到不遠處的蒼山、白雲。這又一次打破了自己思維的常規，我以前經歷過很多次從郊區到城市的過程，或者循序漸進，從鄉村風光的安靜到逐漸熱鬧起來、一直到喧鬧的都市；或者像歐洲那種田園式的生活，鄉間和城市並沒有很大的跨越。而這次進入拉薩則完全不同，是一種突然的轉變，甚至有些生硬的轉變，就是在這種狀態裡，我已然來到了拉薩。

深深吸一口氣，迎接這奇妙的空氣。

高原，雪域，佛土，還有夢中的香巴拉之門⋯⋯⋯⋯

我有半個月時間去親身體會這神秘地域帶給我的激動、虔誠、淨化與銘記。

傍晚時分，體驗了藏族人的盛情款待，欣賞了精彩的歌舞表演後，漫步在已經八點多的拉薩，天居然還很亮，甚至我都沒有感受到黃昏向黑夜過渡應該出現的柔和光線。

晚上我完全摒棄了朋友的告誡，來到西藏的第一天就痛痛快快沖了個

熱水澡，把水放得很熱很熱，甚至有蒸籠的感覺，我相信自己一定可以戰勝高原反應，這是我半個月行程徹底征服自我的宣言。

結果呢?我安然無恙，甚至第二天一早很多人問我是不是也失眠的時候，我驚訝於自己昨晚近乎于完美的安睡。

或許是佛陀的指引，讓我安然度過拉薩的第一個完美夜晚，在睡夢裡，我看到了那個遙遠的香巴拉。

## 2. 翻越，米拉山口

清晨，拉薩陰天的清晨。

陰鬱的天氣，因陌生而陰鬱的心情。

出發，前方，遙遠的前方：林芝。

第一次坐車趕這麼遠的路，從清晨的拉薩，到黃昏的林芝。

一直在路上，大概十一、二個小時的車程。

之後的半個月時間裡，我們幾乎都是在每天十幾個小時的車程中度過的。

其實我個人在旅行中最喜歡的就是這種方式，在旅程中從一個地方出發，到另一個陌生的目的地，享受著沿途中的風景、音樂、甚至疲勞後的酣睡。從成都到九寨沿著洶湧的岷江；從烏魯木齊到阿爾泰山沿著沙漠、戈壁；從京都沿著太平洋閃光的海岸到橫濱；從北海道鄉間沿著雪地裡天然流淌的溫泉泛起的飄渺輕煙一路到札幌；從瑞士山間小鎮洛伊克巴德聽著歡快的波爾卡一直到阿爾卑斯山雪朗峰頂；正是這份沿途的驚喜給予我最為難忘的記憶。

甚至讓我忘記了曾經到過的真正目的地，反而不斷回味著沿途經過的片段。

其實路本身就是一種境界，只要你人在路上，心在路上。

無論是熟悉的歸途，還是陌生的旅程。

不過西藏相比較而言還是有其獨特一面的，一路行進中隨著海拔不斷升高，我感受到不斷加重的呼吸，但一路上我們的確享受到了純粹的自由自在，看到沿途的美麗風景，可以立刻叫紮西停車，然後下車坐在草地上，望著不遠處藏民一家的聚餐，望著更遠處遍地的牛羊，當然還有綠草

與格桑花映襯下遙遠的喜瑪拉雅雪山。

車行大概兩小時後，來到拉薩河畔。

拉薩河水緩緩流向遠方，這混濁的河水。

沒有人為的污染，只是沙土將清水變渾，你能說這混濁的河水不是一種另類的潔淨？

河邊有很多碎石子，但我沒有拋一粒到河中。畢竟，拉薩河的水永遠在流淌，她並不是永遠寧靜的蘇黎世湖，就算拋一粒石子，也永遠不會泛起漣漪。

這也是我認為西藏不同於瑞士的另類魅力。畢竟，我可以乘坐高科技的纜車到達阿爾卑斯主峰頂，但除非是登山隊員，否則珠穆朗瑪是我這樣的旅者永遠無法到達的巔峰，而僅僅只能遠望而已。

很快，來到拉薩墨竹工卡縣與林芝工布江達縣界，準備翻越海拔5013.25米的米拉山口。海拔五千米以上的山口，除了呼吸沉重，我仍舊沒有明顯的高原反應，看來完成整個西藏之行應當沒什麼問題了。

從米拉山口開始，除了看到有美國人在草地裡隨便搭個帳篷全家開始露營之外，已經很少看到有當地藏民往來。而且看不到藏民的村落，經幡倒是隨處可見，只是缺少了虔誠的朝聖者，雖然從林芝到拉薩，這裡是朝聖者的必經之路。

翻越米拉山口後，高原特點的景象更加明顯，連山頂的積雪仿佛都距離我很近很近。

翻越這藏民心中的神山后，車停靠在路邊，我只身望向遠去的路，那似乎通向遙遠天邊的路。

一直陰霾的天氣，讓我難免失落，畢竟強烈的陽光照射會讓這裡的一切有完全不同的視覺效果，不過紮西說七八月份已經是西藏最好的季節，氣候濕潤，陽光也沒有那麼惡毒。雖然同伴告訴我就算沒有陽光也不要摘掉墨鏡，因為紫外線的強烈照射一直存在，但我還是把墨鏡很快摘掉，甚至防曬霜都沒有塗在臉上，有時候旅行就是要入鄉隨俗的，經歷此時米拉山口強烈的紫外線照射，不也是一種特別的體驗嗎？如果自己在半個月之後曬成像紮西一樣健康的黑色皮膚回到北京，也算是自己西藏之旅的一份特別見證。

翻越米拉山口後，正式告別了拉薩。

前方，西藏的江南——林芝。

## 3. 蓮花生大士保佑的聖湖

枯竭的河床，並不感謝它的過去。

——《飛鳥集》，泰戈爾（印度）

巴松措湖並沒有枯竭，永遠不會。

因為蓮花生大士永遠保佑著她。

所以她成為紅教寧瑪派教徒心目中的聖湖。

告別拉薩，一路向東，在尼洋河谷中穿行，中午時分太陽出來了，林芝的江南風情也漸漸明顯：明朗的山，清涼的水，鬱鬱蔥蔥的森林。只不過完全沒有江南的委婉、含蓄，而是帶著一份西藏的原始狂野。

這西藏的江南用「山清水秀」來形容其實並不恰當，尤其當我看到那充滿野性的山巒，還有那冷冷的尼洋河。

在川藏公路上一路行進，危險的盤山路連簡單的護欄都沒有。終於，在下午到達巴松措湖區。只不過從湖區入口開到湖邊又走了大概四十公里，而且還是盤山路，這種行進過程像極了以前去北疆的風格，只不過那次是深秋，漫山遍野都是絢爛的紅葉，和深藍色的河水很是登對。

這次是西藏的夏天，青山和綠水反而沒有帶給我多少震撼，至少沒有超越那次深秋時節的新疆。

也許我已然審美疲勞。

不過真正到了巴松措湖湖畔，濃厚的藏域風情還是立刻顯現出來。翡翠綠色的湖水清澈，湖心有一座小島，和我們的紮西同名叫做紮西島。島上有一座藏傳佛教寺廟，名叫錯宗工巴寺，是紅教寧瑪教派的寺廟，裡面供奉的是紅教的開山祖師蓮花生大士，寧瑪教派的信徒們每天絡繹不絕來供奉他們的精神嚮導。有意思的是，寺廟外有幾隻遍地亂跑的西藏黑色小豬，瘦瘦的好像小狗一樣跑得飛快，而且這群小豬根本不怕人。

看！一幅生動有趣的畫面：白雲青山環繞的聖湖中央，有一座小島，

島上有一座寺廟，廟外的佛教徒們轉動著手中的經筒參拜著聖湖，而就在不遠處是一群歡樂的小豬們在追逐奔跑……

在自然、人與動物共同交織的和諧畫面裡，我仿佛頓悟到宗教精神的真諦。

是六道輪回的精神與告誡，造就了這幅畫面。

離開巴松措，距離目的地林芝八一鎮還有很長一段路途。沿途風景越來越偏向巴山蜀水的風格，趕在黑夜來臨之前，我們抵達了八一鎮。

從拉薩到林芝，這一天我們大概走了將近五百公里的路。

五百公里陡峭、險峻的山路。

晚餐後，和幾個同伴不甘於這麼早就在旅店打發在林芝的第一個晚上，所以就趁著天黑前，輕輕鬆鬆到鎮上步行閒逛。走在鎮上最繁華的一條街道，不知什麼原因我感覺自己好像回到了九零年代初北京的一條很普通的商業街上，是一種說不出來的似曾相識的味道。

街邊有個藏族姑娘烤著土豆，沒有叫賣聲，吸引我過去的是那陣陣難以形容的香氣。也許是一天顛簸險惡的路程令我感到疲勞和饑餓，說真話，我從來沒有聞到過這麼香的烤土豆，哪怕在北京經常出沒於各類地道的燒烤店也從來沒有聞到過。金黃色的土豆冒著熱氣，塗上些牛油，再撒些辣椒粉，簡單自然的美味。於是我買了幾串開始津津有味吃起來，同伴中有位大姐帶著自己的小女兒，我看得出這個小女孩也想嘗一嘗，但很明顯她的媽媽不願意讓她隨便吃路邊攤的食物，畢竟現在的父母過分溺愛自己的孩子。看到這種情況，我輕鬆笑著說：「嘗嘗吧，我請你吃！」母女倆人還是有些不好意思，但總不能拒絕我的「盛情邀請」嘛！

我總感覺現在的家長對孩子的拘束未免太多了些，比如食物，總是關注哪個有營養，哪個衛生與否，其實他們忽略了最根本的一點，品嘗各地的小吃有時不是以營養、衛生作為標準的，而是一種體驗不同生活的人生態度。

小女孩津津有味高興的吃著土豆，我其實從心裡羨慕她，還是小學生就已經從北京到這麼遙遠的西藏，這在我的童年是無法想像的事情，是那時候根本無法實現的一個夢。雖然現在的小孩子童年已經少了很多歡樂，我們小時候成天玩耍的時光早就不復存在，但他們遠行的機會要遠遠超過

我們的童年。

　　試想，當這些小孩子在多年後重聚，回憶起各自的童年，一個說我參加了多少個補習班，另一個說我有多少次考試名列前茅，而她卻可以說那時候我就已經去過遙遠的西藏。

　　我一直認為，從某種角度來看，一次親身經歷的旅行，意義要遠遠大於無數次教室裡的補習課。特別是隨著時間的積累這種意義更加明顯。因為旅行中的見聞是你親身感受到的，這種獨一無二的感受，任何人就算用再好的文字、圖片也取代不了，也正是這種感受讓你的人生更加豐富。

　　我們的旅店就在尼洋河畔。趁著黑夜前最後的暮色，漫步在河邊，望著寬闊的尼洋河水流向遠方。

　　白雲壓得更低。

　　這朵朵白雲仿佛不是在天上，而是從尼洋河水中升起來的。

　　尼洋河依舊是冷冷的尼洋河，比中午時分更冷。

## 4. 害羞的南迦巴瓦

　　我旅行的時間很長，旅途也是很長的。

　　天剛破曉，我就驅車起行，穿遍廣漠的世界，在許多星球之上，留下轍痕。

　　離你最近的地方，路途最遠，最簡單的音調，需要最艱苦的練習。

　　旅客要在每個生人門口敲叩，才能敲到自己的家門，人要在外面到處漂流，最後才能走到最深的內殿。

　　我的眼睛向空闊處四望，最後才合上眼說：「你原來在這裡！」

　　這句問話和呼喚「呵，在哪兒呢？」融化在千股的淚泉裡，和你保證的回答「我在這裡！」的洪流，一同氾濫了全世界。

　　　　　　　　　　——《吉檀迦利》，泰戈爾（印度）

　　清晨，繼續沿著川藏公路前行，目的地：魯朗。

　　小女孩一大早就告訴我昨天晚上的土豆真好吃，我笑了笑，看來我在土豆上注入的深意還是起了效果。

　　從八一鎮出發大概走了八十多公里才到魯朗。一開始都是平坦的公路，可沒過多久就進入了陡峭的盤山路。

　　遙遠得如同一條條銀蛇的公路望不到盡頭，在群山間盤旋交織。我坐在車裡靠窗的座位，隨便一個轉彎就可以看到窗外如同深淵一樣的山谷。

　　魯朗因為林海而著名。林海是完全天然的林海，被低處的灌木叢和高處的雲杉群包圍，以及廣闊的草甸，除了這些，還有對面神秘的南迦巴瓦峰。

　　海拔七千多米的南迦巴瓦峰一年也許只顯現三四次，大部分時間都被雲霧籠罩。所以如果可以看到的話，對於旅行者來說真的如同中了頭彩一般，對於佛教徒來說更是一生圓滿的願望。我沒有這麼幸運，在林海對面只看到縹緲的白雲，哪裡有山峰的影子？

　　也許，我沒有必要像那些專業攝影師一樣在魯朗天天苦等南迦巴瓦峰的出現，而應該像佛教徒那樣用一顆平和的心來看待這當地人眼中的「羞女峰」，畢竟，我此刻就站在她對面，不管她是明朗的，還是縹緲的，是清晰的，還是羞答答的隱藏起來。

　　又何必在乎一時的遺憾呢？畢竟古老的佛偈在我心裡回蕩：放下，即擁有。

　　蒼茫的天與地，人是那麼渺小的存在，真實的存在。

　　經歷過的，也一定會真實的存在著。

　　離開魯朗的途中，紮西突然神秘的像給我們一個驚喜一樣叫停了車子。下車後，他手指向山坡遠方的風景，告訴我們那裡就是尼洋河畔的村落。

　　昨天晚上，我還漫步在這條河邊。當時的河水在傍晚好像變成了黑色，在冷酷的流淌。

　　我當時感覺這冷冷的尼洋河水一定會流向那同樣冷冷的山巒。

　　現在，這水又是這般輕柔、縹緲，哺育著尼洋河岸邊的村落，洋溢著幸福的生活氣息。

　　原來，冷冷的尼洋河，也是一股熾熱的暖流。

　　以前一直對大自然無比信服的我，現在，就在凝視的這一刻，生平第一次開始崇拜這完全天然的畫卷，發自心底徹徹底底的崇拜。

### 5. 山間偶遇，虔誠的朝聖者

在林芝度過靜謐的兩天之後，返回拉薩。

又是一段四、五百公里的旅途。

並不孤單也不枯燥的旅途，因為沿途的驚喜在繼續。

清晨，沿著尼洋河畔，來到阿旺晉美的故鄉村莊。

村口矮長的石臺上，安祥的老人們微笑安坐，用平和、緩慢的節奏，輕輕搖動手中的轉經筒。

藏民的家門口，遍地繽紛的格桑花，一條友善的老狗在呼呼大睡。

家裡面，藏族阿媽正在烙著熱騰騰的青稞餅，我們每個人手捧著一杯香噴噴的酥油茶。

每個人都在隨意的唱著，無論是烙餅的阿媽，還是外面草地上調皮的孩子，都在用高亢的藏式嗓音，唱著我聽不懂的藏語歌曲。

對民謠、搖滾音樂有一定見解的我，理解他們這質樸天然裡展示的最高音樂境界。其實，音樂本身是沒有什麼專業與非專業、學院與業餘之分的，只要你用心去唱，我用心來聽，就已經足夠。

當你看到一位專業演唱者在華麗的舞臺上用自己慣用的技巧一次又一次重複在獻藝，或者當你看到廣袤的非洲大草原，一個貧窮的黑人小夥子隨性的一邊舞動一邊歌唱，你能說哪個更高級，哪個更能打動聽眾的心嗎？

起碼對我來講，我肯定會選擇後者。因為後者更真實，沒有那麼多刻意的修飾和濃重的商業氣息，只有天然的純粹。

距離林芝漸漸遠了，尼洋河畔平坦的道路也被仿佛永遠也繞不完的雅魯藏布峽谷取代。

在我漸漸入睡的時候，紮西又一次突然叫停了車，告訴我們遇到了朝聖者。

這是我來到西藏後一直盼望的時刻。哪怕在峽谷中不止一次看到外國青年獨自一人騎著山地自行車掛著水壺和導航系統勇往直前，也抵不上一個虔誠的朝聖者給我帶來的震撼強烈。

可是當自己下車後真正看到這些朝聖者時，與想像中的畫面簡直有天

壤之別。畢竟自己在電視上經常看到的畫面是一位身著藏袍的老婆婆搖著轉經筒向著神山亦步亦緩的叩首膜拜。可我此時親眼所見的卻是完全不同的場景：幾個年輕的小夥子，或許比我年齡還要小幾歲，每個人穿著簡樸的衣服，一張類似于廚師大圍裙一樣的牛皮掛在身上，雙手套著木板，就在雅魯藏布險峻的峽谷山路旁叩首、前行。

和他們攀談起來，原來這幾個人是從四川的藏區老家出發，前往目的地拉薩的布達拉宮，在遇到我們這時候已經走了八個月，晚上他們就睡在一輛類似於電動三輪車那樣的篷子裡，車裡有青稞餅和水作為補給。白天他們就這樣幾步一叩首的前行，我問他們從四川用這麼簡單的交通工具來這麼遠的地方究竟為了什麼，一個小夥子說沒什麼特別的原因，來布達拉宮朝拜是他一生的願望，而且是必須實現的願望，接著他憨厚的笑了笑，這笑容在我眼裡是如此平和、淡然，甚至和他飽經惡劣天氣侵襲的粗獷臉龐極不相稱。

同伴們開始像記者一樣用手中的相機不停拍照，甚至模仿他們叩首朝拜的動作，要知道，身體完全平躺在地上，然後起身，才算完成一次朝拜。

但我沒有，既沒有拍照，也沒有跟著叩首。因為我認為這打破了古樸的氛圍，甚至是對他們朝拜精神的一種侵犯與干擾。

不過我此刻心中的感動也許是所有人當中最強烈的。畢竟，電視上老婆婆的朝拜，神山就在她面前。而這些青年，在峽谷裡用肉眼根本望不到朝拜的對象，他們卻仍然執著的望向遠方。

布達拉宮雖然不在他們眼前，卻一直在他們的心裡面。

他們是真正的朝聖者，心靈的朝聖者。

曾經因看到羅馬教皇被基督教眾如同神一般的頂禮膜拜感染，也曾經被穆斯林聖地麥加朝聖的畫面震撼。此刻，我終於發現，原來佛教徒，也一直在用自己古老的方式，甚至不在乎別人是否在關注，平靜、執著的延續著宗教精神的真諦。

告別，他們並沒有揮手，而是用雙手合十的方式送別了我們。

下午，徹底告別了林芝，拉薩已經不遠了。這屬於我眼中林芝的最後風景，保留在印象裡。

從林芝到拉薩，從一個陌生的地方到另一個陌生的地方，相對而言，拉薩顯然親近了很多。畢竟，這次是重返。

甚至拉薩在我心裡已經是一個家，一個旅途中離開、但終究會回來的、特別的家。

## 6. 布達拉宮、大昭寺

來到布達拉宮，在清晨。

本以為起得很早，人應該很少，誰料到門口已經排起長長隊列，大多數都是背包客，這一天他們的運氣實在不好，大概早上不到九點，當天的門票就已售罄。

紮西幾天前就訂好了今天的票，所以我們沒有失望而歸。

看來旅行還是要提前做好準備的，畢竟預想的計畫無論多完美還是抵不過實際情況的變化。

其實自己對布達拉宮根本不瞭解，只知道這屹立在紅山上高達一百多米的宮殿，是政教合一的中心，是藏傳佛教信徒心目中的最高聖地。

「布達拉」源於梵語「Potalaka」的同音翻譯，意為「佛教的聖地」。

至於布達拉宮的建築風格、結構特點、藝術成就等等，我就完全不知曉了。畢竟，在拉薩，布達拉宮從高度上、氣勢上帶給每個人的震撼實在太過強烈，以至於人們將全部精力都集中在第一眼看到宮殿那一刻的視覺震撼上，從而完全忽略了其內在的內容與氣質。

布達拉宮外的人也著實太多太多，無論是每天從早到晚朝拜的信眾，還是絡繹不絕的遊客。

所以，安靜的布達拉宮我是不可能看到的。

不過我已經感到欣慰，望著布達拉宮前雙手合十的信徒們，我想起了在回到拉薩途中峽谷裡偶遇的朝聖者，他們此刻還在路上，還在用最原始的方式前行。而我，已經駐足在他們心海中「波羅蜜」一般的彼岸。

走到路對面西南側的一座小山上，反而發現了遠眺布達拉宮的最佳視角。

尋覓了很久，終於，留下了一張還算滿意的、自己與這座「世界屋脊明珠」的紀念。

布達拉宮和大昭寺仿佛永遠聯繫在一起，如果你只去了其中之一，那簡直就是不可思議、並且萬分遺憾的一件事情。

還好我沒有錯過這份遺憾，下午，來到了大昭寺。

大昭寺又名祖拉康寺，英文譯為「Jokhang Temple」，始建於西元七世紀的吐蕃王朝時期。當時的吐蕃王就是我們所熟悉的松贊干布，那時候他迎娶了尼泊爾的尺尊公主，來自加德滿都的尺尊公主為大昭寺帶來釋迦牟尼的八歲等身像。不過現在大昭寺供奉的是唐朝文成公主帶來的釋迦牟尼十二歲等身像，來自尼泊爾的釋迦牟尼八歲等身像被轉到小昭寺供奉。

環繞大昭寺外牆一圈稱為「八廓」，也就是著名的八廓街所在。

作為西藏最古老的土木結構寺廟，其佈局和我們熟悉的內地寺院有很大不同。大昭寺採用的是一種曼陀羅理想模式的佈局，走在共有四層的主殿以及相關配殿的過程中始終可以感受到這份特別佈局的匠心。

建築風格也很獨特，畢竟這古老的寺廟融合了中國唐代、吐蕃王朝、尼泊爾、古印度的不同文化。

登上大昭寺的金頂，山羊標誌成為我眼中最突出的印象。當時建造大昭寺時山羊馱土的畫面被永遠保存，供後世觀摩。

在金頂，一朵朵白雲距離我很近很近。

在右手邊的遠方，宏偉的布達拉宮再一次出現在眼前。


## 7. 前方，古銅色的江孜

喜瑪拉雅山在我眼中是那麼遙遠，卻又如此清晰。

雅魯藏布江水並不清澈，反而是和泥土一樣的粗獷色調。

也許是和佛陀妙不可言的緣，我那天的外套，與雅魯藏布江水恰巧是同樣的顏色。

遙遠的日喀則，比日喀則更遙遠的江孜，等待著傍晚時分的我到來。

在預想中，日喀則、江孜應該是和林芝完完全全不同的，至少從顏色來講，如果說林芝是清朗的綠色，那麼日喀則、江孜，我認為應當是復古的黃銅色調。

畢竟，那裡有太多太多的寺院，那裡有「西藏塔王」，那裡有宗山城堡，這些都充滿了獨特的人文氣息。

可是當我行進在路上，漸漸發覺自己最初的判斷錯了，完全錯了。

仿佛無窮無盡的壯麗景色，帶給我視覺上的饕餮盛宴。

甚至，到了黃昏時分，被自然景觀震撼的感覺仍在不斷升級。

從日喀則一直到江孜。

特別是當我們沿著綠油油的青稞地，繞進一段藏村的小土路，看到那幅「飲馬川」風格的畫面，還有遠方依稀可見的宗山城堡。

## 8. 菩提塔下的僧侶

微笑？還有人對微笑感興趣嗎？

我要說的是真正的微笑，它與玩笑、與嘲諷和可笑沒有任何關係。

微笑，巨大的和美好的享受，全面的享受…………

——《笑忘書》，米蘭·昆德拉（捷克）

西藏的旅行走到這一天，在黃昏時分，在冷冷的色調中，我仿佛第一次敲開了那扇屬於香巴拉的門，因為我第一次在旅行中找到了屬於西藏的自然與人文之間完美的融合。

所以，我笑了，並非掛在臉上，而是源於內心深處的微笑。

這黃昏的一個普通村落，天空卻是那般開闊，河水也是那般清澈，仿佛人類質樸的心胸一樣，就算沒有陽光，也足夠給人帶來信心與動力。

哪怕這段村落旁的小路劇烈在顛簸，哪怕我忍受著多次頭碰車頂的疼痛，哪怕還有劇烈晃動的不穩定條件，我仍然努力拍下了這張難忘的瞬間。

對那戶農家來說再普通不過的日落歸來，對我而言卻成為永恆的回味，因為這也許一生只見一次的緣份。

繞過村落，來到江孜縣城，趕在天黑前到達白居寺。

白居寺，就是著名的「西藏塔王」所在。寺中有塔，塔中有寺，是這座藏傳佛教寺廟的典型特徵。

進入寺廟，可以看到很多散養的放生狗懶洋洋趴在地上酣睡，與僧

侶、與遊人互不干擾，成為很有意思的一道風景。

這是我第二次看到這幅溫馨的景象，第一次是在林芝，在聖湖邊黑色小藏豬們歡快地奔跑。

遠方的紅牆，對面的藏房，牆壁上的佛像，古銅色的轉經筒，蒼老的僧侶緩步走遠，友善的狗隨意在四處張望。

這幅畫面，幾乎包括了這片東方佛域所蘊含的一切。

難道我此刻已經身處那夢一樣寧靜的香巴拉？

寺裡面，一名來自西方國度的青年隨意蹲坐在角落裡，閉上雙眼聆聽著幾名東方年老的僧侶口中念誦的經文。

我想他肯定聽不懂，我也一樣聽不懂，不過這種特別的聲音的確強有力的存在著。尤其在這個對我、對他而言都很特別的黃昏，在這個屬於我們共同的陌生異鄉，衝擊著我們的聽覺，溫暖著我們的心靈。

登上白居塔頂，登上這九層、高三十餘米的「菩提塔」，登上這神聖的「十萬佛塔」之巔，我看到了，看到那菩提塔下的僧侶，一幅絕對寧靜的畫面，如同蓮花落指間般永恆的祥和。

## 9. 日喀則，高高的強巴佛

在獨具特色的江孜旅店度過一個美好的晚上，涼爽的風中清晨，我們啟程前往日喀則。

再一次經過了昨天黃昏時分的村落，青山綠水別來無恙。

可是人呢？

趕著馬車緩緩前行的農戶，草甸上吃草的馬群，都看不到了。

旅行的人也即將遠走。

緣分，也的確成為一生只見一次的緣分。

很快，來到日喀則，這個給我留下最多遺憾的地方。

人就是這麼奇怪，越是對一個地方充滿期待，往往越容易留下更多的遺憾。

屬於日喀則的遺憾實在不少，比如，我沒有去拜訪西藏三大聖湖之一的羊卓雍錯湖，比如，我沒有繼續向南深入，到達神聖的珠穆朗瑪峰地區。

甚至，即使我來到日喀則的象徵，來到藏傳佛教格魯教派六大寺之一的紮什倫布寺，也因為昨天黃昏的白居寺實在給我留下了太多、太深刻的印象，導致自己在紮什倫布寺始終找不到可以打動內心的畫面。

所以，日喀則也就自然而然成為自己記錄旅行過程的文字中最難以下筆的一段。

不過在今天回憶看來，依然清晰記得那沿著山勢蜿蜒的宏偉寺院。

依然清晰記得寺廟中那世界上最高的強巴佛。

依然清晰記得那可以照到人類心靈深處的日光下，莊嚴的廟宇。

依然清晰記得那寺廟中幽靜的西藏味道的小巷。這小巷，沒有江南雨巷丁香花般的感傷，只有日喀則陽光與藍天映襯下的明朗與質樸。

## 10. 納木措，女神的一滴眼淚

日子過得多快！
我們不知來日無多，
還在同親友們欣賞
春日早晨桃樹上盛開的花朵，
瞬間的風將花朵吹走，只留下
它們的名字再無其他。
雖然花已消失，這花
明年春天還會再開；但是
那些人何時才能再生？

——《作品》，日蓮大上人（日本）

昨夜，在瑪姬阿米頂層露天的吧台，望著八廓街一覽無餘的夜色，我們聊了很多很多。

從當初相對無言的陌生人，到一路上相互幫助相互交流的朋友，直至此刻成為無話不談的知己，哪怕很快就要各奔東西，重新回到各自熟悉的人生道路上。

這些都已經不再重要。至少，在這個夜晚，在拉薩，我們同飲著青稞

酒，把酒言歡，人生已沒有遺憾。

今天，在晴朗的天空下，行進在平坦的青藏公路上，距離拉薩二百四十公里的納木措仿佛就在不遠處。

明天，我們就要踏上歸途。對我來講，歸途前一天的旅行，心情往往會很特別。可能很多人都是這樣。

念青唐古拉山的遠古冰川連綿不絕。

站在那根拉5190米海拔的高點，風刺骨的冷。

過了那根拉呢？

一派草原風光，雪域高原上的草原，看起來是那麼矛盾，卻又如此明顯、如此和諧的存在著。

當我駐足納木措湖畔，望著對面的一切，還有什麼話好講？沒有，完全沒有。

誰說時間不可能靜止？

這天空的藍色，晴朗的藍色，永遠的藍色，在我心裡烙上了印，永恆的印。

藍色，就一定代表憂鬱？我看未必。

從香港到吉隆坡，從吉隆坡到東京，我看到過很多次洋溢著城市浪漫的藍天，然而自然質樸如納木措，卻始終沒有重逢。

據傳說，納木措就是女神的一滴眼淚。

只是我不清楚，這眼淚訴說的，是少女淒美的愛情？還是母親對孩子溫暖的親情？

我只看到了幼小的犛牛臥在湖邊。

小孩子，你找不到媽媽了？

不要悲傷，納木措永遠是你的媽媽。

從納木措回到拉薩已是傍晚，這次旅行在拉薩的最後一個傍晚。

這座城市在我眼裡已經不是初來時的那個樣子，甚至感覺這裡已經有了家的親切與溫暖。

其實城市本身並沒有改變什麼，只不過是我注視城市的這雙眼睛改變

了，已無法回到初見時刻。

畢竟，從陌生到熟悉，是再簡單不過的過程。

所以，我眼中的拉薩，也就不再是最初的那個拉薩。

在西藏的整個旅程中，拉薩，我一次又一次的離開，一次又一次滿載著一段收穫歸來。

儘管心中充滿了不捨的感情，哪怕連我自己都不清楚不捨的到底是拉薩這座城市，還是整個旅行的點點滴滴。但旅程終究是要結束的，拉薩，也終將徹底告別。

清晨，登上列車，踏上歸途。

告別拉薩的清晨，火車出發了。唐古拉山口、可可西裡、沱沱河、一直到深夜的格爾木。

一覺醒來，新的一天：西寧的早晨，蘭州的午後，西安的傍晚。

又一個清晨，北京已經在前方不遠處。

四十九個小時的列車時光，和來時四個小時的飛行，對我來講沒有區別。

來時的忐忑，也在半個月的旅行後沉澱為豐富的收穫，充滿激動、虔誠、淨化與銘記的收穫。

只是，香巴拉之門到底在哪裡？

在青藏高原的遙遠天邊？在雪域深藍的聖湖裡？在僧侶念誦的經文中？還是在藏民質樸的笑臉上？

我想，香巴拉之門或許就是一個信念，一個需要你在整個過程中不斷用心去探索才能實現的信念。

1. 老犬與僧侶，日喀則。
2. 藍湖女神靜謐之淚。
3. 布達拉宮。
4. 昨日的尼洋河。
5. 香巴拉之門。
6. 寂靜山間的佛陀。

# （三）我的小鎮──施泰因，千年「石頭」

朋友，如果提起瑞士這個國度，你會想到什麼？

也許你什麼都想不出來。因為這個國家在人類歷史上的確沒有出現過什麼名人，也幾乎沒有發生過多少著名事件。這是一個很容易被人忽略的國度，特別是在歐羅巴這片悠久、神奇的土地上。

但你應該知道這個國家是永久中立國。

這個國家的鐘錶享譽全世界。

你也肯定聽說過這個國家大名鼎鼎的瑞士銀行。我一直認為，如果一個國家可以把銀行發展到這種王者地位，那麼這個國家一定非常了不起。因為這裡面包含了很多人類永恆的精神：果斷、靈活、團隊協作、還有絕對的忠誠。

理所當然，瑞士成為歐洲乃至全世界最富有的國家。

一種沒有絲毫暴發習氣的富有。甚至在我眼裡，瑞士的民房還遠沒有德國或者奧地利漂亮，因為這個國家的居民不願意用豪華的別墅顯露自己的財富。

但我可以斬釘截鐵的告訴你，這裡絕對稱得上天堂。這裡有雄偉的阿爾卑斯山，這裡有大大小小無數個寧靜的湖泊，這裡有時常把微笑掛在臉上的人們，這裡將自然、傳統與現代、科技結合得天衣無縫。

不過連這個國家的首都，在國人眼裡也僅僅只是一個小鎮而已。沒錯，這個國家就是由這一個個美麗的小鎮組成的小國。

當我走遍這個國家的一個又一個小鎮，驚喜不斷在延續，感動不斷在沉澱。

甚至當自己已經離開瑞士的很長一段時間裡，我的情緒也會變得很平和，和那些永遠寧靜的瑞士小鎮一樣平和。

車沿著萊茵河上游的河畔緩緩前行，我的思緒浮現出《魔術號角》的民謠詩集，想起19世紀馮·奧尼姆和馮·布倫塔諾一起開始的萊茵河文學之旅，他們一路遊走，一路采風，收集了河兩岸民間許多優美的民謠和動

人的傳說，從出發時的一片空白到沿途中的碩果累累。這僅僅只是一個代表而已，究竟有多少詩人、畫家、音樂家讓這條西歐最長的河流充滿了神奇、偉大的人文氣息，我們已經數不清了。

其實我心裡清楚最美的萊茵河段應該是中游的河谷區，應該是在德國境內的河段。不過對於任何一條河流來講，就算她的中下游再精彩，當人們來到這條河的上游時，總會產生源自心底的崇敬，哪怕她並不美麗也不壯闊。

因為這裡更靠近河的起源。人們對於河流起源的崇敬，就如同對人類生命本質的求索一樣神聖。

或許是我過於關注路邊碧綠的萊茵河水，施泰因這座小鎮不經意間就到了。穿過一個既不算高也不算寬的古老石門，小鎮的風貌豁然開朗。

在初見的那一刻，如果不是看到了現代裝扮的行人，我真的以為自己來到了歐洲的中世紀。鵝卵石鋪成的小路，耳邊緩緩傳來溫柔的教堂鐘聲，各式各樣的彩色老房子，還有牆壁上繽紛燦爛的壁畫，每家每戶門前都擺滿了各種各樣的鮮花，不遠處是一個古老的噴泉…………

最重要的，我在這裡感受不到任何現代時尚的氣息，一種完全不同于東京五光十色的另類氣質。

在這裡，我只感受到對傳統的尊重。

完全、甚至極端的尊重。

如果可以把自己的傳統保留得非常完整，經受得起時間的考驗，那麼哪怕並不富有、並不強大，也同樣值得尊敬。一個人是這樣，一個國家也是如此。

更奇妙的是，這具有強烈歷史感與濃厚沉澱味道的風格，又巧妙的融入普通居民的生活當中，家家戶戶的牆上都披著古老的壁畫，家家戶戶的窗外都擺放著盛開的鮮花。

施泰因是瑞士境內的德語區小鎮，德文「Stein am Rhein」，譯作「萊茵河畔的石頭」。這座如同硬石頭的小鎮，已經執著地將歐洲文化的傳統保留了一千年，並將繼續固執地保留下去。

一路步行，走到小鎮南側，向右不經意一轉彎，立刻看到了緩緩流淌的萊茵河水。只有幾千人的居民在河兩岸世世代代生活，快樂、安詳的生

活。他們永遠不會羨慕紐約、巴黎、或者東京,他們按照自己固執卻真誠的方式演繹著歐羅巴特有的生活風格,世世代代延續著傳統。

安靜坐在河邊的長椅上,看到河裡歡快遊著的鴨子君們,看到不時飛到我椅子旁邊不怕人的鴿子,看到老人哼著歌曲拿著花灑在澆花,不遠處幾個小孩子與小狗追逐玩耍著跑來,甚至在小孩和老人近在咫尺的距離當中,我已經看到了這小鎮人們的一生,從童年天真的玩耍,到老年安逸的生活。

我沉醉了。不願離去,甘願永遠坐在這裡。

都市的時尚是多麼膚淺,多麼脆弱。

這平和的小鎮,反而蘊含著深厚的底蘊,溫暖的生活氣息。

望著流淌的萊茵河水,我堅信遠方一定是更美麗的風景。看到過很多條河,或者狂野、或者冷漠,而萊茵河,卻是如此詩意,如此深邃的流向遠方。

時間真的不會靜止?在這裡,我有些懷疑。

1. 我的小鎮。 2. 萊茵河之源。

# （四）「卡夫卡式」流浪

　　已經很久沒有關於旅行的文字了。

　　猶記得關於瑞士的旅行文字剛剛開始便戛然而止，不是因為無從寫起。

　　恰恰相反，這幾年的旅行不曾停歇，或許，就像我本人非常喜歡的一部影片裡講的一句話，並且這句話似乎讓自己對於旅行的腳步或多或少產生了一份顧慮：我們走得太快了，把靈魂都丟在了後面。

　　我不希望這樣，哪怕旅途中充滿了一次次因未知而短暫的相遇，因揮別而終生難忘的際遇。

　　畢竟，旅行的文字對於我，既不是介紹或者攻略，更不可能作為多年以後備忘的流水，確切講，這份獨特的文字，應當是在旅行的特定時刻關於自己心情的記錄。這種記錄，可以是詢問，也可以是回答。這份心情，可以足夠感動，也可能十分落寞。

　　至於相片，毫無疑問是我整個旅行必不可少的一部分，非常重要的一部分。無論數位還是膠片，無論風光或者人文。

　　其實人們過於關注相片是否帶來美感，反而忽略了相片存在的本來意義：記錄與見證。

　　不是嗎？絢爛彩色充斥的時代，還有多少人記得黑白相片帶來的光與影柔和、永不失真的視覺真實？

　　可是，相片是永遠趕不上真實的。

　　比如，在紐西蘭南島皇后鎮傍晚聽到的悲情蕭索的風笛旋律。

　　比如，在南非街頭和流浪藝人聊起Paul Simon與非洲音樂時候的意猶未盡。

　　比如，在佛羅倫斯陰雨中注視的一張張面孔。

　　比如，在清晨的肯雅，草原上各種動物充滿生命力的鳴叫演奏出的美麗合弦。

　　比如，在伊斯坦布爾短暫邂逅的美麗姑娘。

還有…………

這些，都是我無法用手中相機保存下來的片段。

有人說，旅行是生活富足之後消費的必然選擇。

只是，在世界各地瘋狂購物、「血拼」機場免稅店的人們，其中究竟有多少在身臨其境的那一刻，獲得了一直在尋找的答案？

也許，原本就不存在什麼尋找，因為旅遊就是為了減壓，就是為了快樂。

但享受是不能等同於感動的。

所以，我只想說，這幾年的旅程，我收穫了感動，無論是在托斯卡納，在開普敦，在奈洛比，還是在伊斯坦布爾，還有很多地方，都是如此。

這是我「唯一」的收穫，也同樣是我繼續下去的「源泉」般的動力。

什麼是旅行？什麼是關於心靈的流浪？我偶爾會問自己。

在捷克山間古樸的小鎮，我想到了心中的昆德拉。

在布拉格，我想起卡夫卡。

我想，我獲得了答案。

1. 卡夫卡式。
2. 聖母百花堂外。
3. 皇后鎮,南島,紐西蘭。

1. 克魯姆洛夫，捷克。
2. 佛羅倫斯，義大利。
3. 伊斯坦布爾，土耳其。

# （五）早安，臺北

　　臺北，像一個夢。

　　多年以前，在我年紀很小的時候，偶爾會夢到一幅畫面：撐起雨傘，漫步在冬季細雨中的臺北街頭。

　　這種感覺，就像在黎明破曉時分，當你睜開雙眼，隨手寫下剛剛做過的屬於那個夢境的內容，然後迷惑、昏昏沉沉的讀起它來，發現所寫的竟然沒有一幕是清晰的。

　　飛機開始降落，即將到達桃園機場。和往常一樣，我試著摘下耳塞，靜下心，去看窗外漸漸靠近的景象。

　　也和往常一樣，我最終還是沒能把耳塞摘下來。

　　如果沒有聲音，沒有以音樂作為此刻載體的聲音，那麼機艙舷窗外的畫面看起來就顯得格外平淡無奇，甚至空洞、無聊。

　　臺北，為妳我用了半年的積蓄，漂洋過海來看妳。

　　如果我們在二零一零年代，在這個全新的世紀，依然有一份想去保存「神聖珍藏」的願望，那麼我想，關於臺北的音樂，那些發生在一九七零年代、一九八零年代、一九九零年代的音樂，非其莫屬。

　　小虎隊、周華健、李宗盛、羅大佑、陳淑樺⋯⋯⋯

　　新民歌運動，金韻獎，西餐廳內高腳椅上的駐唱歌手，滾石唱片，早已看不到的飛碟標識⋯⋯⋯

　　耳塞裡面的歌曲，從童年的歡快旋律，一直播放到縱貫線幾個老男人或許「最後」的瘋狂。

　　臺北的天空，陰沉、多雨，破舊矮小的民房卻萬分清晰。五彩斑斕的霓虹燈光，晃動著我即將踏上這片土地的忐忑心情。

　　通常，音樂的朝聖只能在想像的世界中存在。

　　我的臺北之旅決不是朝聖。

　　儘管這座城市毋庸置疑是華語音樂的搖籃。

　　我只是在想，能否有一種可能，可以尋找到關於時間的軌跡，在當今

這個時代，在同一個地方，是否還存在過去那些歌曲裡面唱到過的東西。

無論是相機捕捉到的影像，還是遇到的真實的人。

或許，現在的臺北，早已經改變了太多太多，無從尋找到些什麼。

搭乘國光巴士到臺北車站，提著行李下車，天已經黑了，天空飄著綿綿細雨，深吸一口氣，滿是雨水潮濕輕柔的味道。

冬季的臺北，假日的臺北，林立的小小店鋪五顏六色的看板因為打烊顯得格外冷清，平日忙忙碌碌的上班族們此時正在家裡享受團聚的歡樂時光。

從這一刻開始，我不再有哪怕一絲兒時夢境般的記憶。

我什麼都不記得了。

我只知道我身在臺北。

現在是二零一二年的元月。

臺北，如此近在咫尺的城市，卻與我去過的所有城市截然不同。

直到走進車站大廳，看到Seven-Eleven前臺的小哥，我向他買這些日子在臺北搭乘公共交通要用的悠遊卡，我才明白為什麼我的臺北印象對自己來講一直像是「夢遊者」的經歷。

車站空氣中彌漫著濃濃的「關東煮」香味，小男孩用標準的國語發音、綿軟的語聲熱心問我要在臺北待多少天，然後幫我計畫在卡裡充多少錢就好。

直到這個時候，我才明白：在來到臺北之前的很久一段時間，我對臺北，對這座城市的居民，有著異常強烈的預先設定的印象，這份頑固的印象，對我的影響遠遠超過世界上的其他城市。這印象，來自於多年的影視劇，開始于那個一家人每天傍晚守在電視機旁等待劇集開始的年代，早已告別的年代。

膚色、神情、話語，再沒有任何其他城市及其居民，會令我如此親近與熟悉。

看到這位小哥，我想我看到了無數銀幕中曾經閃現過的話語綿軟、帶著幾分叛逆情緒的小夥子。

難道這就是我所要尋找的所謂「痕跡」？

搭地下鐵藍線，找到位於西門町的旅店，放下行李，拿著相機，開始在臺北喧鬧的城市夜色中漫步。

西門町，很像東京的新宿，一樣容易讓人迷失方向。不同的是，所有象徵著年少輕狂、青春躁動、熱血、甚至帶著些許黑色幽默的文字標語，我統統看得懂。

十字街頭的微型廣場，幾個年輕人用另類的方式瘋狂敲擊架子鼓，圍觀的人們不知道是真的陶醉在了這種亢奮鼓點的節奏當中，還是僅僅為了湊湊熱鬧。

西門紅樓那扇小小的正門孤零零緊閉著。門前大片的攤鋪一個緊挨著一個，有一個攤位，攤主是三個年輕女孩子，幾個人坐在小板凳上，一直在輕鬆聊天，很開心的樣子，好像做生意只不過是為了尋求樂趣罷了。

我本想拿起相機對準這幅畫面按下一次快門，可是生怕破壞她們開心的氛圍，拿起來卻又很快放下。

離開西門町的中心地帶繼續向前走，眼前盡是矮舊的商鋪，黑暗的街邊小路，飛馳而過的摩托車。

擁擠，喧鬧，越黑暗的地方越能散發出真實，這本就是屬於亞細亞城市的共性。

從西門町到市府，地下鐵的車窗就像快進的影片，將臺北的忙碌在站與站之間短暫定格。

從市府站走出來，101大樓就在不遠處。

近觀是看不到什麼的，反而是路對面的一個很小的街心公園，空空蕩蕩，此時一個人也沒有，在這裡，可以把101看得清清楚楚。

這座空空蕩蕩的街心公園，或許是因為臺北柔和的城市氣質，並沒有顯得死氣沉沉，反而洋溢著寧靜、甚至有些浪漫味道的氣息。這裡看上去同樣很親切，很像多年以前那部《家有仙妻》裡面，何莉莉如何讓一個街頭小混混重新有了改頭換面迎向明天的希望，當時也是在冬天，還記得那一集最後的畫面定格：那個改邪歸正的青年背對鏡頭向天空做了一個很酷很陽光的跳躍，同樣朝氣樂觀的音樂旋律也隨之響起。

細雨時下時停，在信義區的繁華街頭，一個男生獨自彈奏著心愛的

吉他。他的吉他樂聲聽起來一點都不「鄉土」，反而帶著吉他那份野草氣質，這本就屬於背著吉他的樂手本色。

從誠品書店出來，新光三越，統一販急，每一條街，每個交通協管員的口中都含著小哨子，急促的哨子聲此起彼伏，居然像歌曲般動聽。

在臺北的第一夜沉沉睡去，我竟然沒有做夢。

---

黑夜過去，迎來第一個早晨。

風中的早晨。

除了微風吹過之外，依舊下著綿綿細雨。

哪怕一輛黃色小摩托飛快經過，也打破不了清晨的寧靜。

撐起雨傘，走在旅店門外一條小小的街道上。不遠處一家證券公司已經有個女孩子在開門準備上班，她笑著說她全年無休。

清晨的西門町，寬闊的十字路口不見幾個行人，與昨晚的喧鬧形成強烈反差。

拿著相機，我隨意拍一些照片。

因為這些底片，我保存了這個早晨自己眼中的臺北。

因為保存，它們成為記憶。

我想說的是，如果自己放下相機，而只是隨意遊走呢？

沒有保存，或許會記住更多的。

早安，臺北。

1. 意向，臺北。　2. 夢與蘇醒。

# （六）漂泊的心停泊在基隆港

清晨的台大校園，因為下雨，椰林大道霧氣重重。

中年男人身穿短袖跑步服，冒著雨長距離折返跑。我注視著他，他並沒有看我，或許我眼中的特別只不過是他日復一日的習慣使然。

熱情的校工阿伯帶我到醉月湖看了看，他還指著主樓後面遠處飄著濃煙的天空，告訴我那裡肯定起了火災。

我們一邊走一邊聊天，聊臺北的交通，聊臺北的小吃，聊臺灣的音樂，聊那時候背著吉他、長髮飄飄、在校園裡活躍的王新蓮鄭怡齊豫們。阿伯思路清晰，告訴我周華健不是臺灣人，而是香港僑生，我笑著點點頭。他還略帶些感歎的說羅大佑、李宗盛這些人現在都已經不在臺灣了。

和阿伯握手道別，他還是勸我不要現在就去野柳，那邊雨可能會更大。

我說我只是順道經過野柳，從那裡還要去基隆港的。

他看我執意要去，也就不再問為什麼，做了個帶著童趣的背包姿勢，祝我一路順風。

離開台大時，雨小了一些，椰林大道的「折返跑先生」還在那裡繼續。

在臺北車站找了很久，外加一段插曲：碰到一個在臺北暫時迷路的高雄小夥子，最後總算找到了去野柳的長途客運站，搭上巴士。

總算是出發了，一切照舊：放下背包，望向車窗外，擦拭鏡頭，行進中身體輕微的顛簸，還有耳邊響起的音樂。

行進不需要什麼道理，是車在駛向遠方，而你，要做的只是把一切拋在腦後。

路上開始塞車，窗外的景象陰沉且清晰，遠處的臺北101被濃霧籠罩。

當汽車經過忠孝東路的時候，耳邊剛好響起鄭智化那首《蝸牛的家》。

二十年前，當自己第一次看到離家不遠處那個小小的音像店門口《星星點燈》的宣傳海報，在苦苦等了幾個禮拜後才到貨，然後把磁帶買到手。高興的借給同學聽，結果本以為可以珍藏一輩子的專輯封面沒幾天就被同學搞丟了，當時不知道心疼了多久。

在如今數碼橫行、下載氾濫的年代，當初那份期待，拿到時候的興奮，把磁帶盒拆開後歌片印刷紙散發出來的迷人氣味，把磁帶第一次放入隨身聽、按了播放鍵後的安靜聆聽，都早已成為塵封的記憶，似曾相識的親切方式。

那時候鄭智化歌裡的南臺灣是那麼美。

「密密麻麻的高樓大廈，找不到我的家」，二十年前的臺北街頭是這樣的。

如今自己身在臺北，眼望著一個個「蝸牛的家」，突然發現「密密麻麻的高樓大廈」其實並不算太高。我反而覺得臺北的樓群很矮，人來人往的街道也算不上擁擠。

唯一相同的地方，是我的確正在浪跡天涯。

一個右轉彎，經過一條格外安靜的街後，漸漸進入城市邊緣，直到純粹的郊外。

青山、綠水，「小巧」式荒蕪。

巴士不斷轉彎，五花八門的檳榔廣告弄得我有些頭昏。

總算到野柳站了，按了下車鈴，下來後和一個小夥子同行。

這個小夥子是正在服役的水兵，家就在野柳。我們一路聊天，他知道我去過十幾個國家之後表示很佩服，還告訴我等他退伍以後也準備去澳洲看看。我問他當兵苦不苦，他說還好啦，還可以在岸邊吹吹海風啦。聽他講話的語氣一副很慢很悠閒的樣子，讓我不由得聯想起一幅畫面：一個年輕水兵，躺在海岸邊帶著潮氣的寬闊水泥臺上，翹著二郎腿，吹著口哨，任憑海風吹拂，懶懶散散悠然自得的樣子。

走著走著看到一片開闊地，是一個很小的碼頭，停泊著幾艘破舊的漁船。阿兵哥告訴我這裡是野柳港。過了碼頭，他指著遠方一棟小樓說那裡是野柳幼稚園和小學，過了那個地方就是野柳風景區了。我估計他可能從小就是在這裡的幼稚園和小學長大的，所以感情很深厚，特意指明給我

看。

阿兵哥說只好與我同行到這裡了，道別時刻，我用力和他握了握手。

相比較土耳其的卡帕多齊亞，野柳亂石區的規模實在小了很多。「在海邊」，我想應該是這裡的特點。

海風摻雜著雨水，從各個方向撲到傘上，霧氣籠罩的亂石區看上去沒什麼美感，加上木棧道上的遊人不斷走進走出，讓這個地方顯得更加淩亂。只是隨意看了看風景，很快我就決定離開。

向來時看到野柳港碼頭的方向走，路上的雨水不斷泡在我走過很多地方的那雙鞋上，狹窄的馬路時不時突然響起往來卡車刺耳的喇叭聲，路邊破舊的小海鮮飯館並沒有吸引到我進去光顧的意願，一位雨衣雨鞋裝束的飯館老闆娘大聲向光顧她家生意的埋單食客連忙道謝著恭喜發財。

碼頭那一片小小的空地，或許是這一帶唯一略顯寧靜的「港灣」。破舊的漁船慢悠悠在海裡隨著細浪起落，我所處位置狹窄的視角反而看穿了忙碌勞作後假日休息的溫情。不遠處那細長條形狀的、像是小型水壩的所在，究竟是什麼我不太清楚。遠方對岸小山上錯落的漁家並沒有因為陰暗的天氣亮起昏黃的燈光。

走回到剛才下車的地方，在一家小雜貨店門口等去基隆的車。不遠處來野柳觀光的旅行團大巴一輛接著一輛進進出出，而我周遭的環境卻完全是臺灣鄉土的氣氛：拄著拐杖的阿婆，搭伴去郊遊的中學生，昨夜打了一宿麻將睡眼惺忪的黝黑皮膚小夥子……脖子上系著紅色圍巾、掛著膠片相機、一副遊人裝束的我，在人群中難免看起來格格不入。

很快，基隆客運的公車來了。上車後，又回復到晃來晃去的暈眩當中。

還好，一個有著一雙烏溜溜黑眼珠的小姑娘，一路上一直在用動聽的臺灣腔興高采烈和同伴聊天，聽到她的歡快語聲，我總算擺脫了些許暈眩。

好笑的是，那個打了一晚上麻將、膚色黝黑的小夥子居然開始暈車，他就站在我對面，我告訴他其實我也在倒數著車站，問他還要多久才到基隆，他猶豫著嘟噥：「需要多久啊？照這樣的路況，大概還要二十分鐘的樣子。」

去往基隆的路，此刻真實的畫面竟然是這個樣子。

預想中是怎樣的畫面？坐在寬敞的、沒有幾個人的空空蕩蕩的車廂裡，眼望著窗外的沿途風景，耳朵裡反復迴響著鄭華娟那首《漂泊的心停泊在基隆港》。

是的，完全不一樣的經歷……

暈車的小夥子比我早一站下車，下車前他還不忘叮囑我一句：「下一站就是了，不要忘記下車哦！」

下一站很快就到了。車站就在一座小型廣場旁邊，廣場就在海邊。

「明天我將要遠行

　卻收到你的信

　你總能用寥寥數行

　瀟灑道盡悲喜和惆悵

　曾好想好想和你一樣

　遊遍天涯海角五湖四洋

　遠遠地逃出憂傷

　把內心的苦都遺忘

　一直忘了對你講

　你柔弱卻勇敢的肩膀

　曾是我心中英雄的形象

　你與世無爭隨興的遊蕩

　是我即將要實現的理想

　而信中你卻這麼告訴我說

　你給了初戀情人你的心

　在她的家鄉結了親

　就在離家不遠的地方

　漂泊的心

　停泊在基隆港

　你不再把夢反復的想

　對快樂也不再隱藏

在旅途中
了悟的人生
變成故事
對愛你的人慢慢的講」

因為這首歌，我一定要來基隆看看。

來看看在世界各地背包遊蕩的臺北女孩子眼中的基隆港是什麼樣子，她們就像當年的鄭華娟們，往天涯的盡頭單飛。

佇立基隆港畔，望向對面霧濛濛的一切：山，山上的民房，海，海上的漁船，還有半山腰那醒目的白色巨大字樣「KEELUNG」。

漂泊，停泊；繼續漂泊，時過境遷。

赤著雙足的年輕流浪漢懶洋洋躺在公車站的潮濕木椅上，正在通電話八卦一些無聊話題，道著粗陋卻真實的市井話語。

高高的路橋架在基隆河上，廟口小吃街熱鬧無比，我隨意聽到身邊一個臺灣女人管糖葫蘆叫做「葫蘆糖」。

天漸漸黑了，走回到基隆火車站。暗黃色、陳舊的車站大樓，這裡是縱貫鐵路的起點，從這裡，列車開始一路南下。

站在列車車廂裡，透過車窗可以看到不遠的地方擁擠的街，還有幾乎是在眼皮底下的矮小民房。眼前的景象全部距離自己很近很近，放鬆的身心在小巧的山林間穿梭。

即便不見落日的餘暉，傍晚那一份道不出的獨特氣息，還是伴隨著我疲憊後的短暫平靜緩緩彌漫開來。

無論是陳揚抑揚頓挫的明快鋼琴，還是陳志遠悠揚深情的鍵盤，羅大佑作品《海上花》反反復復的節奏，像是在不停的訴說，訴說著沒有開始、沒有結束、甚至不知道究竟在說什麼、所有人卻都聽得懂的故事和經歷。

為什麼來？怎樣來到這裡？為什麼離開？離開去哪裡？

不再去想。

我正在一列火車上，剛剛離開基隆，回前方臺北的家。四周全部是講著輕柔國語的當地人：兩個女孩子低聲聊天，時不時響起開心的笑聲；一個老外站在他臺灣太太的座位前面，太太抱著一個嬰兒繈褓，等到他們下

車時我才發現這繈褓裡竟然放著一隻小泰迪犬，正露出可愛的圓臉盯著我看；不遠處另一段座位上一對母女也帶著一隻大狗，時不時從包包裡露出腦袋哼唧幾聲；還有那帶著大包裹的台南阿姨，正在和同伴用我聽不懂的台語聊著家長里短。

車站一個個停駐，汐止、八堵、七堵、六堵、五堵……我所能記得的不計較順序的車站也只有這些了。

我感覺自己好像海中一支船，隨著海浪左右擺蕩卻不曾暈眩，泛起平和的浪花，去平復內心的種種無解。不，不是海裡的船，不是，而是海自己，浪的聲音，泛白的浪花，輪回的波浪，泡沫的短暫光亮，這些本身就是生命的一部分。不，這似乎還不夠全面，我無法釋懷自己此刻經歷所映照出的所有具象，就像以前很多次經歷這種時刻一樣。

臺北，臺北。我盼望著回到旅店那個溫馨的角落。

到臺北站的時候天完全黑了。下車後，回頭望向這輛繼續南下的列車，月臺外盡是漆黑空洞的景象，不再有地下鐵五彩斑斕的牆壁廣告，唯一光亮的地方是車窗，裡面的燈光映照著陸續上車的旅客一個個漠然的神情。

旅店旁邊有一家很有名的牛肉幹店，光顧的時候，排在前面的大姐親切的對我講：「她們家的牛肉幹很好吃哦！再過不了多久打烊了你就買不到嘍！」我笑著點點頭。

回到旅店，打開電視機，喝著灌裝麒麟啤酒，看著一個個頻道五花八門的節目。東森台正在報道士林夜市糟糕的擁堵路況，有的電視臺在分析今年的運勢，有的電視臺在探討人們應該怎樣面對天災人禍，還有的電視臺在播放各國各界華人新年祈福的盛況。

我睡得很晚，卻很快就入睡了…………

1.清晨，台大校園。 2.碼頭，野柳。

# （七）陽明山，秋的別館

「你們好沒？我是小李。」

在縱貫線臺北首演的舞臺上，李宗盛笑著調侃自己。

這麼多年過去了，當時那些民謠青年們，如今都已經開公司做生意轉行了吧？

因為不復存在，才開始懂得去緬懷。

在臺北故宮，搭乘接駁車回捷運劍潭站，整個一輛大巴士，一路上只有我和司機阿伯兩個人。相反，旅遊團隊的巴士卻一輛挨著一輛在排隊，準備上車的遊人擠來擠去圍得水泄不通。

天空越來越陰沉，隨時都會下雨。

經過士林官邸後，回到親切、擁擠的街道。

隔著車窗玻璃，我隨意拍一些街道上具有生命力的平凡事物：路邊的看板，等候信號燈的摩托車，街心公園，民宅外的天主教會……

司機阿伯告訴我，不用非要回到劍潭站換車去陽明山的，不過我擔心中途轉車會出差錯，穩妥起見還是決定回劍潭好了。

陽明山，是的，陽明山。

關於陽明山的記憶，是那首叫做《秋的別館》的單曲，來自那一年周華健的新專輯《一起吃苦的幸福》，是九年前屬於自己的、那個特別的、炎熱夏季。

九年前，年少時難以承受的孤獨與落寞，無法釋懷的狂躁與盲從，嘗試著學會徹底忘記什麼，是這首歌的旋律，陪我挺過了那個夏天。

什麼時候才能真正身在陽明山，在秋的別館，去呼吸不一樣的空氣？

時間，無法停留，卻終究會解答疑問。

或許，秋的別館早已不在，除了對青春的緬懷，再無其他。

但我還是要去，一定要去到那個地方，經歷一段屬於那個地方的完全真實卻又截然不同的經歷，也只有這樣做，青春，才可以變得清晰；青春，才值得去緬懷；青春，才稱得上青春。

巴士行駛在盤山路上，去往終點站陽明山大概三十分鐘，我和越南小夥子小阮一起坐在最後一排。

小阮的國語講得很好，他說他只用了一年時間來學習。昨天晚上他和幾個越南朋友聚會，喝了很多臺灣高粱酒，結果酩酊大醉，一直睡到天亮，在巴士上還是抬不起眼皮，一幅打不起精神的恍惚模樣。不過這小子一聽我說起德國各種各樣的啤酒，眼睛禁不住又開始發亮。

過了山仔後的文化大學，陽明山很快就到了。

冷風、細雨、冬日清新的空氣、寥寥的行人。哪裡還有什麼深秋的影子？

走了一段寂靜的山間步道，再折回來，過了一扇很高大、古色古香卻略顯破舊的門，我想應該算是進入陽明山公園了。向右轉彎後繼續走，經過一座小型瀑布，公園的風景開始陸續出現：眼前的綠樹，棧橋下的溪水，右側山坡上一顆盛開的桃花樹。只不過冬天的風景哪怕是在零上氣溫的臺北也同樣少了春天的生氣。有步道可以走上山坡，不過我沒有上去，走過這片清幽的「秘境」後，出現一座小型廣場，廣場正中間的地標就是著名的陽明山花鐘。

過了花鐘，我和小阮與臺北的麗雪姐碰頭，她打算帶我們去附近的竹子湖逛逛。

麗雪姐是道道地地的臺北人，國語發音裡夾帶些閩南話的關懷語氣，總是幹勁十足很活躍的精神風貌，她一直嘟嘟囔囔勸我今天不要再去淡水了，淡水是要花時間慢慢逛的，今天天氣又不好，還不如多在竹子湖走走。我笑著告訴她，自己在臺灣的時間實在太短，只好如此。

麗雪姐一直對我執意要來到陽明山的緣由感到好奇，哪怕她很理解我這種為了音樂來尋訪故事所在地的主題旅行方式。我沒告訴她為什麼，即便說了，她也不會明白。

距離不會成為理解的阻礙，如果是，也完完全全只是人們的藉口罷了。時間，反倒有可能。

在堆滿落葉的車站等了很久，我們終於搭上了去竹子湖的小巴士。

在車上，麗雪姐一直在問我有沒有看最近的電影，比如《那些年，我們一起追的女孩》，我搖搖頭，告訴她還沒來得及看，接著用自嘲的語氣

告訴她，自己看過並且一直喜歡的臺灣電影，還是那幾部老掉牙的作品，比如楊德昌的《牯嶺街少年殺人事件》，還有侯孝賢的《悲情城市》。

反倒是坐在前排的阿姨聽了這幾部老電影的名字後，帶著笑意回頭望了我一眼。

車子左晃右晃，疾馳在陽明山間青翠的道路，我的情緒也隨著那些老歌的閃回式前奏擺蕩在「那一年」與「這一刻」之間。

笑容與歎息，遺忘與想起，在時間的旅程中這樣的微不足道。

竹子湖的車站在一座石橋邊，車子就停靠在一小塊四四方方、有頂棚遮雨的水泥地旁邊。

走過這座小橋，看到橋下漂著花瓣的潺潺流水，哪裡像是冬季？

可是，濃霧的觸摸，冷雨的敲打，卻又不斷支撐著我微微顫抖的身體低聲在自問：等到春天，這個地方會是什麼樣子？

走在一段綿長的棧橋上，步道下流淌著潺潺細水，路兩邊臺灣鄉村的風景盡現：遠處是霧濛濛的青山，近處是尚未到季開放的海芋花田。我們三個人繞開步道上徐行的人群，走到了靠農家更近的「偏僻」地方。

多年以前為什麼無法前來？現在為什麼很快就要離開？

為什麼是在冷雨的冬天，而不是在褪色的秋涼？

花房姑娘細心擺放著海芋，賣水果的熱情小哥讓我們一定嘗一嘗他家的芭樂。

在一家生意很好的餐館，我們三個人圍爐暢談。麗雪姐為我和小阮點了很多當地風味小吃，什麼「過山貓」野菜，什麼鳳梨土鍋雞，什麼黃金豆腐……還從自己包包裡拿出零食給我們吃。

我們聊了很久很久，聊臺北，聊越南，聊北京，聊旅行，聊各自的生活與未來。這次相聚永遠被定格在這一刻的這個地方。

可是聚散終有時。小阮還要在這裡等他幾個朋友，我們和他道別，我用力拍了拍他肩膀。

我們都清楚，以後很難再見面了。

麗雪姐有事要回臺北，而我要去淡水，我們一起搭巴士到捷運站。

重新回到安靜的時空，在尚未離開陽明山之際，那首老歌《秋的別館》重新回來。

「關上窗隔絕外界紛紛擾攘
　靜下心聽見愛隨時間流淌
　已是秋涼　人去遠方
　是或非再不用偽裝躲藏
　那時你直視著我熾熱目光
　世界不過是咫尺見方
　多少次相擁恨不能見一絲希望
　告訴自己就荒唐這一場

　往日溫存只留下苦澀難嘗　但也已無傷
　現在的你會枕在誰的胸膛　共看星光

　有多久不再對誰敞開心房
　這些年歲月劃過牽你的手掌
　溫柔臉龐　寂靜長廊
　記憶中相識的最初模樣
　那時你直視著我熾熱目光
　世界不過是咫尺見方
　多少次相擁恨不能見一絲希望
　告訴自己就荒唐這一場

　往日溫存只留下苦澀難嘗　但也已無傷
　現在的你會枕在誰的胸膛　共看星光

　我紅了眼眶等待天亮　在秋的別館把記憶封了箱
　不再想

　往日溫存只留下苦澀難嘗　但也已無傷
　現在的你會枕在誰的胸膛　共看星光」

在這時候，我甚至忘記了自己來這個地方的原因。

「為什麼」，真的那麼重要？

這就是我所經歷的陽明山：冬雨、長廊、步道、花鐘、海芋、兩個知己。

只有這首歌曲的旋律，心中不再回蕩。

忘記與笑，並不一定會昇華，反而可能抵不上此刻疲倦的困意。

經過新北投，北投很快就到了。

麗雪姐的目的地是和我相反的方向，我送她到去往臺北的車站月臺。很快列車就來了，她微笑著、半側著身子、一邊向我微微鞠躬、一邊幅度很小的揮了揮手，用特有的臺灣腔說了聲「拜拜！」

車門關閉，列車開動。直到這個時候，我還是站在原地，目送著列車漸漸遠去。

直到列車消失在眼前，劃向臺北的天際。

空蕩蕩的月臺，在列車剛剛離開後總會短暫成為一道獨特的風景，之後，同樣總會很快，風景就已不再。

珍重，回歸到獨自一人，前方，新的故事……

捷運紅線：忠義、官渡、……過了紅樹林，終點站淡水到了。

匆匆一瞥淡水站的紅磚建築，然後直奔站前廣場，尋找去漁人碼頭的公車。

紅毛城、淡江中學、真理大學……一直到漁人碼頭。

華燈初上，掩蓋了白日或許輕易可見的悲傷。海風，彩色漁船，宵夜，這裡開始進入歡樂時光。

我知道自己已經不可能找到故事。

被雨水打濕的木棧道上，泛著金黃光芒的路燈點綴著深藍色天空，右手邊下面餐廳和酒吧傳來忙碌的聲音，左手邊，一艘漁船正在遼闊卻模糊的海面上緩緩前行。

一隻大狗悠閒走過來，懶得去理會這些在情人橋上走來走去的「無聊」路人。

「阿給魚丸」的生意好得不行，味道卻沒帶來什麼驚喜。

　　在離開之前的最後一刻，尤雅的台語歌聲在耳邊回蕩，等無人，雖然不是什麼憨人，等待的或許只是「空等」。

　　從漁人碼頭回到捷運站的途中，天已經完全黑了，淡水街頭燈光稀疏，看不到居民樓群，看不到海，沒有了碼頭的喧鬧，只有打烊的臨街商鋪五彩斑斕的看板點綴起黑暗的空氣，就和剛來臺北時所看到的一樣，甚至比臺北的街道更窄一些，視覺上的縱向延伸更遠一些。

　　路況有些小堵，車流緩慢在行進，直視著前方鱗次櫛比五光十色的層次，我仿佛置身於二十年前電視劇中擁堵的傍晚街頭。

　　這像是一場時間的旅行，我居然開始享受塞車的進程。

　　淡水車站，夜晚的紅磚樓散發出暗紅色的光暈，給人一種懷舊的粗糙質感。

　　紅線列車一直在露天環境下行駛，沿途繽紛的夜色一覽無遺。我坐在車裡，靜靜聆聽關於臺北的城市樂曲，把目光轉向車窗，凝視著不斷更替卻如同永恆的霓虹燈光。突然，下一首歌的前奏，把我帶回到現在，動聽的城市節奏，忽遠忽近，時隱時現，變換如一雙妙手，令難免失落的心靈被輕柔撫摸，令孤獨的旅人看到那幕亦幻亦真「水晶球」般的場景：五光十色的霓虹燈下，川流不息的黃色計程車與喧鬧的摩托車流交錯，撐著雨傘、身穿白色風衣、留著波浪長髮的女孩子笑意盈盈飄然走過。

　　這前奏的曼妙旋律，只屬於臺北這個地方。唯一的前奏，唯一的城市。

----

　　士林夜市人潮洶湧的「壯麗」景象令人頭暈，只嘗了一串豬血糕，我就匆匆逃離。

　　漫步在臺北街頭，總算獲得了一份寧靜。

　　走在我前面的爺孫倆人手拉著手，小孩子突然忍不住掙脫爺爺的手，跑過去看熱鬧。

　　孩子回到大人身邊的輕喊，內心最深處被觸動的半個節拍的聲響，幸福的疲倦發出的輕歡，淚水不經意奪眶的驚訝。

　　我仍然走在故事當中。

　　哪怕這個故事既沒有開端也沒有結尾，不見主題更沒什麼中心意義，只有我眼中時光倒轉回到從前的街，還有天空底下一路漫步而來的自己。

　　臺北的天空，在夜晚一定是黑色嗎？

1.通向往事的晨路 2.淡水河畔。3.記憶過後的徹底忘卻

# （八）鹿港小鎮

時間，早上五點三十分。

強睜開惺忪的睡眼，離開旅店，出發去臺北車站。

幾乎空無一人的地下鐵車廂裡，車燈與閃回式廣告忽明忽暗在交替，斑駁著所在的僻靜角落。

「風往何處從不說　留下空白線索　看盡繁華的迷惑　只有我的身影
最寂寞」……

鄭華娟的DEMO，吉他琴弦行雲流水般娓娓道來，聲音雖然有些偏小，卻正好與鐵軌摩擦聲形成共鳴。

一條瘦長牛仔褲，一段動態影像，不再有瞬間定格的畫面，無聲無息在穿梭，等待著即將來臨的未知際遇，卻不知道究竟要去尋找什麼……

拿到了兩張橙色高鐵票，一張是即將出發的，另一張是回程票。心總算踏實了些，我的鹿港小鎮，總算有夢可循。

月臺正中央的電子顯示牌，最為醒目的是「南下」兩個字，是的，即將登上南下列車，前方目的地：台中。

列車準時出發，耳機裡阿嶽躁動的歌喉激發起我內心深處關於放縱的些許「邪惡」情緒，只不過，當歌曲剛一結束，立刻響起周華健充滿原始生命力的哼唱，純粹依靠喉嚨在顫動，仿佛山農明朗狂放卻又深情四溢的山歌，穿透聽者的一切猶疑。

當這段簡短的哼唱結束於車輪與鐵軌相互的摩擦，結束於似乎充斥著金屬與蒸汽的和弦，我突然覺得，這好像一面反射動態影像的明鏡，我從中看到了自己，煥發豪情，敲醒正在路上的驕傲狀態：披著星辰出發，困頓卻堅定的目光，疲憊卻不曾停歇的雙足，笑中含淚的面孔，對於未知前方無畏、純粹的嚮往，還有「在路上」那份不足道的快樂艱辛。

南下列車漸漸遠離臺北，天空開始放晴，畢竟這一天屬於鄉土氣息更

濃郁的中部臺灣。

　　「是是非非拋開，恩恩怨怨不在，自由自在我浪跡天涯。」

　　鄭智化的《遊戲人間》很匹配自己此刻的心聲：帶著些許自嘲意味，戲謔了流浪的無意義狀態。

　　或許唯一欠缺的，就是手中一瓶酒所能夠「成就」的醉態。

　　在台中下車後，等了一段時間，搭上去往鹿港的客運巴士。

　　陽光明媚，這竟然是我來到臺灣後第一次見到陽光。心情大好，有音樂做伴，憧憬著前方的鹿港小鎮，我真真切切感受到自己終於回歸到純粹的旅人狀態。

　　映入眼簾的是大片大片農田，矮小老舊的民房，十字路口顏色誇張、鄉土氣息的看板，原汁原味的臺灣鄉間。


　　「臺北不是我的家

　　　我的家鄉沒有霓虹燈

　　　鹿港的街道　鹿港的漁村

　　　媽祖廟裡燒香的人們

　　　臺北不是我的家

　　　我的家鄉沒有霓虹燈

　　　鹿港的清晨　鹿港的黃昏

　　　徘徊在文明裡的人們」


　　因為羅大佑的《鹿港小鎮》，我的臺灣之旅不再僅僅只有過去與此刻懷舊式的相互交錯，而是一種碰撞，關於思考的激烈碰撞，臺北「淡淡發香」一般的女性氣質不再，此刻緊握的拳頭燃燒著橫衝直撞，奔向鹿港。

　　鹿港小鎮，早已成為心目中符號化的朝聖地。就算即將到達的這個「朝聖之地」比音樂教父歌中所述「悲哀」得更加現代，我依舊熱情不減。

　　巴士在一個路口左轉，進入了一個小城鎮的畫面當中：窄窄的街道，街邊擁擠的老店鋪，一眼望去破舊、狹長的巷口，陽臺零亂的天線與擺設，真實的生活場景，沒有鋼筋水泥的工地，沒有喧鬧的十字路口，只有

世世代代沿襲下來的不變，對，不變。

看到一個個商鋪的店名，我也終於知道這個地方是哪裡了，彰化，對，是彰化。

怎麼可以忘記這個地方，可是又憑什麼記住這個地方？除了「彰化」這個特別的名字。

意識中呈現出這樣一幅畫面：一個年輕姑娘，黑色背包搭在瘦削的單肩上，穿著短款牛仔坎肩，獨自佇立在路邊，等待招手即停的公車，微風吹拂起她略帶卷花的長髮，一個阿伯經過，用台語問她怎麼還沒走，她笑著回答車還沒來。

她要去臺北，遙遠的臺北，一個與家鄉完全不同的地方，一個承載著青春夢的地方。

不知道從什麼時候開始，我靠著車窗睡著了，左半邊臉不時磕在車窗玻璃上，緊接著就是一個猛醒，看看外邊，接著又合上眼睛……

直到司機喊著鹿港到了，才一個猛醒，強打起精神下車。

鹿港小鎮到了。

小路上盡是紅色：紅色的門，紅色的春聯，紅色的氣球，還有要等到晚上才點燃的紅色燈籠。

抬頭看到一條金色彩繪長龍，龍身延伸到很遠的地方，延伸向媽祖廟不斷的香火。

一隊僧侶成一字縱列佇立在路中央，托著僧缽，口念佛經，不時用手中木魚敲一下僧缽，清澈的回音如佛偈般綿綿不絕。不知道他們是在做法事，還是在化緣。

露天餐廳有一處水泥空地，這個地方成了中年薩克斯手的舞臺，他正在吹奏《海上花》，插電的音響設備旁邊，在一支高高的椅子上面，站著一隻身穿紅色夾襖可愛的白色小狗。

一家小雜貨鋪傳來《鹿港小鎮》的音樂旋律：淡然無味、充斥著娛樂味道、完全一副旅遊廣告曲的模樣。

在天后宮，在這座香火最旺的媽祖廟門口，我望向天空中紅色燈籠環繞的仙人塑像。

廟裡邊有一面大鐘，人們正在排隊等待，等著親手拿起紅色鐘錘去敲

鐘。

　　這些人一定都是虔誠的媽祖信眾？我想未必，否則，為什麼很多人在敲鐘的那一刻，下意識擺好姿勢，等待不遠處手拿相機的同伴來拍照呢？要知道，這完全是遊客的舉動。

　　再走回到門口，我下意識望向右面後側延伸進去的小巷。這裡就是「媽祖廟的後面」，歌裡面唱的那家小雜貨店在哪裡？沒有，根本沒有，只有一家挨著一家招呼著客人、拉攏生意的小飯館。

　　走在人山人海的主街上，眼中盡是失望透頂的「雷同」景物。我有些厭煩了，看到街邊一條不起眼的羊腸小路，毫不猶豫拐了進去。

　　阿伯騎著小摩托向這邊開來，我要側過身他才方便過去。這是一條陰暗、破敗、潮濕、無人、路邊堆著垃圾的陋巷。走過這裡，是一個路口，左右兩邊都是紅磚堆砌起來多年的民房。

　　路邊一個亂哄哄的露天菜市場，商販胡亂擺著地攤，當地居民騎著小摩托擠在人群裡，不時按著喇叭。

　　這些簡陋、吵鬧的畫面，看在眼裡反倒更舒服些。

　　轉身回來，向著與人流相反的方向走去。不知走了多久，直到走進一個狹窄的巷口，巷子兩邊都是紅磚牆壁，暗紅色的磚與磚之間殘留著不再清晰的白線以及黑色的裂痕，我肯定這裡一定是一條歷史悠久的名巷，也正因為如此，參觀的眾多遊客在這條狹窄的小巷裡舉步維艱。

　　費盡「千辛萬苦」總算走了出來，我有些頭昏，什麼「摸乳巷」的噱頭，由它去吧，我真的決定離開了。

　　為了回去，重新走在那一條陰暗卻熟悉的小巷裡：知道了要有多漫長以後，這條小巷反而不再顯得那麼漫長。

　　經過一家門口的時候，看到裡面一位年紀很大的老伯坐在矮凳子上，把案板放在院子裡的土地上，拿著一把菜刀正在剁肉，看他容光煥發的神態，我想他一定是在準備今晚全家團圓的聚餐。

　　這一幕，是我在鹿港捕捉到的、少得可憐的溫情畫面。

　　生活，這裡的生活，我無法走進去，只好牢牢記住老伯那熱切期待的眼神。

　　回到來時下車的地方，找到不遠處的鹿港客運站，小小的屋子，簡單

的陳設，幾個售票窗口，左邊一排空空座椅，右邊一片空地就是候車排隊的地方。我有些累了，走向那排無人座椅坐下，把背包放在身旁。休息的同時，輕鬆觀察著身邊來來往往的人們，身在異鄉的自己，待在這村鎮的小屋裡候車，舊到褪色的座椅，我是純粹等待出發的旅人。身邊的人與我不同，從著裝、從神情、從隱藏的笑容、從走路的姿勢，都完全不同。這是一個真實的、令人喜悅的生活場景：呼吸著初春氣息的空氣，傾聽一句也不懂的台語，輕輕擁抱鄉土味道的狹小空間，我終於可以「放手」在鹿港一路走來的種種堅持。

登上回台中的巴士，一個身穿深藍色線衣與質樸牛仔褲、面容清秀的小鎮姑娘坐在我旁邊，她要去彰化探親。或許是因為帶著口罩，她的一雙眼睛顯得格外烏黑、清澈。

汽車在鎮裡的小路上堵堵停停、緩慢前行，我甚至沒有記住最後一眼的鹿港是什麼樣子。

鹿港，還算是那個「小鎮」嗎？這個疑問，是唯一留給我的所在。

「哦——
　　聽說他們挖走了家鄉的紅磚砌上了水泥牆
　　家鄉的人們得到他們想要的卻又失去他們擁有的
　　門上的一塊斑駁的木板刻著這麼幾句話
　　子子孫孫永保佑　世世代代傳香火
　　哦，鹿港小鎮，
　　小鎮，
　　鹿港的小鎮」…………

聽著音樂，望向窗外倒退的景象，餘光模糊了身旁漸漸入睡的一抹深藍。

只記得自己再一次睜開雙眼的時候，看到的已然是城市的街道。

已經到台中市了。汽車開始頻繁起步，到站停車。窗外是一個又一個短暫的經過：經過洋溢著午睡慵懶空氣的水泥色樓房，經過時尚的購物廣場，經過市政府辦公區的白色建築，經過叫不出名字的街心公園，經過一

群拿著相機走在路邊椰樹底下的孩子，經過一站又一站……

耳朵裡聽的音樂，是李宗盛在多年以後的臺北舞臺上，用吉他自彈自唱的《當愛已成往事》，濃厚的貝司低音，仿佛老男人在感慨歲月的沉澱。

> 「往事不要再提
>   人生已多風雨
>   縱然記憶抹不去愛與恨都還在心裡
>   真的要斷了過去
>   讓明天好好繼續
>   你就不要再苦苦追問我的消息」

老李說，當初痛得不得了的歌，在很多年以後，去聽，去看，會有另一番風景。

真的是這樣嗎？如果是這樣，那麼為什麼在多年以後，在他改編的同一首歌裡面，「她」的部分全部被抹掉了？

逢甲夜市的臭豆腐很好吃。牛肉麵倒是少了幾分北方的粗獷，口感過於細膩。

台中的街道規模比臺北更小巧、更密集。四面八方的路人不時橫穿過狹窄的馬路，路邊的阿婆支著小車叫賣自家做的小吃。

搭巴士回到火車站，途中經過夕陽西下已近黃昏的曠野，溫暖的光線平復了情緒，行進的車輪奏響離別的序曲。

我最後一個下了車。

北上列車，是的，在晚上，我即將北上，回歸臺北，那個熟悉的臺北。

人總是要懷揣一份「熟悉」，正是這份僅有的「熟悉」，大到臺北一座城市，小到一根鐵軌，或者抓得到的一個把手，可以讓孤獨剝離「陌生」的繭，飛向看似空洞的真實存在。

　　列車開動，柔和的光線灑落到深綠色的沙發座位。我的雙眼有些乾澀，卻一直沒有閉上眼睛睡覺，燈光也一直沒有被我關掉。

　　一路上我一直在聽一首歌，是鳳飛飛在三十五周年演唱會上現場演繹的那首《追夢人》。歌曲終了時，她平靜的對大家說「謝謝，謝謝你們」。

　　多麼簡單、親切的問候。

　　在那個回臺北的夜晚，我還沒有聽到鳳飛飛已經離開人世的消息。

　　青春真的不死嗎？流浪的足跡，在聲音裡徘徊，把心語深藏。

　　宿命的安排，人世終難解的關懷。

1.媽祖廟的香火。 2.黃昏，台中。

# （九）九份，悲情城市

臺北，晴天。第一次呼吸到並不潮濕的空氣。

鄭怡的歌聲比微風更輕柔，此刻的臺北哪裡像是在冬天，根本就是早春三月。

「早晨的微風，我們向遠處出發中；
　往事如煙，不要回首。
　晨霧迷漫中，音樂在我心裏響起；
　幕已開啟，別再憂愁。
　誰知我行蹤　何去何從？
　誰令我感動？遠離傷痛。

　早晨的微風在心中，晨霧迷漫中多感動；
　不回首，別再憂愁。」…………

今天的旅行就像是一次輕鬆愉快的郊遊，音樂在心裡響起，誰知我行蹤？誰知我何去何從？

不要回首，別再憂愁，別再憂愁…………

在最原始、最普通的那個臺北火車站，買到去往瑞芳的車票。

瑞芳距離臺北很近，火車是那種小型區間車，車廂也很少。

萬萬沒想到的是，乘客竟然很多，幾乎擠滿了車廂。

重重的背包，狹窄的空間，緊迫的呼吸，這些終究屬於最「背包客」的方式。

在一共五十分鐘車程的後半段，火車開始向山上開，傾斜的陽光灑落到有些酸痛的肩膀。

瑞芳總算到了。小小的車站擠滿了人，別致的月臺讓我想起日本鄉間。

走出站前小廣場，左轉，走在一條陰暗的窄街上，走了大概一百米遠，看到一個水泥地廣場，這裡就是巴士候車站，等待一段時間，去金瓜石、九份的車來了。

出乎我預料的是，當巴士剛剛開出這條陰暗狹窄的街，經過一座下面是潺潺流水的橋，景色立刻變得壯闊起來，壯闊到給我一種過渡很生硬的感覺。

車窗外有一條河，一條歡舞銀蛇般流向遠方的河。車正在沿著這條河行進。河岸邊是綿延向遠方、依山而錯落的民居，密密麻麻連成一片，墨黑與舊木色交織在一起，粗獷與細膩在矛盾並存著，自然的震撼與生命的渺小同時呈現給觀者的肉眼，告訴你，你可以覺得她很另類在美麗著，哪怕她深知你不會將她帶走甚至保留；也可以認為她又老又舊又醜，但你始終無法擺脫想去靠近她擁抱她卻還是只能經過她的宿命式錯失。

這裡難道就是平溪老街？

我有些後悔，當初為什麼不繼續向前走？走過那條街，走過那座橋，走到這個地方，哪怕再回去搭車去九份，也完全來得及。

看到的同時，即錯過的開始。

車漸漸進入盤山路行駛，不久就開始塞車。天氣也不再晴朗，陰暗的天空飄著細雨。

途徑一家芋圓店，車剛好堵在這裡不動了。透過車窗可以清楚看到店裡面的師傅正在用擀麵杖製作芋圓，這是一家多年的老店，店門上的相片介紹有很多名人都來光顧過。店裡正好坐著幾個食客，看到年輕夥計把剛煮好、冒著熱氣的芋圓放到他們的餐桌上，外面冷風細雨，食客們在裡面享用又香甜又滑糯的芋圓，自己恨不得破窗而出，無奈只好把口水往肚子裡咽。

過了芋圓店，沿著上山方向又開了一段路，九份的餐館、民宿、景點的指示牌開始陸續出現。當車子快速經過路邊一條上山狹窄步道的入口時，我依稀看到指示牌上面的幾個關鍵字：「戲院」、「電影」、「侯孝賢」。

對，正是因為這部電影，我才來到九份。

風景開始變得不同：右手邊是九份小鎮的近景，而左手邊可以看到遠

處的山，山上密集的小樓民宅，還有更遠處霧濛濛、暗藍色的海平面。每當車子一轉彎，方才左與右的景致產生互換的錯覺。

在金瓜石下車，天空陰沉，瑞芳的豔陽高照已不再。

這個地方以前是礦區，現在完全成為觀光景區。門口一塊大木牌上「金瓜石」三個大字，吸引眾多遊客留影，只為證明自己「到此一遊」。

臺階寬大的木棧道，演示礦工生活的小型放映館，模仿古代礦工工地樣子的遊客中心，停靠在運礦鐵軌上面的礦車裡，孩子們圍坐著等待家長們拍照。

一切都毫無驚喜。

走過「黃金瀑布」沒多遠，我就開始原路返回，準備離開這純粹的「景區」。

搭巴士回九份，路上還是有些堵，車子突然停駐在盤山路上，窗外的風景恰好迷人至極：遠方是九份特有的山海線，和《悲情城市》裡面的長鏡頭一樣，近處與一棟建築物的屋頂平行，屋頂上面是幾位神仙的彩繪塑像，整體結合起來看，就像是仙人微笑著從海中仙境騰雲駕霧而來。

到九份的時候，天公作美，又開始放晴。

走上差不多三層樓高的觀景台，再一次看到山海線的全景，雖然較之剛才高度低了一些，不過視野更開闊，拍攝角度也很理想。

《悲情城市》裡面的長鏡頭低沉、寧靜、悲傷。我一邊眺望遠方，一邊聆聽S.E.N.S.當年專門為這部影片創作的原聲音樂。

S.E.N.S.的音樂，沒記錯的話，應該是第三次在自己的旅程中出現了。第一次，是在夜晚藍色光影交錯中的阿拉伯半島；第二次，是在向著清真寺出發的伊斯坦布爾清晨；而這一次，面對的是山城九份絕對寧靜的海平面。

基山街狹長的沿山步道上，遊人一個緊挨著一個，我抓住機會總算「逃離」出去。

無意中走到一家賣檳榔的小店門口，一個鄰家女孩笑意盈盈站在那裡，我問她到戲院怎麼走，她給我指了一條小路。這條小路很幽靜，遠離抬頭可見的山坡上喧鬧擁擠的遊客，這正是我所期待的，檳榔女孩的指引帶給我另一個九份，那個真實的山間小鎮終於出現在眼前。

走著走著，看到一個轉彎處的路牌，原來這條路就是九份的輕便路了。

進入一條陰暗的小巷，繞來繞去，直到走出巷口，來到一片豁然開朗的袖珍廣場，左邊又是向上的石頭步道，正前方一條狹窄的過道延伸向一個黑壓壓的門口，門上面花花綠綠的彩色人物圖環繞中赫然幾個大字「升平戲院」。

走進戲院，首先看到的就是左手邊玻璃框中電影《悲情城市》最具代表性的海報：鮮紅的紙張上面「悲情城市」四個黑色毛筆大字，我自然用相機拍下來。

在影片的故事發生地九份，我拍的卻是關於故事發生地的電影。

戲院正中央的舞臺上，一個女孩子正在彈吉他唱著民謠。我找到木頭長凳坐下來，身旁，是一部鏽跡斑斑的老式電影放映機。

我只是在想。

音樂、文字、相片、包括行走本身，這些對於自己來講很古老的方式，在尚未將其以定義的形式作為生命真諦的展現與嘗試回眸再現之前，就已經在冥冥之中存在並生長。

可是電影不同，今時目睹的震撼大多是通過DVD影碟播放機與電視組合「自製而成」的「影院」來實現，收穫的感動也只能發生在家裡的沙發座面前。

看到戲院裡一些關於當年上映《悲情城市》這部電影的歷史相片，我突然在想，磁帶沒了還有MP3，鋼筆墨水沒了還有電子文檔，底片沒了還有數碼單反，可電影呢？也許再也拍不出從前那樣的電影了。

衰落，不，徹底的衰亡。

走出升平戲院，我漫無目的四處漫步，直到途中駐足在一條被停靠的私家車幾乎完全擋住的最外沿小路上。這個位置，又是一個望向山海線的開闊視野所在。海天之際，天空陰沉，反而襯托出山的墨黑，海的深藍。柔弱的光線不規則灑在海面上，形成多道獨特的光束，不像圓環，不像直線，是利劍，不是一把，而是多把利劍！一艘細長的輪船向遠方緩緩駛去，穿梭在半明半暗的光影交錯中。金色光芒照耀到的樓群顏色白得如此徹底，哪怕緊緊相鄰的黑壓壓的生命力與之息息相關並且沒有什麼不同。

那裡是基隆？是我幾天前到過的基隆港？

《悲情城市》音樂中的情境，與此刻在九份我親眼所見的真實，如此格格不入。

我試圖保留住音樂，這恰恰證明了我正在這裡忘掉音樂。

走回到基山街依山綿延的步道上，走進一條商業小巷，店鋪一家挨著一家，很是熱鬧。路過一家賣五香雞胗鴨胗之類的小店，很多人在排隊，店裡的地上擺放著好幾口大鍋，現煮現賣，一股濃烈的香氣撲鼻而來。一位五大三粗、帶著寬大眼鏡的中年男人，一身廚師裝束，不知道是不是老闆，突然用綿軟的臺灣腔輕聲叫嚷了一句：「新鮮出鍋的小胗胗哦！」看到他難免極度不匹配的身材與聲音，我笑了。

跟隨幾個臺灣大學生的腳步，我不知不覺走入了九份錯綜複雜、高低交錯的民宅群裡，一路上盡是雜草叢生的下坡破舊步道，我擔心走不出去，只不過看到前面幾個年輕人裡帶路的那個戴眼鏡小夥子自信的表情，我相信一定可以走出去，而且走這種真正的九份老路豈不是比那些商業街更好？

現在所走的路，才是最真實的九份。民宅大都很小很舊，暮氣沉沉的感覺，不知道繞了多少個彎，走了多少個上下坡的長短步道，總算看到一個簡陋的門口，走進去，原來是回到了熱鬧非凡的小吃街後門裡面。

這九份的路啊，真的是峰迴路轉，其樂無窮。回來的這一刻，我甚至有些失落，走得還沒有完全盡興。

陰差陽錯回到了原點，看來是時候離開了。

坐上回臺北的巴士，我竟然很快入睡。勉強睜開雙眼的時候，車子已經回到瑞芳，就這樣錯過了黃昏的平溪。

歸途。

黃昏時分，慵懶的光照射進車窗，照耀在即將沉睡的臉龐。

行進在平坦的市鎮小路上，空氣中洋溢著歸來的幸福倦意。

九份，原來是這個樣子。預想中的一切或許早已不再，除了那個笑意盈盈的檳榔姑娘。

如果一個人把一首原本平靜溫柔的歌曲突然唱得聲嘶力竭，那麼，在他的心裡，或許正在抓狂一樣四處尋找著業已失去的東西，比如，不再傳

唱的船歌。

　　公路開始寬廣，視野變得空曠。

　　晚霞鑲嵌在公路邊緣的黑色樓群之間，點綴了一曲悠揚的城市悲歌。

　　直到路又開始變窄，直到眼前出現五顏六色燈光下的寧夏夜市，我忘記了這已經是第幾次回到臺北。

　　臺北，我早已忘記這是第幾次在呼喚妳。

　　一份思念，在陌生的路途中點燃我的心房。

1.列車站，瑞芳。
2.騰雲駕霧的悲情
3.山海線，九份。

# （十）晚安，大地的孩子

　　佇立在黃昏後的忠孝東路：整潔的醫院，破舊的百貨大樓，霓虹燈剛剛亮起的十字街頭。

　　眼前，是一幅仿佛被「刻意」拉長的縱向畫面：細長的高樓，細長的馬路，細長的步道，細長的延伸。

　　多虧臺北車站的楊主任，我順利退回了買錯的車票。晚上來到車站準備特地去謝謝他，哪想他剛好不在，只好委託他的同事、一位中年大姐幫我轉達謝意。大姐先是愣了一下，問我哪個楊主任，我向她形容了一下相貌，她恍然大悟笑著說：「哦，我知道了，就是個子高高、樣子帥帥的那個！」

　　「我們的世界
　　　並不像你說的真有那麼壞
　　　你又何必感慨
　　　用你的關懷和所有的愛
　　　為這個世界
　　　添一些美麗色彩」

　　蔡藍欽走的時候只有二十二歲。那時候，這個戴著一幅寬大黑色外框眼鏡、還沒有從台大畢業的民謠青年，只留下了一張唱片。

　　是啊，這個世界，有一點希望，有一點失望，我們時常這麼想，可是誰也無法逃開。

　　搭地鐵木柵線來到動物園，這裡應該算是臺北的郊區了，車和行人都很少。昏黃的路燈下，我一邊走一邊想著《快樂天堂》裡面那一句：告訴你一個神秘的地方，一個孩子們的快樂天堂。

　　這首歌就是多年以前為了臺北動物園搬家而創作並演繹出來的。

　　當時那些憧憬快樂天堂的孩子們，如今都已過了而立之年。

歲月的痕跡在哪裡呢？

乘坐貓空纜車，換乘了兩次後到達山頂，彎彎的一輪新月灑下清澈明亮的冷光，模糊了遠方昏黃、迷亂的城市夜色。

在從臺北動物園回市區的地鐵車廂裡面，兩個臺北女孩子與我同行。她們都是正在讀大學的學生，利用週末在貓空打工。一個名字叫作姿羽，容貌清秀，說話總是柔聲柔氣的。另一個留著烏黑馬尾辮、一身棕色風衣的女孩名叫柏安，棱角分明的面孔，開朗活潑的青春氣息。

空空蕩蕩的車廂內，我們三個人一路聊著各種各樣輕鬆、愉快的話題。

「來臺灣以後，你都去了些什麼地方？」柏安問我。

「嗯，去了基隆，因為音樂。同樣因為羅大佑那首《鹿港小鎮》，我花了一整天時間坐火車到台中，然後轉公車經過彰化，特意去了一趟鹿港。」

「去過之後呢？感覺還好吧？鹿港我也只有小時候才去過哎！」她繼續問。

「呃……，去過後，感覺理想和現實還是有很大差距的。」我笑著用濃厚的鼻音腔回答她。

柏安開懷大笑，姿羽聽了也在笑。

「我還去了一趟九份。」我主動告訴她們。

「有沒有去平溪？」柏安繼續問我。

「沒有，不過路過那裡。」

「那個地方很漂亮的！」

「嗯，確實很漂亮。」我一邊說、一邊回憶起那天錯過的風景。

「你們在哪一站下車？」我問她們。

「她在科技大樓下車，我要去忠孝復興。」柏安說。

「你呢？」她接著問。

「我也要到忠孝復興站。然後打算換藍線到市府，去誠品看看。」

「誠品有那麼好嗎？」柏安小聲嘟囔。

「還不錯，我主要是去找一些書，關於攝影的，還有關於卡夫卡或者昆德拉的小說，另外有一些是關於電影的，比如伯格曼，比如安東尼奧

尼。」

「哦，這些我都不知道哎……」柏安撅起小嘴繼續嘟囔。

我笑了笑。

「來臺灣這些天，最吸引你的是什麼呀？」姿羽突然小聲問我。

「呃……人情味，對，人情味！」我想了想之後，脫口而出。

她們點點頭。

「如果你在高雄，那裡的人會更熱情的，熱情到直接把你拉回家吃飯。」柏安笑著告訴我。

「還有，臺灣的音樂對我的成長影響實在太大，太深。當然，一些很早的歌手，現在早就不再唱了。比如，王新蓮？」

她們搖搖頭。

「鄭怡？」

「哦，鄭怡我知道，有時候會在電臺節目裡看到她。」姿羽安靜的說。

柏安繼續茫然。

「這次旅行，之所以一直待在臺北，只是想用更多的時間，去真正瞭解這裡的生活真實，四處遊走，就像一個城市漫遊者，要的或許就是一種『在路上』的感覺。」我緩緩道出自己的感受。

「嗯，我瞭解你的想法！」姿羽一直閃爍著大眼睛，仔細聽我說的每一句話，她很少笑，總是安靜在聽著，聽得很認真。

柏安也用力點了點頭。

看得出來，她們明白我的意思。

自己的觀點與主張被認真傾聽，被聽者意會，是一件多麼幸福的事情。

「按照這種方式旅行的人，可能越來越少了……」我沒有繼續說下去，選擇沉默，望向車窗外臺北空洞的黑夜。

她們也開始沉默。

不知道為什麼，我從這兩個女孩子身上看到一種久違的氣息，仿佛回到了那個遙遠的學生時代，但又不完全是這樣，因為同為交談當事人的自己，並不是重回到從前的那個與她們年齡相仿的男生，而是現在掛滿一路

風霜的尋覓者，正在給她們講著自己從那個年代一路走來的、並非累積、而是在某個特定時間以「閃光點」替代「過程」的故事。

與此同時，也許在她們眼中，我更像是一個行走的、比我實際年齡更年輕一些的學生。

科技大樓站到了，姿羽和我們告別，下車前，我輕輕拍了拍她的肩膀。

很快，忠孝復興站也到了，我和柏安下車。

「你住在哪裡？」柏安問我。

「西門町。」

「哦，在西門町啊！有沒有吃阿宗麵線？」

「還沒有！」我笑著說。

──────────────────────────────

夜晚的西門町，還是那麼躁動，仿佛臺北永遠跳動著的年輕脈搏。

電影街到處張燈結綵，樹枝上掛滿各式各樣的深紫色彩燈。這個地方沒有紙醉金迷的奢華，只有絢爛並躁動的青春盛放到極致的淋漓暢快。

可是當電影散場、午夜將至，青春也無奈的隨之平息，甚至失落。

西門町，每天晚上，我都會來這裡走走。

昨晚一個人蹲在路邊悄聲痛哭的女孩子，現在還好嗎？

我不斷望著街道兩邊的一切。

民歌餐廳門口的紅字告訴我今晚駐唱的女歌手早已年華老去。

眼前罵著髒話、四處飛奔的小混混，只不過是楊德昌的電影畫面之於我此刻幻象的投影罷了。

西門町只可以是彩色的，哪怕我並不知道原因。

當青春不得不被告別，熱切地需要被記錄、被保存、使其永不退色，那麼彩色，理所當然成為彌足珍貴的載體。可是在那些同樣年輕過的老人眼裡，彩色一定會成為勾起他們記憶的幻象嗎？

在西門町，我所看到的青春其實很慘烈。

青春，原本就很慘烈。

──────────────────────────────

黑夜過去，又是一個清晨，新的清晨。

早安，臺北。

這是我旅程的最後一天，道出的，也是最後一聲早安。

晴空萬里，微風輕輕吹拂在即將離開的心。

突然感覺到，自己眼中的臺北，不再懷舊。

寬闊的自由廣場上，正在練習潮流舞蹈的女中學生背向注目的人群，扭動的腰枝，仿佛叛逆的宣言。

一位高個子老外笑呵呵站在廣場中央，他身旁有兩隻大狗，懶洋洋趴在地上睡覺，睡得香甜。

在龍山寺，拜月老、請紅線、求姻緣的人們排起長長的縱列。

川流不息的忠孝東路，一家挨著一家的百貨公司反倒成了最安靜的地方。

黃色計程車，是這幅城市街道畫面中最濃重的一抹色彩。

國父紀念館外，一個小女孩正揮舞著玩具手杖，做出各種形狀「巨大」的彩色泡沫，在空氣中存留很長時間都不會消失。她抬起頭，純淨的目光望向空氣中漸漸升高的泡沫，開心笑著。

她不知道泡沫的彩色光亮有多麼脆弱，就像她不知道自己的童年有多麼短暫一樣。

不過，如果一個人擁有一顆孩子般的心，那麼他眼中破碎的泡沫，就不應該成為「短暫一生」的象徵。

信義區的誠品書店，在臺北這些日子幾乎每個晚上都要「泡」在這裡的誠品書店，繁忙依舊。

一整個下午，我隨意漫步在仁愛路的林蔭道上。

樹蔭，芳草，街心公園，落葉與春意共存。

眼裡、心裡，盡是充滿生命力的綠色。

在十字街頭，等待信號燈的駐足片刻，一位老先生，戴著金絲眼鏡，一頭銀髮紮起馬尾，旅人裝束，和他身旁一位年輕的臺北女孩子聊天，談論著關於自己舉辦畫展的一些感悟。輕柔安靜的空氣中，兩個人的談話洋溢著濃郁的文藝氣息。

在一個路口右轉，默默走進一座小巧的街心公園，找到一處圓弧型水

泥台坐下，面對的是公園中心的綠草地，還有路對面不遠處的臺北101。

這個地方，是我在臺北關乎心靈的最後落腳點。

沒錯，這裡就是初來那天晚上、那座空空蕩蕩的街心公園。

不同的是，公園不再空空蕩蕩，綠草地的邊沿，圓弧型的路邊，一些年輕人擺起小攤。

我望向這片綠地。

綠地上，一支由幾個另類年輕人組成的另類樂隊，正在演繹躁動的歌聲。

主唱是一個看起來年齡有些大、實際可能很年輕的小夥子，皮鞋、老式西褲、緊身老式襯衫，挽起袖子，戴著一幅老式黑色寬邊大眼鏡，油光光的背頭在陽光下閃閃發亮。

他站在高高的直立式麥克風前，手握麥克風杆，身體有些古怪的稍向前傾，用一種特殊的語調唱歌，左右兩名樂手彈著電吉他與貝斯為他伴奏。

他唱的歌我聽不出來是什麼曲風，有點像說唱，卻又有些批判、有些迷幻、甚至有些玩鬧的味道，或許這本就是他自己獨特的唱腔。

這歌聲很古怪，卻很動聽，我站起來，身體不由自主隨著樂聲湧動的節奏在輕微晃動著。

偶爾有路人走到這裡坐下來歇一歇，然後很快起身離開，只有我，一直坐在這個地方，待了很長時間。

我是他們「唯一」的聽眾。

心想，就這樣坐在這裡，一直到黃昏，到天黑，到小攤開始熱鬧起來，到樂隊唱罷離場，該有多好。

可是，時間還是到了，要走了，要走了……

在我所坐位置的旁邊，有一條寬敞的、平緩的下坡木制步道，我剛才就是從這裡走下來的，那天晚上也是。

回身，拿起相機，對著這條步道，我按下了在臺北的最後一次快門。

步道上沒有行人，只有飄零的落葉。

我沒有向任何參照物對焦，鏡頭在這一瞬間的定格，就是我此刻望去的目光。

這張相片有些模糊，然而，這並非空洞，而是被淚水溢滿的悵然。

即將離開這裡之前，我站在綠草地的邊緣，這個地方距離樂隊已經很近很近，歌手樂手們正在忘情表演，哪怕他們只是唱給自己聽，唱給臺北的天空聽。

我微笑著、用右腿隨著節奏輕微點著節拍，在不遠處的服裝攤，身穿豔麗T-shirt的女孩子帶著好奇的笑意望著我。

或許她不明白，這個人為什麼可以聽得這樣投入？這樣忘我？

到了旅程的最後，本應獲得的那一份答案，反而更像是一份無法被解答的疑問。

這很可笑。

地下鐵人潮依舊，車廂內的博愛座位，顏色是多麼純粹的深藍。

回到西門町，我突然發現，這竟然是自己第一次看到午後的西門町！

原來西門町也可以這樣安逸、平和，完全沒有了夜晚青春的躁動。

回想起這些個晚上：紅樓外一邊擺攤一邊開懷大笑的姐妹，浮想中從身旁跑過去罵著髒話的放學頑童，夜晚路邊痛哭的女孩子，午夜時分還在賣衣服的話語輕柔的姑娘。

大地的孩子，正式踏上歸途。

歸去的時候別忘了說聲珍重再會。

穿過臺北車站熱鬧的地下步行街，順利搭上去往桃園機場的巴士。

離別臺北時的景象，真切得如此短暫。很快，窗外已經是高速公路空曠寂寞的水泥色調。

真正到了要說再見的時候，似乎又沒什麼好說的了。

我只是在聽一首歌，那首縱貫線的《再見》，一遍又一遍反復在聽，把所有的情感，都傾注到了每一句歌詞、每一個音符裡面。

沒機會說聲再見，也許就再也見不到你。

就要離開熟悉的地方，眼淚就要掉下去。

為你的這些日子，你給的這些日子。

這些日子在我心中永遠都不會抹去。

是否還會再回來？

沒有回答，不再回頭。

不再回頭的走下去。


放眼望去臺北郊外的青山，心想，幾個老男人的縱情高歌，總算是對於這塊音樂聖地有了某種溫情的延續。

哪怕是關於告別的悲傷，其實也可以歡快的進行。

這些日子的一幕幕，來不及一一記起，卻一定會在將來的某一天，同時在心靈某個老地方笑意浮現。

桃園機場已經在眼前。

臺北，再會！

....................................................................


飛機準時起飛，向著家的方向。

外面是無盡的黑夜，關掉頭頂的燈光，機艙裡靠窗的座位，成為我享受絕對寧靜的黑暗角落。

我突然想起了來時降落所經過的厚厚雲層，謎一樣，好像一段尚未開始的故事帶著疑惑的開端。

此刻呢？

是的，因為這段旅程，我學會了從不一樣的角度去看，去想，去領悟。

哪怕這種發生只不過是短暫的靈感使然，終將被亂麻一般的「熟悉」所封存，至少，我曾經破繭為蝶。

沒錯！人生能在這時候遊蕩，管它去哪個地方！

飛機開始降落，耳朵裡歸來的音樂，隨著期待的急促鼓點響起。

臺北，原來是妳。

1.忠孝東路，臺北。 2.最後一次快門定格

# （十一）柏林蒼穹下

「當孩子還是孩子，

　總愛提這些問題：

　為什麼我是我，而不是你？

　為什麼我在這兒，而不在那兒？

　時間從何時開始？空間在何處終結？」

法蘭克福機場，雨下個不停。濕漉漉的跑道上，飛機正在緩緩滑行。

然後，起飛，拔高，直入雲上，頓時晴空萬里，不見陰暗與潮濕。

一個小時以後呢？

一個小時以後，雲下面的地方，柏林，會是什麼樣子？

坐在我左邊的、一個年齡相仿的德國女孩，不再聊天，優雅攤開一本書，開始安靜閱讀起來。她的樣子，很像年輕時候的漢娜・許古拉。

當飛機開始降落，陰鬱重新回來。

陰鬱的天空，陰鬱的大地，陰鬱的湖水，陰鬱的樓群，陰鬱的公路，陰鬱的青草。

柏林，柏林。柏林……

耳塞裡的音樂：哀婉的提琴伴奏，天使在吟唱。

柏林，無語的天空，沉默的大地，遍地沉重的回憶。

詩意，精神困境，思想的病人，孤獨，選擇，尋找。

出路在哪裡？

京都，東京，巴黎，維也納，伊斯坦布爾，臺北，柏林。

如果祖母還在世，她也許會說：「你真是瘋了！」。

柏林，每當想起她，每次念到她，心，都會被柔和的淚水溫暖浸潤。

現在，終於看到她。

濃厚雲層包圍的蒼穹下，此刻正在抬頭仰望的眾生。

我在想，疑惑與真切，原來只是一面鏡子在同一時間不同角度的折

射，只是人的視角在揮之不去的孤獨與冰冷色調的脈脈溫情之間、做著究竟應該仰視還是俯瞰的痛苦掙扎。

手扶行李箱，走出泰格爾機場，天空飄著細雨，空氣清新卻感傷，青草地因寂靜而荒涼，景象透著道不出的憂鬱。好像並不一定要發生什麼悲痛或者沉重的打擊才導致如此，而是天然的一份莊嚴悲憫的城市氣質，儘管這座城市確實經歷了數不清的滄桑。

> 「當孩子還是孩子，
>   愛在走路時擺動雙臂，
>   幻想著小溪就是河流，
>   河流就是大江，
>   而水坑就是大海。」

四處都冷冰冰的，冷冷的空氣，冷冷的行人腳步，冷冷的細雨，冷冷的情緒。

這份冷冰冰，不存在絲毫的輕柔，反而凝重、溫暖。並非遙不可及，而是完全可以觸碰得到，就像一次握手，一次擁抱，一個親吻。

不用抬頭仰望，天空仿佛近在咫尺。

斯普雷河，靜靜、緩緩、冷冷在流淌。

陰天，美到無法形容的陰天。

因為傍晚陰鬱的天空，河水看起來是沉默的黑色，流經岸邊廢棄的紅磚牆，濃重如湧動的熱淚。

冰涼的河水，不怕冷的鴨子在河面上四處遊蕩。

我的雙眼並不困頓，身體卻因為寒冷輕輕抖動。

其實，並沒有什麼河岸，只有身處河水之中，才會有河岸的存在。

在欲望中放逐，在遊走裡表達倔強。置絢爛色彩於不顧，去尋找黑與白的所謂超善惡。

一次又一次，熱愛、欲望、情感，被冰冷、隔閡、疏離隱藏起來。

柏林，究竟為什麼對你如此一往情深?

長橋上的雕像，一個個小天使永遠在微笑。

在國會大廈外的寬闊綠地上，我始終在注視著大廈頂端那些與天空密不可分、幾乎融為一體的塑像。

他們是守護著柏林的大天使們。他們中有些在思考，有些敞開懷抱，有些試圖衝破，有些一直在痛苦掙扎。

勃蘭登堡門前，單車女孩緩緩經過，在即將打烊的麵包坊前駐足，她是柏林遊動的天使。在她的正前方，很遠的前方，天空中一尊金色女神高舉著單臂，那裡，就是勝利柱！

不，她不僅僅是遊動的天使，更是女神之女。

天使，我總是在念叨天使。

走在「六月十七」大道，向著那一縷晃動著目光、顫抖著盼望的金色光芒，指引著忘卻了家的孩子，永遠不會迷路。

路邊的Tiergarten，如此深邃的綠色花園，不，這不是一座花園，而是城市不存在任何刻意為之的一部分。

天空飄下的雨越來越密，一個路人在雨中收起雨傘，被淋得渾身濕透，卻心甘情願。

勝利女神高高矗立在環路的中央：金色的翅膀，高聳的鼻樑，輝煌的手杖，微笑的臉龐。

抬頭望天，心總會平靜些的。精神，也許永遠看不到，可她一定存在。

世間萬物，不一定都需要用「看」來加以確定，或者否認。

在黑夜中，我迷了路。漫無目的走著，沿著斯普雷河。

黑夜中的斯普雷河，安靜到了極致。河畔的道路寬廣、無人。左邊大片綠草地延伸向公寓區，右邊，漆黑的河水哀婉、悲傷。突然緩緩駛來一艘小船，船裡的人們正在暢飲啤酒，縱情高歌，傳出「進行曲」一般的歌聲，生硬的德語，粗獷豪邁的調式，夾雜著微醺的醉意，讓我不由得聯想起《柏林，亞歷山大廣場》酒館裡、昏黃光暈下的眾酒徒們。

滿腦子都是音樂。

電影，不再僅僅是享受，更是「追尋」的理由。

她們會懂嗎？拋開形式，從我的目光中看到感動？

對，只要有感動就夠了。

如果別人忽略你，不在乎你，你應該感到高興才對，至少這樣挺自由
自在的。

「當孩子還是孩子，

　對一切都毫無所知，

　還沒有養成習慣；

　愛在座椅上交叉著雙腿，

　想到什麼就突然跑出去，

　頭髮打著卷兒，

　照相時從不特意擺表情。

　當孩子還是孩子，

　睡在陌生的床上，也許偶爾會醒來一次；

　現在，只會徹夜難眠。

　那時，許多人看上去都很美；

　現在，美麗的只是少數，全憑運氣。」

翌日清晨，天空晴朗。清爽的空氣帶著一絲微涼。

走進大屠殺紀念館，人越來越「矮小」，周遭的混凝土建築越來越
「高大」，光線照不進來，壓抑、絕望、令人窒息。一個小女孩在混凝土
建築之間跑來跑去，和爸爸玩著捉迷藏。

生存的掙扎早已並非倔強，仰望天空，真的可以帶來希望？喘息，或
許不是生命的頑強，反而只不過是沒有選擇的殘喘而已。

自西向東，沿著菩提樹下大街，我走向亞歷山大廣場。

不知為何，在菩提樹下大街，總有一股不可抗拒的悲傷襲來，卻很奇
怪，我並沒有抵抗悲傷，而是任憑其在皮膚、在血液、在骨髓裡流淌，並
且感到歡快、溫暖、舒暢。就像祖母用帶著老繭的手，正在撫摸她眼中永
遠稚嫩的流浪臉龐。

佇立洪堡大學門口，抬頭仰望那凝視前方的洪堡先生塑像，那凝重、
思考、威嚴卻慈祥的面部。對，仰視，只有仰視才可以平息內心的敬重。

校園教學樓最高處的一個個塑像，每隔一段距離姿態各異的男人們，

在白雲的映襯下變成全黑色，無視來往眾生。

洪堡大學旁邊，一棵美麗的菩提樹掩映下，透不過光的大廳中央，有一座雕像，母親低下頭抱著孩子，看不到母親的面部，卻看得到那難以形容的悲傷，黑色的漩渦中盡是不斷流落的淚水。

站在博物館島的長橋上，望向不遠處的柏林大教堂。橋上的一段段憑欄全都是左右對稱的圖案：對稱的馬，對稱的男人，對稱的天使。還有一把鎖，一把找不到鑰匙、永遠不會被開啟的鎖。

柏林大教堂外，綠地，噴泉，來往遊人，擺著陽光笑容四處搭訕的土耳其小姑娘。

穹頂的一座座石像：有老人，有孩子，有男人，有女人，有訓練戰馬的騎士，有雙手撫摸著小天使的聖女。他們的表情既看不出歡樂，也沒有悲傷，他們都在注視，注視著天空，注視著地面，注視著前方的虛無。

悲憫的情懷，讓揮之不去的困擾成為再簡單不過的擁有。

孤獨，真的等同於痛苦？

醉意中的童年總是無比清晰，然後，在酒醒後發現自己漸漸老去。

童年那個時候，卻無論如何也不會想像到今天的此刻、此地、此景，此心。

那個時候還不知道什麼是童年。

如果沒有童年，人就不會變老？這難以想像。

因為變老，「想像」終成「來到」。

寒風的刺痛，河水的憂傷，夜晚迷路的惶恐，捕捉到瞬間的喜悅，音樂的哀婉，啤酒的麻醉，土耳其烤肉的濃香……

土耳其小女孩緊跟著我，閃爍著一雙漆黑的大眼睛，問我會不會講德語，我無奈笑著，沖她搖搖頭。

拒絕這麼可愛的小女孩，是一件多麼痛苦的決定。

「當孩子還是孩子，

　在玩耍時積極熱情。

　現在，仍然積極熱情，

　卻是在攸關飯碗時才如此。」

陽光出來了，灑落在悲情的柏林，金色光芒鑲嵌在烏雲的邊緣。

從Lustgarten到Alexanderplatz，僅僅一站而已，可這段路似乎走了很長，長到好比兩個影像藝術家之間一生不可逾越的風格邊界。

穿過一條寬闊、幽暗、略顯骯髒的通道，通道兩邊盡是些東歐面孔的流浪漢。

佇立在東柏林的亞歷山大廣場，我只能想起一個人：萊納‧維爾納‧法斯賓德。

他的名字，幾乎等同於亞歷山大廣場。

昏黃燈光的酒館，模糊的光線，金屬啤酒杯，最後的狂想……那個影像中的廣場，規模要小很多，視野也狹窄不少。

此刻看到的，只有酒店，世界鐘，電視塔，一切都「高聳入雲」。

廣場的一切，並不是「那個樣子」。即便我不曾來過這裡，可心中仍然覺得這裡的一切完全變了模樣。

如果，我是說如果，如果法斯賓德還活著……

他也許根本不會來這個地方。

因為這裡根本不是「那個」亞歷山大廣場，完全不是。

一輛暗紅色與棕黃色交錯的有軌電車緩緩駛來，很快緩緩離開。

時間，可以治癒一切，可是連時間都病了，該怎麼辦？

面孔，我渴望新的面孔，但這並不代表舊的面孔可以被取代。

搭S-Bahn來到Warschauer Straße。車站月臺外，空曠的野草地上，矗立著一座孤零零的舊紅磚塔樓，被五顏六色雜亂無章卻又散發出另類詭異魅力的灰牆塗鴉圍繞。

走下天橋，依稀看到左手邊遠方的兩座紅色尖塔。柏林牆，東部畫廊，應該就在那裡。

走在這條充斥著冷戰痕跡的路上，我望向「變了模樣」的斯普雷河，寬闊了很多的河水，緩緩流向遠方，流向遠處塗鴉上緊握的鐵拳，流向更遠處兩個不知是在決鬥還是在擁抱的巨型人體塗鴉，流向明天或許就被遺忘的、兩個人的故事。

East Side Gallery，東部畫廊。來到這裡，只為了看到其中兩面塗鴉

牆。

總是以精神的形式存在，雖然很了不起，可是終究會厭倦的。

人，渴望一次深情的擁抱，而不是總把她的面容留在底片中。

渴望「輕」的重量，而不是「重」的輕飄。

寧可要一記耳光，也不願在每次見面時沉默無言。

坐在U-Bahn 2號線的車廂裡，老舊的棕色皮座，昏暗的燈光，到站時需要親手用力扳開的車門，冰冷的德語報站聲音重複著特有的間歇與停頓。

我注視著形形色色不同膚色的乘客：孤獨的德國老婦人，抱在一起沉睡的土耳其小姐妹，戴著巨大耳塞的黑人小夥子；德語，英語，法語，希伯來語，土耳其語，斯瓦希裡語，還有自己在心裡默念的漢語。

在心裡默念的，又何止我一個人？

「我的病該怎麼辦？」，「我的心願，誰會來聽呢？」，「人為什麼要活著？」，「爸爸什麼時候回來呀？」，「你始終是一個糾結的人！失敗的糟糕經歷還沒有到頭，一個故事結束，總會有新的懊惱在等著你」，「不，是的，我還活著，我還以我的方式存在著！」，「愛情，愛情究竟要走向何處？」…………

如果輕鎖的眉頭下冥想的狀態，在別人眼中不過是無助的痛苦，那麼究竟什麼才是真正的自由呢？

終將有人把目光避開，也總會有人向你點頭微笑示意。

禦林廣場：德意志教堂，法蘭西教堂，音樂廳門前為提琴試音的小姑娘，這座美麗的廣場太過袖珍。

身處這個地方，我腦子裡什麼都不想，只是望向半空中依次由低到高排列著的天使們，他們組合在一起，就像是唯一的那個天使從地面跳向蒼穹的連續動作的定格。

多年以後的回憶，那份最值得珍惜的真摯回憶，或許並不是「已經發生了的事情」，而是「什麼都沒有發生過」，或者「本應該發生、卻終究沒有發生的事情」。

「當孩子還是孩子，

　　對他來說，蘋果、麵包，就能吃飽。

　　甚至現在，也是這樣。」

Potsdamer Platz，波茨坦廣場。

天色已近不見日落的黃昏。

波茨坦廣場，已經不是「講故事的老人」眼中的樣子了，比以前「更加」不是了。

時光流逝，聽眾變成了讀者，只是，所謂「讀者」，現在還有人在閱讀嗎？我指的是「用心」在閱讀，真正的閱讀。

人們不再圍坐一圈，而是分開而坐，彼此之間充滿隔閡。呵！人們害怕彼此隔閡，才以相聚的方式彼此道不盡虛偽的話語，可這又算是什麼呢？

在本應沒有開場白的儀式中，人們始終在喋喋不休著。

話語蒼白無力，失語，或許才是真正的聲音。

停步在電影宮附近的書店門口，書店已經打烊，柔和的燈光灑在玻璃牆裡書架上豎立起來的一本本書籍封面。吸引我停下來的，是其中一本，封面是法斯賓德，留著凌亂的鬍子，神情孤傲，嘴角露出一絲不屑的冷淡笑容。

他似乎並不是在笑。很難想像，如果沒有法斯賓德，柏林電影節會成什麼樣子。

和昨晚一樣，我又一次走到勝利女神柱。

勝利女神的臉龐，應該是黑白色的？還是灰白色？

世界上存在真正的黑與白？是因為世界過於灰暗，眼中的黑與白才這樣溫暖？

我從前一直是這個樣子？還是現在變成了這個樣子？從什麼時候開始，我將不再是這個樣子？

突然，在女神臉龐附近、從她的肩膀上振翅飛起一隻黑色的大鳥，又好像一隻烏鴉。

如果女神象徵了靈魂，那麼這只黑鳥，是不是隱喻著不斷嘗試掙脫世俗卻終究無果的欲望？

一直坐到臨近晚上九點鐘，天色才徹底黑下來。勝利女神的燈光緩緩亮起來，先是金冠，然後是手杖，接著，眼睛、面頰、長髮、下顎……直到整個身體閃耀出橙紅色的光芒。

在白晝，她反而是金色的。

黑夜來臨，勝利女神哪怕再光芒萬丈，人心依舊會孤獨。

沒有了陽光，勝利女神散發出的光芒，在鏡頭裡面模糊得令人歎息。

「當孩子還是孩子，
　手裡抓滿了漿果，並且滿足于滿手的漿果，
　現在，依然如故。
　生核桃會讓舌頭澀痛，
　現在，澀痛如故。
　站在每一座峰頂，
　嚮往更高的山峰；
　置身每一座城市，
　嚮往更大的城市；
　現在，嚮往如故。
　夠到最高枝條上的樹果，興奮異常；
　現在，興奮如故。
　面對生人，羞赧怯懦；
　現在，羞怯如故。
　一直期待第一場雪，
　現在，期待如故。」

在Zoologischer Garten（動物園站），好在有位醉醺醺的光頭德國小夥子熱心幫忙，我總算找到了可以回旅店的S-Bahn月臺。上車前，我向他用生硬的德語說了一聲：「Danke！」，結果他笑了，空氣中彌漫著他滿口濃厚的啤酒氣。

在旅店房間，聽到窗外列車漸漸遠去的微弱聲音，好像溫婉的提琴在哭泣。

神性，人生，柏林。

脫離永恆，不見擁抱，一個猛醒之後，究竟有沒有恍惚此刻身在什麼地方？

面對並非實際的夢境，該哭？還是該笑？

這一天，我是什麼？

故事當中的主角？目睹故事的旁觀者？還是游離於故事邊緣的靈魂？

年老，失語，步履蹣跚，精神不死。

愛，不會讓神變成人，更不會讓人成為神，但她會讓聖靈的精神之魂墮入凡塵，歸於溫暖的平庸。

故事的結局，或許同時也是開始。

已經開始了。

柏林，從白晝到深夜，我一直在尋找的搖滾樂在哪裡？

1. 亞歷山大廣場，東柏林。
2. 勝利女神。
3. 游走柏林的天使。
4.「變了模樣」的斯普雷河。

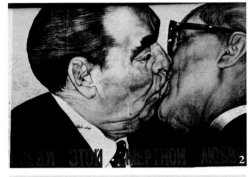

1.「輕」的重量，「重」的輕飄。 2.柏林牆，東部畫廊。 3.柏林，柏林。柏林……

# （十二）咫尺天涯

你認為很遠的，原來很近。

你認為很近的，其實很遠。

你以為很複雜的，卻發現如此簡單。

我們彼此從遠方想像對方，但我們咫尺天涯。

輕柔的話語，是一首詩。

在最遙遠的天邊相遇，卻在最熟悉的同一座城市不再碰面。

很遠，原來是那麼近。

那麼近，其實卻很遠。

一天，更像是永恆。

當一個老人給他的子孫講述自己曾經的故事，那一刻淡然一笑的溫馨，泯然過往所有的悲戚。

刻意隱藏在微笑面孔背後的含淚目光，並沒有被身旁的傾聽者察覺。

柏林，在那一天離開。

然後，乘著火車，一路遊蕩：德累斯頓、魏瑪、埃爾富特、耶拿、哥廷根、漢堡、萊比錫、波茨坦。

在德累斯頓，尖頂、高聳的教堂，宮廷，塔樓，美得眼花繚亂。

在布呂爾平臺（Brühlsche Terrasse）找到無人長椅坐下來，在這個高出河畔幾十米、好像「陽臺」的地方，眼望易北河上連接舊城與新城的奧古斯都大橋（Augustusbrücke），憑空思索良久。

誰還能想起，幾十年前，這座「明珠」一般的城市，被空襲幾乎夷為平地？

在魏瑪，歌德廣場（Goethe Platz）旁邊那家深綠色小旅店，躺在床上，兩根圖林根香腸，外加兩瓶啤酒，拉上橄欖綠色的窗簾，從下午一直熟睡到傍晚，再次醒來的時候，拉開窗簾，外面已空無一人，安靜得出奇。

哦，我忘記了，這裡是德意志，不是熱鬧的法蘭西。

在火車上邂逅、在魏瑪小小的老城區一個下午偶然碰到三次的德國姑娘，一個青年女作家，這個時候，肯定正在她租下來三個月的公寓房間裡，在寫字臺前，繼續創作她仍未完成的小說。

在傍晚的漢堡港，船隻靠岸後，親眼目睹水手們興奮奔向繩索大街（Reeperbahn）的紅燈區。

突然，天空飄雨，很快就越下越大，雨水帶著一股獨特的魚腥味道。

雨水有一點好處，它讓人分清自己眼淚奪眶隨即遏止的時機與鹹味。

白天的漢堡市區，零亂、活力、骯髒、破敗不堪，可是一走到位於外阿爾斯特湖（Aussenalster）的高級住宅區，雖然寧靜、美麗，卻怎麼看也沒有了真正漢堡的氣質。

在萊比錫，坐在尼古拉教堂（Nikolaikirche）的木椅上，一言不發，安靜聆聽教徒做彌撒的聖靈音樂，教堂穹頂的圖案像是一棵棵棕櫚樹，我足足坐了一個小時才離開。

老市政廳、歌劇院、巴赫紀念銅像、新音樂廳，這座城市處處都是音樂的痕跡。

在波茨坦，無憂宮（Schloss Sanssouci）外的那一場雨下得太大了，下了仿佛一世紀那麼久……

四個陌生的旅客被迫擠到一個狹小的避雨場所，等待良久，從一言不發，到漸漸相視而笑，不再有言語的隔閡。

波茨坦的雨，不同於漢堡，不再是流淚，更像是痛哭。

柏林，歸來。

我回來了。

離開後，經歷了這些日子，然後回來，眼中的柏林，總算像是一首詩。

傍晚，站在查理檢查站（Checkpoint Charlie）的路邊，一個土耳其小姑娘突然微笑著向我做了一個手勢，意思是讓我的面部表情不要再那麼冷漠，試著笑一笑，就是現在，笑一笑！

她笑得很好看。

可是她沒有繼續問我，為什麼皺著眉？

勃蘭登堡門，從黃昏到黑夜。

　　阿德龍飯店（Hotel Adlon）豪華依舊，葛麗泰‧嘉寶早已遠去。

　　此刻自己眼中的菩提樹下大街（Unter Den Linden），最明亮的角落，是已經下班關門的蠟像館裡面的杜莎夫人。

　　深夜中的柏林大教堂空無一人，人們或許都趕到熱鬧的亞歷山大廣場看蹦極跳去了。


　　柏林，不再有黑與白的超善惡，終於回歸到其本應屬於的彩色世界。

　　但別忘了，正因為經歷過黑與白，此刻的彩色，才顯得如此絢爛。

　　勝利女神，微笑依然。

　　天空開始放晴。

　　清澈的藍天下，純粹的金色光芒。

　　此刻我眼中的女神，不再是神，而是面對著我的那個她。

　　真的，我仿佛看到了她。

　　她們很像，真的很像。

　　天使落入凡世，可能與她墜入愛河，也可能孤獨依舊。

　　雖然還是離開，但至少，妳曾經坐在我身邊，而不是永遠形同陌路。

　　我抬起頭，再度望向勝利女神的臉龐。

　　咫尺，天涯。

　　「指尖」與「指間」的距離。

　　好了，拋開歷史，不談宗教，更不說什麼神性與人生。

　　他，她，我們。

　　我們，就是時間。沒有開始，沒有結束的時間。

　　愛情，讓只可以聆聽的空靈音樂，變成一字一句唱出來的歌曲。

　　那首歌曲，無論是他在唱，還是她在聽，都不僅僅只是熱愛，更是真切的共舞：兩個不會跳舞的人之間、兩顆心的共舞。

　　終於，我走入那道門，走進勝利女神柱的內部。

　　走上數不清多少級的臺階，繞過記不住多少個的轉彎，帶著粗重的喘息，帶著雙腿的酸痛，終於登上勝利女神之巔！

　　晴朗，我看到了久違的晴朗：晴朗的天空，晴朗的大地，晴朗的城市森林，晴朗的心靈。

所有的糾結與不捨，迎刃而解！

這個角落，好像天空與地平線相連接的那個點，連接著咫尺與天涯的距離。

兩個人，同樣帶著堅強而又脆弱的人性，厭倦了像其他人那樣習慣於接受光芒，而是放開身心，任由光芒從自己心靈的視窗放射出來，是的，從心靈發出，通過眼睛放射出去。

然後，偶然相遇。生命因為短暫，才顯得激烈而獨特。時間，像火焰一樣燃燒著彼此擁有的欲望，同樣是時間，如同硬幣的正反兩面，終將帶領這兩個人走向其中一種結果。

時間，就是命運。

讓我停泊在你的眼睛裡，然後，我更靠近你，而你，更靠近天堂。

午後的勃蘭登堡門外，整個菩提樹下大街，被相隔不過幾十米遠的不同方陣佔據，熱鬧非凡。

有來自威斯特法倫州的黃色球迷陣營，有當地敘利亞移民的示威遊行。

球迷的吶喊聲，示威遊行的敲鑼打鼓聲，警車急促的喇叭聲，防暴員警長筒皮靴粗重的腳步聲……

俗世，就這樣混亂、潦倒、空虛、蒼白無力的繼續下去。

我承認，自己的思維方式，精神狀態，內心世界，過分的一廂情願。

這個世界，不需要你去動感情。

可是，哪怕沒有一個人被打動，我也為擁有這份「愚蠢的天真」，以及「被人恥笑的幼稚」，感到愉快與驕傲。

柏林，雖然我還是個來自異鄉的遊人，卻不會再迷路了，永遠不會了。

孤獨的時候，雖然我們無意識、或者下意識的將自己封閉在內心世界裡，對外在世界缺少感知，甚至視而不見。

可是，那時候的我們視愛情更甚於生命。

⋯⋯⋯⋯⋯⋯⋯⋯⋯⋯⋯⋯⋯⋯⋯⋯⋯⋯⋯⋯⋯⋯⋯⋯⋯⋯⋯⋯⋯⋯⋯⋯⋯⋯⋯⋯⋯

泰格爾・奧托・利林塔爾機場，很快就要被新建成的、位於舍納菲爾

德的勃蘭登堡國際機場取代。

如果，初次見面，感覺如同重逢一般欣喜。那麼，未來的一次偶然重逢，還會不會有初次見面的感受？

在從柏林回慕尼黑的飛行途中，坐在身旁的羅馬尼亞姑娘塔米娜和我談起音樂，還有關於歐洲的電影。我們興致勃勃講了一路，連她送給我的巧克力威化，我都一直拿在手上沒時間打開吃掉。

飛機著陸後，機艙門打開，人們開始陸續起身向外走。

這個時候，她還在問我一部關於旅行的電影，但她怎麼也記不起來影片的名字，只是告訴我劇情大概是一男一女、兩個年輕的獨身旅者在歐洲一座城市邂逅，彼此愛上了對方，僅僅共度一天，然後分開，一別多年，突然在某一天重逢。

「Oh! I remember the movie! It's "Before Sunset"（《愛在日落黃昏時》）！」我想了想，突然告訴她。

不過她已經被人群擠在了過道中央，沒辦法繼續和我聊天。

我會永遠珍藏她送給我的巧克力威化。

當我走出機艙，走進慕尼黑施特勞斯機場大廳，突然看到，在扶梯入口的旁邊，塔米娜正微笑著站在那裡。

「No time to say goodbye!」她對我說。

原來她一直在等我。

她的笑容燦爛而獨特：瘦削的臉龐，彎彎的鷹勾鼻樑上面，是一雙深邃到烏黑的眼窩。

這個正在醫學院讀書的羅馬尼亞姑娘，還要從這裡繼續坐火車回布加勒斯特。

真的應該給她一個熱情的擁抱。

1. 偶然相逢，一路同行，笑著揮別。
2. 雨夜，漢堡。
3. 柏林，回歸彩色。

# （十三）海岸序列

「從那以後，他一直深愛著那個他從來不曾擁有的女人，也許是因為
他愚不可及的傲慢，也許是因為這座城市過於沉默。」

這算是離開的真正理由？

每當完成一次旅行，很快就開始思考下一次旅行。閉上眼睛，是為了
避免被干擾。沉默，是為了更安靜去傾聽。時而回憶，時而冥想，不願在
現實中原地踏步，一直堅信世間萬物有一種無法形容的引力，這引力驅使
我前行，是我想去「發現」的源泉。並非刻意要去追求什麼哲理，更不是
為了把握住某種「偶然」，只是用相機去記錄，記錄下故事。這故事，或
許人們難以讀懂，或許無法講給聽眾，但這故事的確存在。

---------

銀白色的機翼還在厚厚的雲層之上。舷窗外的雲，各式各樣的形狀，
仿佛一段段愛情的不同模樣。

Lucio Dalla的音樂如絲緞般在內心緩緩流淌，訴說起一段又一段關於
愛的故事：牽手的溫度，擁抱，親吻，眼淚，哭泣……

哪怕深深知道觸碰不到什麼，還是不由自主用手去觸碰舷窗，想去撫
摸那些縹緲、朦朧的雲，好像生活中那些業已結束的、卻永遠難以言明的
故事：轉瞬即逝，捉摸不定，猶如待解、卻始終無解的夢境。

看見什麼，發現什麼，不需要想像，只是通過肉眼這一載體觸動人
的本能，此刻親臨曾經「不可能企及」的地方，然後，經歷過，不，或許
沒那麼深刻，只是經過而已，因為尋找過，所以現在經過，然後，終有一
天，成為緩緩道來的、不加任何修飾的故事，說給妳聽。

因為漂泊，才更渴望歸宿。

這是我的期望。

或者，僅僅只是藉口也未可知。

　　義大利小鎮費拉拉（Ferrara），濃霧已經散盡。在這座霧氣彌漫的小城裡，彼此遇見，永遠是模糊不清的，謎一樣。

　　鑽石宮（Palazzo Diamanti）外，行進的汽車輪與鵝卵石路相互摩擦，發出一種獨特的聲響，很沉悶，卻異常動聽。

　　在某一個即將轉彎的路口，不知道會發生什麼。如果是絕對的未知，那麼下意識的轉彎，會不會源於一種下意識的逃避？

　　波河，深綠色的河水在不遠處緩緩流淌，仿佛有一種聲音在提醒著我什麼。

　　眼前不曾顯現出任何特殊的景物，但我的確看到了一個故事。相反，靈感的反作用，令客觀存在成全了自己近乎蒙昧的經過狀態，平復了鎮靜與迷亂之間疏於表達的情緒。

　　兩個人相互期待對方，卻雙雙空等了一夜，結果什麼都沒有發生。

　　熱烈的欲望，一次次被自尊心、被怯懦平復。

　　然後，不辭而別。

　　多年後的重逢，一切都變了模樣，除了氣息。

　　突然轉身離開，走了一段路，然後放緩腳步，猶豫，終於返回來。

　　一系列的舉動，不存在任何「為什麼」。

　　只不過，柏拉圖的忠實信徒，最後還是走了。

　　路口慢悠悠的信號燈，等待的雪鐵龍小轎車，紅磚房，青草地，烏鴉嘎嘎鳴叫的楊樹，空無一人的廢棄公園……

　　無法承受瑕疵，才突然起身走遠。不甘心只是生命中的短暫過客，所以猶豫後又回來。

　　最終還是選擇了離開：被克制的「永遠擁有」，成全了讓愛存在的唯一方式。

　　突然停步，回身望向那扇窗。

　　那扇窗裡，是疑惑不解的傷心目光。

　　她熱衷於接受城市的節奏，嚮往城市的生活，所以她選擇熱愛的走進去。

　　而他身上存在某種高傲而寂寞的情感，相對于旅途中的全新市鎮，他對於多年生活的那座陳舊的城市反而有著敏感的敵意，所以他選擇了逃離。

　　離開，從此相愛。

　　美，有時候只可以去看，卻不可觸及。

　　為了永遠不失去，所以選擇離開。一無所有，卻感覺擁有了所有。

　　最美麗的，是我們擦肩而過。

　　或許這就是霧一般的愛情。

---

　　火車緩緩行駛在熱那亞的山間，望向窗外，彩虹形狀的利古裡亞海岸，伸展出輪回一般的情愛序列。

　　敞開綠色百葉窗的狹長小樓擁擠在山間，番茄色，橙紅色，暗黃色，像是在傾訴此刻正在發生的、人們無法用肉眼看到的愛欲情愁。

　　視線最高點矗立的那座教堂，高高的塔尖，難道就是凡人畢生苦苦追尋的心靈避難所的象徵？或者說，一把鑰匙？

　　五鄉地，燦爛的陽光照耀下，在五個美麗的漁村「盡情迷路」。

　　空無一人的海灘，秋千在「一半」與「另一半」之間隨風擺蕩，遙遠與真切，重複著一次又一次的愛欲、別離、遺忘與想起……

　　望著發黃相片裡的笑容，枯坐了一整個上午。

　　Brian Eno與U2的音樂漸行漸遠，卻一直縈繞心頭，消散不去，傾訴著言語無法詮釋的迷離與感傷。

　　蕭索的海風氤氳著潮濕的沙粒，流淌著因為無法形容、所以痛苦的輪回。是的，不可預期的相遇，莫名其妙的愛上，無可奈何的離去……除了記憶殘存，一切都輕飄飄逝去。

　　相片把我帶入故事，令自己一次次站在故事對面，冷眼旁觀。

　　想一想，自己又何嘗不曾身陷類似故事情節的宿命當中？

　　當人們開始為自己被她人印在腦海裡而感到喜悅；領悟到「忘記」只不過是被一腳踢開的不值一提的鬧劇；欲望成為「後愛戀時期」激烈反抗的回味；重複，不再是輪回而是宿命；那麼，他那個時候「傲慢的成熟」

與「天真的克制」，才真正屬於了同一時期那個純粹的她。

決定擁有，就要接受失去。放棄擁有，是不由自主地選擇了某一種「更長久」。

從科莫到米蘭，米蘭到熱那亞，熱那亞到S. Margherita Ligure，再從S. Margherita Ligure搭巴士，在被峭壁和大海擠在中間的小路上轉了幾個彎，終於來到波多菲諾（Portofino）。

很好，又是一個雨後的陰天。每次來到義大利，我都喜歡下雨天，細雨中的義大利才是最清晰的，陽光只會讓一切變得庸俗。

走在那條狹窄的石路上，右手邊的浪花時不時拍打到左邊小服裝店的門板上。

潮水漲落的碼頭，青石地上，純真美麗的少女在原地快步舞動起輕盈的身軀，她緊張的目光中究竟隱藏了多少欲言又止的尋覓、迷亂？

美麗的面孔，帶給注視的目光一份希望，可是，當你走近她，當你走入真相，瞭解到那些不為人知的故事，或許只剩下了失望、甚至惶恐。

如果不甘心只是去看，一定要去觸及，去體會，去轟轟烈烈一場，最後剩下的，依舊是遙不可及。

明白，有時候真的是一種痛苦的能力。

幽靜、潮濕、寂寥、安詳的山中小巷，斑駁的牆壁爬滿了綠色藤蔓。轉過這個彎，下一秒會遇到什麼？遇到哪個人？哪些事？面對遇見，我們應該期待？還是本能的選擇恐懼？

站在半山腰，鳥瞰迷人港灣的一切，突然醒悟，原來這個美麗的地方，是對費拉拉的種種疑問與遺憾，用另一種方式徹徹底底做了回答。

一個側身的微笑，暗示著一定會發生的下一次見面。

可誰又能預料到，微笑竟然成為最後的畫面定格。

沒有什麼好遺憾的，或許我們只是因為寂寞，才需要彼此安慰，才渴望相互溫暖。所謂的真實，不過是一個華麗的藉口罷了。

一整天的路程，熱那亞、文蒂米利亞、蒙特卡洛、尼斯、馬賽⋯⋯普羅旺斯。離開黎明前的義大利北部，來到南部法國，已是黃昏時分。

阿維尼翁、阿爾勒⋯⋯普羅旺斯山間的傍晚，深藍色的天空，粉紅色的雲彩，美得攝人心魄。

漫天飛翔的小鳥歡快歌唱，鳥糞掉落到我的頭上。

她的那一眼定格在了他一生的時間裡，以後不知道會有多少個「同一時間」，他總會下意識徘徊在那條街上，尋找麗人流逝的芳蹤。

深夜的艾克斯・普羅旺斯（Aix-en-Provence），古樸幽深的紅衣主教大街路燈昏黃，路盡頭的聖讓・馬特修道院外，聖徒口中的噴泉緩緩流淌到水池中央。

在池邊駐足，你是選擇上前手捧一縷清泉止渴？還是站在原地默默劃十字於胸前？

孤單的小夥子坐在林蔭大道的石椅上低頭沉默，身旁放著一整打藍色「1664」啤酒。

在鵝卵石路上突然滑倒，她為什麼會開懷大笑？

如果愛情是終將熄滅的蠟燭，那麼信仰就是永恆之光。

明天，她就要去做修女了。

他眼中只剩下即將走下去的、空蕩蕩的樓梯。

「不存在的愛情」，究竟存在還是不存在？

謎底，並不一定要去揭曉，永遠不要去揭曉。

Hotel Cardinal的每扇窗都亮了起來。在每扇窗後面，都正在發生不同的故事，存在各種不同的人生：相互攙扶的老年夫婦，擁抱親吻的年輕情侶，草擬文檔的公務銷售員，整理行囊的獨身旅人。生活中的悲喜愛欲，日復一日不斷在上演、謝幕、再上演、再謝幕⋯⋯

對欲望的追求與滿足，可能會讓人生更絢麗更精彩，也可能會在無形之中徹底葬送本應隨著時間愈發融合的心靈。

把宗教作為唯一解脫，希冀帶來欲望的平息與靈魂的安寧，這種方式的可能性依然存在。

也可能只是一個陷阱罷了，溫暖的陷阱。

戛納（Cannes）的落日，美到無法形容。蔚藍海岸，絕對是全世界最美麗的地方，我保證。

棕櫚樹掩映下的拉克魯瓦塞特大道繁華依舊，和幾年前第一次來戛納相比，此時的電影宮卻顯得零亂了不少。那個時候，至少還有一個安靜的角落能夠坐下來。

海岸不見了為拍寫真而搔首弄姿的女明星們，總算回復到原本的真實模樣。

現在城市裡還有多少人去凝視日落？

欲望與精神，愛情產生於哪一個？終結在哪一個？因為哪一個成為永恆？

在還沒有看到欲望毀掉愛情之前選擇放棄，是想永久保留那一份難以忘懷的感傷。

愛，終於回到了形而上。

不論怎樣，邂逅永遠是美麗的，她讓模糊的「自我」在對方的眼裡清晰定格。

不明所以的分別，有意的斷絕，破碎後疏離般的彌合，祈求宗教式的解脫，一切的一切，仍將在你我之間不斷上演……

每個結局，都會令講故事的人傷心。不是因為悲或喜，只是因為結束了，僅此而已。

只有四處遊蕩，讓人拒絕結束。

甚至，當很久以前的一段經歷突然被記起，以另一種截然不同的方式被記起，故事才真正成為了故事。

如果，每一個故事都有另外一種結局呢？截然相反的結局？

當昔日的舊相識最終無法分開；當短暫卻唯一的戀愛期限被暗自默許；當吵吵鬧鬧的情侶分開後結果還是回來了；當勇敢的他拋開約束，放下疑慮，義無反顧跑到她的身邊……

當藍色的單人房間被鋪滿紅毯的殿堂取代。

愛的距離，其實就是人與鏡中自己的距離。

故事與我，我與故事。

去尋找，從中發現什麼，無需分辨，在某一瞬間敲醒自己那份源自本

能的靈感，然後，試圖去記錄，最後，開始訴說。

　　「超我」與「本我」之間的對峙，不論輸贏，終將釋懷。

　　這像是一段序列。

　　更是一本「精神日記」。

　　哪怕最後只剩下了喃喃自語的敘事者，而不是講故事的人。

1.波多菲諾。2.清幽小徑不為人知的欲望。3.黃昏，戛納。4.乘客，熱那亞。5.舊照，電影宮。

1. 雲上。
2. 旅店房間，
熱那亞的最後
一夜。
3. 海岸序列。
4. 費拉拉。
5. 紅衣主教大
街，艾克斯普
羅旺斯。
6. 修女的告解，
阿維尼翁。

# （十四）氣泡男孩

黑非洲，白牙齒，紫薔薇，鐵絲網，氣泡男孩。

2010年02月12日。

香港，約翰尼斯堡。

十三個小時的飛行，向著西南方，跨越六個時區，直到非洲大陸的盡頭。

一杯紅酒，外加一杯放滿冰塊的白葡萄酒，成全了自己十二個小時的昏睡。

再次睜開眼睛的時候：荒涼，炎熱，乾燥，純粹的非洲，第一縷陽光下的阿菲利迦，約翰尼斯堡到了。

旋律，仿佛中斷的信號，割裂了我業已習慣的生活中、亂糟糟的一切。

祖魯族部落似曾相識的鼓點，流淌到血液的節奏。

我敢保證，儘管自己此刻安然穩坐，可靈魂正在跳舞。

突然，一道刺眼的光芒轉瞬即逝，那不是黃金的顏色，不是。是鑽石，是鑽石閃耀的光澤，來自這片貧瘠土地的某個角落。

頭頂竹筐的黑人媽媽，豎起大拇指表達問候的小夥子，找不到食物的年幼鬣狗，氣泡中的男孩。

我聽到她來自地球遙遠另一端的呼喚，漫長的回音縈繞不絕。

這是來自遠方的呼喚。這遠方，不僅僅指距離，更是光陰。

我已經太熟悉那種追隨自我的方式，當真正的愛情降臨，反而不知道什麼是愛。

一切，我十分清楚。一切，又是那麼觸手而不可及。

黑、白、黃、棕，無論哪一種膚色，我們的笑容如此相似。

別哭泣了，孩子，別哭泣了。

約翰尼斯堡，O. R. TAMBO機場外，泛著白色光暈的水泥地旁，正在施工作業的樓房傳來叮鐺亂響的雜音。

這是一座黑色城市，天使與魔鬼的化身。

這裡有白種人的郊外豪宅，這裡同樣有中央大街烈日下閃亮的黑皮膚。

這裡有別墅高牆密密麻麻的電網，這裡同樣有露出雪白牙齒爽朗無邪的笑。

我甚至分不清究竟誰是天使，誰是魔鬼。如同分不清深黑色的電網，與雪白色的牙齒。

刺眼的陽光，乾燥的風，充斥活力的質樸。

沒那麼神秘，不再去想像。

在非洲的天空下，每一秒的新生，降臨到孩子、父母、以及荒涼的曠野。

這裡即將開始我永遠的銘記，這裡有愛的方式中最有力的節拍。

我試圖讓手中相機用慢鏡頭的方式去追隨，因為這是此刻唯獨看清自我的方式。

可這一願望終究會落空。

如同舊日清晰的畫面，成為今時模糊的隻言片語。

在路的轉彎，在歌曲的終結，當天空的雲散盡，當飛機離開跑道。

從遺憾到釋然，從熱烈到遺忘，不過如此。

普利托里亞，教堂廣場的街邊，年輕的黑人小夥子向巴士車窗裡的我揮了揮手，露出滿口比他手中的奶油霜淇淋更潔白的牙齒，他的一副瘦長臉如同深夜般漆黑。

一大群飛翔的鴿子，抵不上坐在路邊黑壓壓的人群。象徵美好、和平的白鴿，閃爍著古怪的烏光。

被曬化的黑色柏油路面，白色油漆的方向標。

總統府對面的廣場中央，坐擁美麗的城市全景。這裡是最為祥和的南非畫面，與鐵皮房、與饑餓完全不同的畫面，這裡是天堂，南非人眼中的天堂。因為雅各·祖馬正在這裡，因為納爾遜·曼德拉曾在這裡。

「種族隔離」早已被廢除，但「種族色彩」不會消失。

白與黑的對立。圍牆上綻放的紫薇花群，圍牆上冷冷交織的鐵絲網。

太陽城的四個黑人姑娘開心舞動著身軀，嘴裡哼唱著歌曲，手指打著

節拍，血液裡流淌的音符與生俱來。

當你經歷過失落的夢，這猶如對你名字的親切召喚。

這是非常奇怪的一天，如此緩慢的一天。

「Castle」啤酒一瓶接著一瓶，酒精帶來迷幻，迷幻帶來藝術，氣泡中的男孩，母猩猩般純真的心靈。

希望有一天，在約翰尼斯堡，貧窮的孩子們與富翁們同樣「自由」。

南半球的盛夏，酷熱的天氣，窩在巴士內徹底入睡。

四十幾個小時，我已經四十幾個小時沒有正常睡眠。只記得入睡前最後的畫面：車窗外頭戴藍色安全帽的施工工人，帽簷下黑色臉龐湧出的汗水，灑落到破舊的牛仔褲上。

與自己身上同樣破舊的牛仔褲。

這幅畫面陪伴著我直到醒來，因為，美麗的只是風景，真實的，才稱得上景象。

根植于心底的永恆映射。

這裡的人們時常群舞，舞動起歡樂的熱步。洋溢在臉上的笑容，隨著節奏扭動肥胖身軀的白衣老嫗，部落首領聲嘶力竭的呼喊，源自人類起源的生命節拍，靈魂跳躍的鼓點，所有所有，讓陳舊、懷念、矛盾、躁動，全部煙消雲散。

臨近傍晚，微涼的風撫慰著心靈。

索韋托（Soweto），你究竟在哪裡？

「So where to」，我該去到哪裡？

每天長途往返於市區與郊外的礦工們，來自辛巴威、來自博茨瓦納、來自莫桑比克、來自贊比亞。

朋友們如期而至，還是一杯接著一杯的「Castle」啤酒。

非洲的日子，對於自己來講，永遠是一段獨一無二真摯友誼的見證。

翌日清晨，約翰尼斯堡飄著細雨。

在陽光普照的白晝，這是一座天使般的熱力都市。

可是當夜幕來臨，這座城市突然變成冷冷清清的死城。

此刻呢？天氣陰鬱的清晨，細雨中的約翰尼斯堡，你又能怎樣去評價她？

陽光？

黑暗？

活力與健康？

罪惡與陰暗？

白人們為了利益的政治秀？

黑人們因為饑餓發生的暴力事件？

巴士駛向遠方，如同火車開向下一站。

月臺與鐵軌的距離，妳我的距離。

終於，雨過天晴，燦爛的陽光普照大地。

加油站便利店裡，三個熱情質樸的黑人小夥子與我合影，讓自己告別了最後一份拘束。

在這裡，「Sister & Brother」的稱呼，遠比「Ladies & Gentleman」親切。

心情好到極致，無拘無束，自由自在，如同南非街頭流浪藝人「碎撥」的吉他指法一樣隨意，和祖魯部落有力的鼓點一樣灑脫，和非洲音樂中石器撞擊的伴奏一樣質樸。

到底在哪裡，這還重要嗎？

我想，不知道方向反而會更好。

只有當人們完全不知道方向的時候，才會義無反顧的隻身前行。

⸻

一陣可以摧毀我所有美夢的鬧鈴聲響起，我冷漠的醒來。

凌晨五點鐘，起床，出發，搭上敞篷吉普，開始賭徒般的「Safari」。

這趟車裡的乘客來自世界各地，野生動物讓我們結成統一的聯盟，短暫且可憐的聯盟。

司機是個白人，拿出一把長槍作為安全防範。

羚羊、角馬、斑馬、犀牛、長頸鹿、獅子、猴子，伴隨著驚喜不斷，我深深懊悔於自己對這些動物群體「早茶時間」的騷擾，「Shame on me,

Big Five……」。

　打開收音機，來一段最原汁原味的非洲音樂，此刻再好不過。

　我們唱我們想唱的，我們知道我們不得不知道的。

　我們來，我們走，我們離開，我們回來。

　很多事，我們必須拋在腦後。

　「世外桃源」與「無家可歸」如此相鄰。

　房屋如同鳥籠。

　高高的書架最上面那層，躺著無人問津、落滿塵土的書籍。

　一些人降生，一些人死去；一些人沉淪，一些人重生。

　一些人為了奮鬥來到這裡，一些人為了「逃離」來到這裡。

　每月必須付清的帳單，日漸稀少的棕色頭髮。

　黑人少年胸口的白色十字架，閃耀著聖潔的光芒。望著他，我笑了。

　雖然感到孤獨，有時候被騙，時常陷入恐慌，甚至否定自我。

　但我仍然生逢其時。

　沒錯，生逢其時。

　別再哭泣，氣泡男孩，別再哭泣了。

1.黑與白的對立。 2.活躍的孩子。

# （十五）冷冷的河

　　白人禁入的塗鴉，忠犬的狂吠，母親的歌謠，士兵的酣夢，祈禱者的記憶。

　　三十歲的黑人男青年，身穿泛黃卡嘰布衫，頭戴低壓到眉梢的草帽。那頂粗糙的草帽，蓋住烈日下一顆顆鑽石般大小的汗珠。

　　他正在隨性彈著貝斯，用強有力的古怪指法。

　　作為聽眾，你完全不知曉他此刻的心情，究竟是歡樂，還是憂傷。

　　他只是在彈奏，是的，只是在彈奏著。

　　貝斯發出一種非常奇怪的聲音，真的非常奇怪。

　　聲音只有一種，一種甚至完全分辨不清音符的聲音。

　　沒有音符，完全沒有。

　　然而，這聲音，敲打著生命的律動。

　　多年以前，雨後，窗前，少年的憂鬱。

　　今天，車窗外，冷冷的河。

　　臨別之際，約翰尼斯堡（Johannesburg）街頭，表像，遠遠重於內在。

　　視覺的衝擊，如同在堵車的道路上橫衝直撞。

　　真正的河並不存在。

　　河，是中心街頭湧動的黑色人潮。

　　河，是一種情緒，冷冷的情緒。

　　失去嗅覺的獵犬，磚牆上「AK-47」的黑字塗鴉。

　　傍晚，天空陰沉，清晰如利劍般的閃電不時劃破長空，緊接著，居然沒有雷聲，只帶來更加深邃的陰沉。

　　艾利斯公園球場外，一長串塗鴉牆壁的旁邊，是一座帶著醒目紅十字的白色房屋，屋外一大片綠油油的青草地。

　　一個黑人獨自穿過十字街頭，雙眼佈滿血絲，目光釋放出烈焰般的仇恨。

這目光，完全是因為饑餓與貧窮？

魔鬼並不可怕，天使也絕非完美。

至少，這是一份源自人類「之所以存在」的原本表現。

用歌聲賺取眼淚，用曾經記住現在，娛樂明星們完美的笑臉，政客們有力的握手，頻頻閃爍的聚光燈，華麗晚宴邊緣冷漠的面孔…………

這一切，人們早已司空見慣。

一扇車窗，隔不斷心靈的問答。面對這座犯罪率與愛滋病發病率居高不下的城市，我沒有逃避，而是一直在熱切的去感知。

這座南非最大的城市，我始終在用全部身心去感受，感受她的矛盾、狂野、真實、質樸、節奏、活力、還有最重要的那份黑色氣質。

至少，約翰尼斯堡告訴了我，蛻變，需要些什麼？

成長的淚水，微笑時嘴角的皺紋，突然發現的一根白髮，四大洲不同膚色難忘的面容，還有，用獨立的思考，用難以被理解的公共責任感，用一顆熾熱的心所留下的一長串足印。

腳印，烙印。烙印，繼續走下去的腳印。

從綿綿細雨，到冷冷的河。

自己所能夠留下的，只有這些。

是的，只有這些。

忠實的老狗在巷子裡狂吠，母親哄著懷裡的嬰兒、唱著綿綿不絕的歌謠，沉睡的士兵珍藏著酣夢，白皮膚眼中密密麻麻的鐵絲網，黑皮膚夢裡火焰般的天堂…………

森林公園一般的城市裡，高聳的煙囪冒出濃濃白煙。

城堡一樣的豪宅外，形色匆忙的路人四處張望著什麼？

面對離開，不再「不捨」，「感傷」變得可笑，「憂鬱」是什麼東西？

只有冷靜，不，是冷漠。

在我所熟悉的浮躁生活中，人們最需要冷漠。

不只是我，妳也同樣需要。

憂鬱的細雨，終有那麼一天，會被冷冷的河現實掉。

人，終究要去告別，而不是揮別。

揮別充斥了太多太多的主觀情緒，至少不如告別客觀一些。

從約翰尼斯堡到開普敦，告別，是為了去迎接。

很多時候，人生並非積累，而是更替。

這份更替，無論來自主觀抑或被動，不管你是否願意。

曾經難以割捨的永恆，怎麼就變成了多年以後偶爾的回想與笑談？

我的心，如同攥緊的拳頭。

冷冷的河，顏色單調，黑得純粹。

冷冷的河，白人先生們享用的Still Water，黑人兄弟們揮灑的汗水。

自己冷漠的神情裡奪眶的熱淚。

如果有那麼一天。

那一天，歌唱的忠犬在黎明破曉前狂吠，汽車旅館褶皺的床單上空無一人，幻燈機裡放映的反轉底片飛快到如同電影，由愛帶來的憤怒與傷害自動平復到祈禱者的心靈，而祈禱者的心靈，成為上帝唯一的記憶。

牆上的塗鴉不再有「白人禁止入內」的標語。

街道與沉睡的士兵一樣寧靜，他們對於美夢的焦急盼望不再被打斷，他們不再繼續扛起緊握在手中的槍，不再起身奔跑。

那一天，我們不再覺得自己的生活哪怕有一絲庸俗、陳舊與乏味。

誰是見證？誰是阻攔？

面對蹉跎時光，誰會唏噓不已？誰會滿不在乎？

如果真的有那麼一天，當音樂都無法替代眼淚。

當音樂都無法替代眼淚，該怎麼辦呢？

哦……這冷冷的河！

1. 孩童的稚夢。
2. 冷冷的河。
3. 路人四處張望的匆忙神色。
4. 音樂無法替代的眼淚。

# （十六）賭徒的考驗

　　狂亂的氣流，燃燒的火把，信眾，賭徒，黑色桌布。

　　飛機起飛，前方：開普敦。

　　狂亂的氣流顛簸著機艙。

　　瘋狂的愛情，瘋狂的飛行。

　　早已經聽說過很多次了，開普敦（Cape Town），那是一個非常美麗的地方，好像天堂。

　　可是又有誰曾親眼目睹天堂的本來面目？

　　所以，聽說永遠只能是聽說。

　　夜晚的飛行迫使我再一次陷入昏睡。閉上雙眼，重新開始享受那份即將開啟未知之門的想像。

　　誰說在飛機上無法擁有一個甜美的夢境？

　　瘋狂的愛，就留給瘋狂的天空吧。

---

　　兩個小時過後，伴隨著降落，開普敦夜色中的燈光，如同漫天繁星。

　　在從機場去往旅店的途中，已是深夜，因為剛才的酣睡，此刻我得以萬分清醒地注視著車窗外的怪異景象：空洞的漆黑之中，密密麻麻的火光不停閃爍。

　　這雜亂無章的火光，如同部落裡燃燒的火把，肆意擴張著注視者的猶疑與猜測。

　　這些火焰絕不是來自旅店，那它又是來自哪裡呢？

　　明晃晃的火焰與漆黑的夜色搭配在一起，透出難以形容的詭異。

　　我甚至嗅得到空氣中嗆鼻的煙熏。

　　旅店房間寬敞的陽臺正對大海，可以望到不遠的地方壯闊的海灘，以及海邊群山上星星點點錯落有致的別墅。

　　好了，我的非洲之旅總算滋生出了某種新奇、甚至所謂浪漫的味道，

總算開始回歸到最本質的旅行之初始。

就如同人類註定要學會走路一樣。

........................................................................................................................................

考驗，真的是考驗。

時光飛逝，妄想浮翩。

看似粗心大意，實則的確如此。

信念，猶如日落之後望不到的島嶼。

無論面孔，無論種族。

無論愛，無論金錢。

考驗，真的是每個人最後的底線。

我不是信徒，我更像是一個賭徒。

其實，在我們每個人的人生裡面，自己扮演賭徒的角色要相對容易得多。

甚至，不該說什麼「扮演」，我們生來就是賭徒。

是賭徒，就一定會面臨考驗。

考驗，同樣是人的某種信念。

就像現在，開普敦的清晨，特意為我開了一盤賭局。

與自然的賭局，雙方的押注分別是「傾盆大雨」對陣「雨過天晴」。而籌碼，是大自然的不可抗拒與一個人呆板的信念。

旅人的信念：孤獨、浪漫、並且另類著。

忘記了是鬧鈴還是海浪聲，總之叫醒了沉睡的我。

天空陰沉，大雨傾盆，自由飛翔的海鷗縱情高歌。

敲打在我腳趾上的水滴，不知是天上的雨，還是海裡的浪花。

總之，有一股親切的鹹味。

「只要是在雨天，全世界所有的沿海城市都是一個模樣。」我在心裡嘀咕。

發愣望向車窗外的瓢潑大雨，我無奈盤算著這一天的旅行計畫究竟該怎樣繼續下去，不，不是怎樣繼續，而是還能不能繼續下去。

拜託！這完全是在賭博！

面對一場賭局，或許只有體驗過瀕臨崩潰邊緣的感受，才有可能收穫完全逆轉那一剎那的喜悅。

⋯⋯⋯⋯⋯⋯⋯⋯⋯⋯⋯⋯⋯⋯⋯⋯⋯⋯⋯⋯⋯⋯⋯⋯⋯⋯⋯

那一剎那，終於來了。

當車窗外的桌山（Table Mountain）映入眼簾，我終於打破了基於全世界海濱城市在雨中「千篇一律」的沉寂。

陽光，當那一瞬的第一縷陽光出現，開普敦的天空立刻湛藍起來。

湛藍透頂。

這藍色，散發出黑非洲歡快的活力，不見絲毫憂鬱。

連帶著擺動的浮雲，在「上帝的桌布」中即興演繹著藍色節拍。

這一局，我賭贏了：天空徹底放晴，開普敦美得勝過天堂。

哈哈，這句話完全是一個賭徒的自我吹噓與炫耀。

上帝一定在桌山頂注視著沾沾自喜的我。

這個傻乎乎的小子。

維多利亞港灣，長椅上黑得發亮的腦袋，與海鷗的潔白居然這般登對。

街頭的流浪藝人樂隊彈唱著美妙的歌曲，樂手把自己心愛的吉他掛在我身上，我高興得不知所措。

還好，他們用完美的華彩延續著一切。

整個過程，仿佛上帝的恩賜。

雲霧繚繞的十二門徒峰冰冷著夏日的海水。

突然，強烈的光線灑落在十二門徒峰頂，灑落到我的肩膀，那份寧靜、神秘的氣質瞬間蕩然無存。

陽光開始毒辣起來，這一定會走向另一個極致，一定會讓我完全輸掉賭局。

「完全輸掉」，不正是某種逆轉的完美？

是考驗，真的是考驗。

遠離人類，遠遠的離開人類，是告別深刻、回歸簡單與快樂的最好方式。

豪特灣，巨石群上數不清的海豹，有的慵懶曬著太陽；有的走到巨石邊緣，用力晃一晃頭，然後跳進海裡盡情游泳；有的從海裡「沐浴」歸來，抖去一身海水，慢吞吞找到一塊陽光照射充足的石頭，趴在上面繼續「日光浴」。很多隻白色海鷗大大咧咧站在巨石上的海豹群中，彼此互不打擾，一派祥和。

望向這幅生動畫卷，我居然感受到一種說不出來的詼諧，甚至像是黑色幽默。

沒錯，這也是一種「黑與白」的對立。

從顏色上，從數量上，很像很像。

只是，人類的對立遠不如動物之間簡單直接。

畢竟，黑色並不完全等同於暴力，而白色，也不一定永遠代表和平。

算了吧，我已經告別了正統的深刻，徹底來到無厘頭的賭局與古怪的經驗當中。

換句話說，我回歸到了動物般純粹的真實。

開心極了，為這歡快的詭異，為這明朗的古怪。

私人酒莊，充滿油畫質感的黃土地顏色，容得下整個人鑽進去的奇特樹幹，無人看管的深紫色葡萄掛著白霜，應有盡有。摘下來嘗嘗，那味道，在盛夏的午後洋溢著濃濃秋意。

賭局的致勝關鍵出現。

此時不去桌山山頂，更待何時？！

要知道，桌山國家公園，一年中有很多天是不能登頂的，主要原因，是惡劣天氣所導致的纜車停止運行。

很幸運，這一天我如願登上纜車，得以去拜訪海拔1086米的山頂。

準備晚餐的上帝繼續眷顧著賭徒的狗屎運。

隨著纜車逐漸升高，開普敦的全貌一覽無餘：綠點球場（Green Point Stadium），因囚禁納爾遜‧曼德拉而聞名的羅本島，還有，遠方大西洋與印度洋在強烈日光下蒼白的交匯…………

突然，帶有360度旋轉平臺的纜車進入雲霧繚繞的世界，讓原本清晰的周遭立刻陷入模糊。這雲霧，是上帝賜予我們共赴晚宴的「桌布」。

陡峭的懸崖邊，徒步登山者緩慢前行，渺小的個體，並不渺小的希

望。

高度在快節奏攀升，歡快的音樂帶來振奮。

終於，駐足桌山之巔。

哪怕最美視角還是遠觀的全景，但山頂永遠非比尋常。就好比書本遠不及足跡，盼望遠不及擁抱，賭局的勝負遠不及賭徒本身的存在。

四處都是灰色的：灰色的岩石，灰色的地面，灰色的原始蒙昧。

一隻從草叢裡突然冒出來的小胖傢伙，帶來一份令人驚喜的勃勃生機，打破死氣沉沉的氣氛。

我難以抑制內心的明朗，走到危險的石頭邊，坐下來。懸崖峭壁的「絕處」，近在咫尺。

同伴在不遠處驚呼，我自己卻絲毫沒有感到恐慌，至少，身旁總算還有兩隻海鷗陪著我。

當然，她們會飛，會輕易飛走。

我沒有翅膀，只有此刻見證自己新生的上帝。

危險的「絕處」用不著「逢生」。

不用緊張，這僅僅是個考驗，是的，僅僅是個考驗…………

只有經歷過當時渾然不知的完美，遺憾才更像是一份意外的禮物。

隔著一層紗的輪廓，往往比清晰的臉龐更加美麗。

不客氣的講，今天這一整場賭局，我完美勝出。

現在看來，清晨旅店陽臺近乎絕望的暴雨，仿佛是「完美」上演之前的溫暖惡作劇。

賭徒的考驗，不必「經受」，只不過是一個遊戲，一個告別深刻、回歸簡單的遊戲。

詭異、奇怪的遊戲。

傍晚，開普敦市中心，仿佛畫師手中的調色板：雙層巴士的紅，噴泉的白，行人的黑，天空的藍。甚至，那平坦到桌面一樣的山頂，也擁有獨一無二的顏色。

美麗的也許並不獨特，而獨特的，一定很美麗。

因為獨特的東西，只要有哪怕一個人認為她很美，就夠了。

太陽西沉。

回旅店的途中，我默默注視著落日餘暉。

再美的白晝也終究要被黑夜取代，但誰又能保證黑夜不會更美？

南非的公路看來從不會塞車。

塞車似乎總是和繁華聯繫在一起：塞車的城市不一定繁華，但繁華的城市一定時常塞車。

此刻的開普敦並不繁華，或者說，並不「完全」繁華。

公路兩邊，是一望無際的貧民窟。

哦，突然記起來，那個初來的深夜，從機場到旅店途中看到的「星火」，正是來自這片貧民窟。

難怪那片星火在我眼中充滿了悲傷情緒。

鐵皮房，時常斷水斷電，炎熱，疾病，不知道這裡的人們怎樣度過漫長的夏日夜晚。

我原本以為約翰尼斯堡的黑色憤怒已經被開普敦的一派壯麗風光取代。

我錯了，完全錯了。

就在這個時候，我望到車窗外，在遠方的山巔，有一朵奇特的白雲，呈現出「十字」形狀，竟然如此逼真。

這是上帝的語言，只對我一個人在講。

因為，此刻，在歡聲笑語的旅行同伴中間，只有我在冷靜，只有我在悲傷，所以，只有我看到了這朵雲。

我沒有提醒他們抬頭去看，而是默默舉起手中相機，按下一次快門。

白色的十字，在黑色的群山上方，仿佛一個深刻的啟示。

希望這份啟示，成為一個永恆的保佑。

保佑這片蔓延到天際的貧民窟，還有貧民窟的空地上、一群又一群赤足踢著洩氣皮球的孩子們。

這些孩子穿著不同顏色的舊衣裳，共同組成世界上最鮮豔的色調。

夕陽的短暫給予他們度過黑夜的勇氣。

時尚與奢華，簡直一文不值。

是的，一文不值。

晚霞很美，好像深黑色晚禮服上那朵嬌豔的金色玫瑰。

旅店附近的海邊，開著一長串酒吧。私人遊艇安靜停泊在海面上，高高的木棧道下面，海水像河水一樣溫柔的流淌。

隨意找個地方坐下來，再一次，空著肚子喝起啤酒。

我在想，這裡還是不是很多人印象中貧困、野蠻、窮苦的非洲？

心靈的盲目，才是最可悲的。

只有帶著一顆恩賜的心靈去發現，才可以找到每個人心目中的天堂。

哪怕像我這樣、懷揣著一個又一個悲傷故事的「賭徒」也能找到。

天空，像是一塊黑色桌布。

考驗還算得了什麼？

我看見，上帝在笑。

開懷大笑。

1.上帝晚餐的桌布。
2.維多利亞灣的黑腦瓜。
3.貧民窟的足球少年們。
4.聖十字雲。
5.開普敦全景,桌山之巔。
6.賭徒的考驗。

# （十七）恩賜大地

古怪的夢，幼稚的孩子，無窗之窗，優雅田園，名字叫作自由。

陽光燦爛的清晨，開普敦的無人海岸。

中年男人，帶著太太，孩子，還有一條老狗。

他們更像是為了逃避，才來到這個地方，為了遠離那個熟悉到陳舊的世界。

男人經歷了人到中年所「應當」經歷的一切，卻又似乎什麼都沒經歷過。

年少輕狂，早已化為依稀可見的白髮，還有帶著笑意時眼角的皺紋。

太太一直陪伴著他，為他守候著完全不同於戀愛的、溫暖的婚姻。

孩子和親愛的狗老弟在沙灘上盡情玩耍，他們根本不想念遠在家裡的祖父母、外祖父母。

中年男人算不上富有，卻還算是個有些錢的人。

只是為了追尋那份流浪的情緒，一家人來到南非，來到開普敦寧靜的無人海岸。在這南半球的夏日，他們稱頌自己的靈魂回歸大地，在偏僻的草叢深處，玫瑰終於盛放。

夜晚，繁星漫天。

太太帶著孩子去睡了，狗老弟也和從前一樣，竄上床去和她們一起睡。

中年男人獨自坐在沙灘上，呼吸著海風中的鹹味。

這鹹味，雖帶著苦澀，卻因為似曾相識，反而分外親切。

遠處隱約傳來吉他、巴塔、貝斯、手鼓共鳴的樂聲，仿佛在訴說一個故事。

中年男人感覺到，這個故事的主角很熟悉很熟悉。

很像多年以前的他自己。

那個憂鬱、敏感的年輕人。

瘦長的身影，輕快的腳步。

那個時候正在經歷著種種困惑與煩惱。

關於事業、關於前途、關於愛情、關於生活…………

那個時候的年輕人，在今天的中年男人眼裡，是一個如此孤獨的路人。

只不過當時的年輕人並不認為自己孤獨。

那個時候，他擁有音樂，擁有戀愛，擁有相機，擁有那個年代獨特的告別與迎接…………

可為什麼？

為什麼！

為什麼…………

當他走到今天，走到多年以後的同一個地方，走到此刻的中年男人，當音樂成為他口中哄孩子入睡的兒歌，當愛情成為深埋心底的笑談，當相機的焦點換作可愛的小臉龐，當年代已經不再是心中告別的鄭重方式，甚至，當他徹底成為生活的配角，個人堅定的信念與偏執的追求早已被太太溫柔的笑容、孩子與狗老弟的吵吵鬧鬧取代，而他，這個中年男人，為什麼還會感到孤獨？

他抬頭望向天空，漫天的繁星灑落，沿著這片寧靜的海岸。

他大聲叫喊起來，把太太、孩子與狗老弟都叫醒，她們跑了出來，惺忪的睡眼突然明亮起來，因為這沿著海岸灑落的漫天繁星。

寧靜的海岸不再寧靜，他也不再孤獨…………

---

陽光燦爛的清晨，開普敦的無人海岸。

我站在陽光下。

昨天晚上做了一個奇怪的夢，夢到了多年以後的自己。

然後，夢醒了。

出發，開始在南非最後一天的旅程。

明天的我，會是什麼樣子？

面對愛，我需要對她證明什麼？怎樣向她證明？

如果將來我變得很富有，我會去做些什麼？

如果我有了孩子，我會怎樣去做一個父親？

我的流浪，我的輕狂，我的敏感，我的偏執，究竟何去何從？

我寧願所有這一切被幸福的對象取代，從而徹底消逝，也不願看到他們一文不值的存在下去。

不知道為什麼，悲傷從心頭浮現。

遠處傳來清晰的樂聲：吉他、巴塔、貝斯、手鼓共鳴的樂聲。

不，除了這些，還有黑非洲歡快的男女和聲。

悲傷，一定會化作溫暖的情緒，一定會的。

哪怕暴露我的全部軟弱，也足夠讓自己學會享受茫然。

突然領悟，這片海岸，不僅僅寧靜，更是一片受傷的海岸。

還是把明天的問號當作山谷的陰影，拋在瘦長的身影之後吧。

路與家，似乎被我用「離開」與「歸來」錯位。

海浪的聲音，和夢中繁星撒落的聲音，多麼相似⋯⋯⋯⋯

----

愛，如同一扇窗。

失去愛，就像打開一扇心窗。

望著她飛到窗外，隨風而逝。

之後呢？人雖不見了蹤影，風還要繼續吹。

或許，在若干年後的某一天，我會回到這裡。

在這裡，邂逅貧窮的小夥子，邂逅一直與愛情絕緣的姑娘，邂逅自然至上的信徒。

我們結伴同行，一起在這裡被包容。

經歷未知，總像是在重複熟悉的過去。

愈發難以找到嶄新的驚喜與感動，才成全了一次又一次回憶的經典。

汽車在平坦的公路上行駛，不遠處的大海賜予數不清的、帶著優雅節奏的浪花。

企鵝灘，一身黑色條紋與白色絨毛相間的可愛小傢伙們，帶著「後現代」的目光望著我，那神態，簡直似笑非笑。

遠方，金色的風帆，湛藍的海水。近處，盛放的紫薇花樹，淡黃色的

民宅大門上，天使在熟睡。

　　一路行進，沿著彼此相鄰的大西洋與印度洋。風景如畫般絢麗，空氣輕柔，靈魂不自覺地優雅起來。

　　優雅得像個幼稚的孩子。

　　望著越來越原始的海岸線，我預感到真正的「海角」不遠了。

　　終於，望到了山頂那座燈塔：樣式簡單，卻令人過目不忘。

　　開普角（Cape Point），黑色壁虎懶洋洋趴在半山腰的危石上。山頂的木製指示牌告訴人們一個又一個遙遠的距離。

　　繼續前行，直到非洲大陸盡頭的好望角（Cape of Good Hope）。

　　海灘佈滿堅硬的黑色石頭。面向海洋，朝拜當初第一個腳印的神聖。

　　好望角，帶給每個人的，究竟是美好的希望？還是終將化作泡影的盼望？

　　畢竟，我們此刻望去的，是與最初登陸這個地方的前人相反的方向。

　　Good Hope，是他們遠離海洋、回歸大地的奢望。

　　Good Hope，是我自己遠離家鄉兩萬里距離的內省。

　　以「Good Hope」之名，用狂野帶來優雅。面對陌生的大地，不像是「來到」，更像是「回來」。

　　失去望不到的彼岸，獲得不意味著歸途的大地。

　　失去轉瞬即逝的承諾，獲得一次次疑問帶來的一個個永恆。

　　失去每一天，獲得這一天。

　　這一天，天涯依舊遙不可及，但我已然擁有海角。

---

　　新鮮的李子，顏色雖不好看，吃起來卻無比香甜。

　　汽車上坡、下坡，上坡、下坡，起起落落個不停。

　　生命，是一場註定的輪迴。

　　註定我們要在特定的時間，去經歷某些特定的事情。

　　所以，不止一次，在夢中曾經出現過的，到了親身經歷那一刻，總感覺似曾相識。

　　此時的非洲，對自己來講，不僅僅是多年企盼過後願望的實現，不僅

僅是情與景終於共觸的火花，除了這些，還有輪回到初始的純粹。

輪回並不一定走向新生，回到初始也不意味著重拾。

不論經歷什麼，從音樂中找到深刻、內省的自己，我一直都做得到。

除了音樂，還有顏色，對，顏色。

一條沿著山坡延伸向高處的無名街巷，仿佛命運的呼喚，猶如直覺裡一次溫暖的招手，吸引著我一步步走入她的世界。

巷子最外邊，有一面深綠色的高牆，牆上，有一扇沒有「窗口」的窗，被亂石、雜草封住窗口的窗。

再簡單不過的景象，在午後開普敦柔和的陽光下，仿佛一幅沒有流派的畫作。

靠著這面「抽象」的牆壁，肩膀上方的這扇「無窗之窗」猶如一位蒼老的部落智者，無聲的庇佑著黑色彩虹襯衫包裹下的誇張身影。

衣衫襤褸的當地人向我講著聽不懂的語言，並且努力用手比劃，像是在告訴我，巷子深處還有更美麗的驚喜，又像是在控訴自己對艱辛生活的不滿。

海鷗、鴿子時常飛到路中央的地面上，沒有人去打擾她們。

顏色，家家戶戶的外牆上，漆著各式各樣的顏色：橘紅、紫羅蘭、黃褐、天藍、深綠…………

對了，還有那面佈滿彩繪的牆壁。

五彩繽紛，夏花般絢爛。

幽靜的氣氛，純淨的空氣，難以置信的烏托邦。

內心，徹底無色。

彩色令人發狂，令人遲疑，令人困惑。

白色的童年，深藍的少年，紅色十八歲，黑與白的偏執與固守，以及剛剛經歷過的深綠色奇遇。

一切如此真實。

只不過，所有的顏色在一瞬間接踵而至，完美無缺，這過分的濃烈，讓我必須、也只有回歸於無色。

夢，應該是什麼顏色？

我不清楚。

我只知道夢醒來後、那幻滅的顏色。

好像萬花筒一樣幻滅。

水呢？

透明、無色，所以人們才永遠讓她從指間劃過，了無痕跡。

但我相信，透明不同於無色。

人，來到無色世界，經歷種種色彩，才發現世界原來這般迷亂、不可捉摸。

無色如此短暫，無色才是永恆的色彩。

回到巴士裡，我把相機裡剛剛拍下來的那面深綠色牆壁給司機看，一個荷蘭後裔的白人青年，他連連稱讚，開始和我滔滔不絕聊天：偶爾哼唱幾句南非流行歌曲，或者謾罵唯利是圖的生意人，還有，嘮叨世界盃綠點球場的緩慢施工進度。

傍晚，海邊。美麗的媽媽和女兒追逐著浪花。海鷗在頭頂慢悠悠飛著，飛得和我的腳步幾乎同樣慢。找到一排長椅坐下來，眼望著金色浪潮，努力靜止住稍縱即逝的時間。

身後一大片綠草地，黑人小夥子坐在一棵獨樹旁的長椅上，享受著音樂。

胖胖的白人警員大叔面目和藹，可他此刻正怒目注視著不遠處躺在地上哭訴的黑人乞討者，乞討者口中不斷喊出喋喋不休的、如同咒語一般的話，似乎在說：「為什麼，倒底為什麼！為什麼潔白的海鷗可以自由飛翔？為什麼時尚的黑人兄弟正坐在長椅上享受音樂？而我自己，只是你們眼中永遠的危險與不安？這個地方，是天堂，還是地獄？！」

貧民窟和山頂豪宅一樣「壯闊」，鐵皮房和海岸線一樣「美麗」。

還有，那一扇「沒有了窗」的窗。

放鬆些吧，不再去想了，我告訴自己。

至少，在非洲，我已經做了一個全新的我。

每個人都可以喊錯我的名字。

喊錯也完全沒有關係。

當然，你可以喊我「自由」。

「自由」就是我的名字。

傍晚，回旅店的途中，公路上突然濃煙滾滾，將乘客們完全包圍。

如果這個時候，一群頭戴黑巾的暴徒沖進濃霧，開始一場迅速如閃電的「洗劫」？

想像中「戲劇般」的場景，始終沒有出現。濃霧很快「虎頭蛇尾」的散去。

---

告別南非的那一天，是在黎明破曉前。

我已經完全搞不清楚，此刻飛機裡面的自己，身在哪一個時區。

劃過「指尖」的一剎，感悟到了什麼？

環繞整個世界，只不過「指間」的距離。

所謂離別的感傷，是我不願再提起的「老掉牙」話題。

非洲，拒絕感傷；非洲，讓委婉顯得不倫不類。

我只記住了自己的汗水，動物的淚水。

多麼希望：傍晚，在海邊的那家「Ocean Basket」小酒館，和黑人夥計聊上幾句，然後點幾瓶「Castle」啤酒下肚，接著邁起蹣跚的步子，仿佛跳著祖魯舞蹈，醉倒在迷人的沙灘，永遠不要醒過來…………

多希望永遠留在這片恩賜大地！

---

回到約翰尼斯堡，機場裡面的曼德拉塑像很高大，我的頭，才夠得到他的腳趾。

遙遠的山巒之巔，寂靜的山谷深處，一位隱居的「脫口秀」主持人，早已忘記自己曾經講過的每一句話，忘得一乾二淨。

甚至，連他的指紋，都消逝在人們對他的遺忘之中。

最後，祝福永遠的納爾遜·曼德拉。

1. 無人海岸，開普敦。
2. 大西洋與印度洋的交匯。
3. 古怪的優雅。
4. 逐浪的母女。

# （十八）無聲巴塔

手鼓的鼓點，動物的舞蹈，清晨的交響樂，孤獨的弗拉明戈，奔跑的尊嚴。

所有的人們都會打鼓，每一隻動物都會跳舞。

人們的鼓點敲醒了我，動物的舞蹈帶走了我。

---

迪拜國際機場，五個小時漫長的轉機等候。

暗紅色長椅像沙發一樣柔軟，躺在上面酣睡，睡到了「忘乎所以」。

我幾乎忘掉自己要去哪裡。

抬一抬眼皮，前方，奈洛比（Nairobi）。

是的，奈洛比，東部非洲最大的一座城市，肯雅的首都，奈洛比。

看著飛機的航程圖：阿拉伯海，亞丁灣，埃塞俄比亞，索馬里⋯⋯⋯⋯

六個小時飛行，從迪拜到奈洛比，從中東到東非。

時隔八個月，從南非的盛夏，到肯雅的秋涼。

對了，還有幾年後剛剛重新回到的迪拜，突然回想起那次對自己來講不可磨滅的記憶：「海上絲路」阿聯酋之旅。

我遙想起那一年的迪拜，初來時醉人的深藍色夜景。還有離開的時候，當飛機起飛，海岸線沿著阿拉伯灣的沙漠蜿蜒曲折向遠方的輪廓。

這一次，統統都看不到了。迪拜，成為絲毫不加留意的中轉驛站。

飛行途中，一位來自英國的三十多歲單親媽媽帶著五、六歲的兒子與我同排，小男孩安安靜靜，不吵不鬧，洋娃娃的臉龐掛滿困頓與疲倦，不一會兒就睡著了。媽媽脫下鞋子，如同僧侶打坐一般，盤腿坐在座椅上，開始讀起一本小說，讀了整整一路。

非洲，非洲⋯⋯⋯⋯

過去的非洲，全新的非洲。

戰亂的非洲，統一卻同樣貧窮的非洲。

塞內加爾歌手Youssou N'Dour用他獨特的「回廊式」唱腔蕩漾著一遍又一遍「Africa」這個詞。從他的歌聲裡，我總能想像到那幅畫面：老媽媽靠在土房的圍牆邊，用一種特別的目光注視遠方，不帶怨恨，沒有憤怒，甚至偶爾掛著歡笑。她自己的媽媽曾經就在這樣生活，而她自己的孩子，以後仍將這樣生活下去。

在我們眼裡，面對饑餓，面對疾病，她們的生活似乎只是為了「活著」。其實，在她們自己心裡，可能這就是她們的「生活」。

飛機開始降落，我並沒有坐在舷窗邊，所以看不到外面的景象。在有限的視野中，我看到的，只有大片貧瘠的黃土地，沒有森林，沒有河流，沒有都市千篇一律的全景。

隨身聽剛好播放一首很有趣的流行歌曲，是一首男女合唱，風格嘛，像是嘻哈，可是又有點饒舌味道，是以前自己在約翰尼斯堡一家不起眼的小唱片店裡找到的一張非洲音樂合輯。演唱者我沒有聽說過，歌名卻強烈吸引住我，名字叫做《525 600 Minutes》。

525 600 Minutes？

一小時，60 Minutes。一天，1440 Minutes。525 600 Minutes，是三百六十五天。

人們早已習慣被限定在「一年」的時間框架裡面，似乎很少有人注意到「525 600 Minutes」吧？

如果不是525 600 Minutes，而是525 600 Miles？

仔細算算，自己的飛行里程，已經無限接近這個數字了。

Minutes，Miles，時間的旅程，旅程的光陰。

你能用525 600 Minutes把握住一生嗎？

你能用525 600 Miles的流浪遇到一個人嗎？

飛機著陸，莫須有的，全部煙消雲散。

焦莫‧肯雅塔國際機場，候機大廳正門外花團錦簇，藍天，白雲，黃土，喊一句熱情的斯瓦西裡語「Jambo!」。

通往市區的快速路出了問題，我們驅車從鄉間小路開往市區。

紅磚色的土地隨著疾馳的越野車揚起濃霧一般的塵土，即使關閉車

窗，還是看得到空氣中彌漫的粗重顆粒。

窗外的景象如此貧窮，可笑的是，不得不承認，又是如此的非洲。

為什麼非洲總是與貧窮聯繫在一起，除了這個，就沒有其他值得牢記的東西？

莊稼地裡的老婦人看到我在注視她，揚起眉毛，聳聳肩膀，把雙手向兩邊攤開，似乎在告訴我，「我有什麼值得你去注視的地方，難道你在嘲笑我的窘境？」

站在路邊的黑人小男孩笑著沖我招手，他笑得是那麼燦爛無邪，哪怕他沾滿泥巴的雙腳下，套著一雙不成形狀的拖鞋。

他不會跑掉，因為，心存恐懼的，反而是我們當中的某些外來旅客。

是的，這些外來旅客並不貧窮，甚至很富有。

他們享受著空調吹出來的冷氣，他們擔憂著核電洩漏帶來的食品污染。

他們不會站在大樹下避雨，他們一直撐著雨傘邁著匆忙的腳步在街上穿行。

他們時尚著本不屬於我們的浪漫，他們調侃著我們未曾涉足地方的貧窮。

所以他們才會害怕。

我不害怕，我不會跑掉，我走路比跑掉還要更快一些。

經過三十幾個小時漫長的飛行，我的臉色，綠得嚇人。

倒在旅店房間的床上，用了不到一秒鐘就進入熟睡。

在午夜，我感受到肩膀的疼痛，痛徹入骨。蚊帳外的一隻大蟲子一直爬來爬去，我不願意、也沒力氣去打擾它的美夢。

---

天色破曉前，沒有上鬧鐘的自己，被一陣動物們共同演奏的「聲音交響樂」喚醒。這聲音裡面，有怪鳥的鳴啼，有飛燕的呢喃，有蜥蜴的爬行，有青蛙的「呱呱叫」，有蚊子的轟鳴，有壁虎的瑟瑟聲，有池塘裡魚兒的吐泡……

一切都是那麼原本的在「生命著」。

我的耳膜充分享受著不同和絃的摩擦與碰撞，仿佛在神志蘇醒之前那一縷凜冽的泉水，仿佛鼻孔裡突然呼吸到薄荷的芳香。

這是各種「靈魂的聲音」主宰的早晨，在世界還很年輕的時候，就是這樣。

這是它們的世界，它們並沒有傷害人類。

可是，在人類主宰的世界裡，又是怎樣對待它們的呢？

有一點失望的是，我無法用相機、用底片去記錄下聲音。

旅店悠長的回廊洋溢著濃郁的英倫味道，正對面的露臺上，一個白人女孩子獨自坐在木椅上讀著小說，我相信她已經在這裡住了有一段時間了，而且每天都在讀著這些「心靈的圖畫」。

莫非她就是我的一位摯友提到過的弗吉妮亞‧伍爾芙？

與她相比，我就像一棵濕漉漉的野草。

等到越野車開出旅店大門的一瞬，我才體會到什麼是同一時空的不同世界。

坑坑窪窪的國道，幾乎五十年從來沒有翻修過，一個個千瘡百孔，蒙昧著一輩子走不出五十裡開外的人們。

所以，司機Jonathan，一個略胖的黑人小夥子，成為一位很受當地人尊敬的「Mr. Driver」。

因為他總是駕車跑很遠的地方，而且每次回來，都會帶給鄉親們不一樣的東西做禮物。

剛好我在聽一首肯雅兄弟組合的動聽歌曲，索性直接把耳塞塞到Jonathan耳朵裡，他聽了一句，馬上雙眼發亮，連連點頭，說著我聽不懂的斯瓦西裡語歌名。

紅磚色的泥土收緊著心靈，越收越緊。

空靈的音樂正在耳畔蕩漾，突然，瞥見車窗外站在路邊的幾個小學生，開心的笑著，正在用力向車窗裡的我招手。

我立刻摘下耳塞，盡全力搖下車窗，用最快的速度向這幾個可愛的孩子揮手，只是車速太快了，我無法確定他們是否看到。

如果沒有，這將是一份令我傷心的遺憾。

為什麼要拒絕一幫活躍的孩子呢？

因為這一幕，空靈的音樂變得有血有肉。

很久沒有這樣過了。音樂，越來越像河畔的泥巴，在觸動感情催人淚下的同時，賺取著鈔票和名氣。

奇形怪狀的麵包樹，騎著腳踏車的送貨大叔，紅茶園採茶的非洲媽媽，背著孩子滿臉憤怒的婦人，漆成深紫色的鐵皮房，街邊冒著黑煙的烤玉米小攤。

這才是非洲，真正的黑色世界，沒有種族之分、拒絕幻夢的Africa。

納庫魯（Nakuru），走在鄉村市集的小路上，不停叫賣的小販，突然從身旁臺階跳下來的小男孩。

我開始懷疑自己的腦子是不是很不正常？怎麼會在這個莫名的午後，跑到這個地方來了？！

湖畔，湖面，鵜鶘與火烈鳥（Flamingo）交相輝映，粉紅色染遍了天空。

如果有那麼一天，你感到疲憊，疲憊到極致，疲憊到連夢都懶得做，就來看看這片粉紅色吧。

真的難以置信，你會感覺到，自己的所有想像，正在天空飛翔，越飛越高。

突如其來的邂逅，偷走了你所有的保守，如同扒手。

寬大的棕櫚樹枝葉象徵著物欲，總想得到一切，總想擁有一切。

不斷糾結在病態的謊言遊戲當中。

流失的記憶，破碎的笑容，失望的狂熱，自我放逐的力量，自我追尋的被誤解。

人們總是在說，我盡力了，我盡力了。

下一句呢？讓我去飛吧，讓我自由飛翔，說得出口嗎？

隨它去吧，讓我走吧。

柔軟的土壤，飛滿蚊子的草地上，我在不遠處無聲無息跟隨著那只孤獨的火烈鳥。

她沒有注意到我，一個人優雅在漫步。

我沒有去打擾她，不願去破壞此刻靜止的時空。

這是我與她的無聲對話。無聲，成全了彼此獨一無二的對話。

天色漸黑，人們走在鄉間的路上，好像是要去參加一場盛大的篝火舞會。

瘦長身形的黑人小夥子向我打招呼，做了一個很奇怪的動作，好像一隻即將展翅的大鳥，我只好硬著頭皮沖他揮揮手，對不起，我完全不會跳舞，只會這一個動作。

縹緲的音樂，來自西非，來自喀麥隆。

神秘的旋律，仿佛黑紗遮掩下的烏黑長髮。

夜晚如同天鵝絨一般柔軟，只是不見星光。

人，經歷很多事情的從始至終，就像無意間把自己的鑰匙鎖在了自己的皮箱裡面。

湯姆遜瀑布的轟鳴，遠遠沒有土著人的歌聲美妙。

在赤道線，熱情的黑人小夥子用水盆和火柴杆演示著南北半球的分界，賺錢維持自己的生計。

只是，人類世界，不可能僅靠一條界線就可以劃分得清。

樹頂酒店，成了十足的旅遊觀光地，無聊透頂。

倒是一下午漫無目的的Safari，才總算讓失望的一天有了些許意義。

同行的英國胖大叔站在敞篷車裡吹著口哨，他的大頭像洋蔥漢堡一樣可愛。

不知是羚羊還是馴鹿的傢伙仿佛在咒罵我們的騷擾。

可憐的小鬣狗趴在路邊，難道是找不到媽媽了？

望著它的目光，不知道為什麼，我也紅了眼眶。

天空開始飄雨，道路變得泥濘難走，六個人坐在敞篷車裡，相對無言。

我們來看動物，來尋找非洲的生命力，可是，有沒有想過，動物同時在怎樣看待我們呢？

我們究竟是精神意義上的殉道者，還是再簡單不過的敵人？

夜晚，樹頂酒店堂皇的燈光下，人們開懷暢飲。

一杯接著一杯的Tusker（肯雅大象啤酒），我完全沒有醉意。

或者說，躺在完全沒有隔音的房間裡，人類的腳步聲驚擾了我一次又一次的安睡。

望著窗外偶爾走來走去的大象們，我終於有了一絲體會，理解他們對於人類「入侵」的無奈。

一個夢，在夢裡，一對夫妻在酒店大廳裡跳著奇怪又難看的舞蹈，跳得不亦樂乎，丈夫身穿過時的一整身牛仔裝，妻子總是突然放聲大笑，笑得人們紛紛目瞪口呆。

這個夢，是動物們做的夢。

誰說動物們不會做夢呢？對吧？

歡快動聽的非洲舞曲《Angelinah》，到底哪一個女郎，才是非洲小夥子心目中的「My No.1 Lady」？

年久失修、顛簸到幾乎翻車的道路，讓原本兩小時的路途耗費了超過六個小時。

部落裡的馬賽人身穿豔麗的長袍，手拿削尖的細長木棍，慢悠悠穿行在獅子獵豹出沒的草原上。

馬賽馬拉（Masai Mara），動物的王國，虔誠的膜拜者，終於到達。

司機Jonathan指著一片模糊的山影，告訴我，那裡就是乞力馬札羅峰。

我聳聳肩，面對開玩笑一樣的遙遠，除了遺憾，還能講什麼呢？

從這時候開始，每天從早到晚，坐著Jonathan駕駛的越野車，在一望無際的馬賽馬拉大草原上追尋著動物們的蹤跡。

這感覺，如同在寬闊的河流中一直順流而上。

斑馬，角馬，瞪羚，長頸鹿，獅子，獵豹，禿鷲，野牛…………

兩隻瞪羚在為愛情決鬥，失去生命的長頸鹿屍體，被一群禿鷲團團圍住。

這就是自然，殘酷，真實。不需要什麼愛，也不存在什麼恨。

一切都按照亙古不變的自然法則來進行。

我感到慚愧，為什麼執意要來打擾這些動物的生活？僅僅為了自己的

黑非洲情結？

荒唐。

城市裡的動物園，是我最不喜歡的一個地方。

一代又一代的動物，成為人們的娛樂品。

甚至，一些大人眼裡天真的孩子，在動物面前，都可以暴露出人類本性最醜惡的一面。

這些動物永遠脫離不了人類視線的控制，一生都在滿足人類的好奇心。

它們不再屬於自然。

人類只需要買一張門票，就可以消費著虛假的自然。

這些動物還算活著嗎？動物園裡「雕塑功能」的動物們？

至少，在馬賽馬拉，它們活著，它們有尊嚴的活著。

尊嚴就是，面對我們的追尋，它們至少可以奔跑。

晚霞美不勝收。

突然發覺，切成碎塊的鳳梨配上大象啤酒，實在有種難以形容的美妙味道。

幾瓶過後，我感到雙手麻木，雙腿失去知覺，頭腦充滿愉快，甚至聽得到灌木林裡大象的喘息聲。

太好了，我終於醉了。

全部實現，還是一無所獲，這取決於心靈。

短暫，還是永恆，這取決於情感。

骯髒的購買象牙，還是單純的享用大象啤酒，這取決於道德。

小心道德，它終將審判一個人的一生，現在只不過還沒有到來。

竭盡全力，帶給這個世界哪怕一絲「善」的東西，連網上的金色蜘蛛都會為你舞蹈，舞出她特有的黃金曲線，性感極了。

1. 弗拉明戈的獨舞。
2. 漫步。
3. 家園。
4. 晚霞,馬賽馬拉。
5. 情鬥。
6. 人類的美夢,動物的夢魘。

1.「守護」獵物。 2.蒼茫的馬賽馬拉。 3.黑非洲。 4.飛向高處，並非昇華了靈魂。5.降調的低雲。6.無聲巴塔。

# （十九）聖徒的節奏

詠歎，湍河，消失的怒吼，黑夜的觸碰，虔誠的信徒。

跟隨著聖徒的節奏，不再做空間的歌者。

觸碰黑夜，在黑夜裡被觸碰。

在愛的足尖匆匆溜走，然後大笑著遠行。

請原諒我依然決定遠行。

總有一天，我會帶著好多精彩的故事回來，講給妳一個人聽。

---

熱氣球緩緩升空，趕在太陽露臉之前。

火焰不斷發出「噗、噗、噗、噗」的聲音，熱氣肆意沖刷著仰望的臉龐。

這裡是馬賽馬拉，這裡不分四季，這裡只有旱季和雨季。

雨水、河水、湖水、海水…………馬賽人的井水，動物們的聖水。

---

她，是一個有錢人家的女孩子。她從不隱藏戴在右手無名指的那一枚閃閃發光的鑽石戒指。儘管她還是單身，一個人來到非洲旅行。

他，是一個當地貧民窟的男孩子，口袋空空如也，空到沒有什麼值得丟的東西，天天晃來晃去，嘴裡哼著「Te Na Na，Te Na Na Na Na；Te Na Na，Te Na Na Na Na……」的野調子。

她偶遇到他，她看到了他腳趾上戴著的那枚更耀眼的鑽石。

他不知道自己腳趾上戴的，是一顆鑽石。

她本能的遺忘了自己是誰，溜進了他空空如也的口袋。

就這樣，愛情發生了。

每一個人都清楚我要說的是什麼，每一個人都明白我的意思。

於是，女孩子約男孩子去跳舞，在紅茶杯的湯匙上面，留下曖昧的記

號。

男孩子換上租來的英倫禮服，刮了鬍子，補好破了洞的鞋，噴上味道奇怪的古龍水。

他們快樂了一整夜，在舞廳，在電影院，連電影放映員都趴在桌子上睡著了，他們還在跳舞。

人們說她瘋了，就為了他戴在腳趾上的那顆鑽石，她丟掉了所有的憂鬱氣質。

---

馬賽馬拉草原，冉冉升起的太陽，雄偉、震撼。

紅色生命力，揮灑到每一個人瞳孔上方不遠處的睫毛。

動物們陸續都出來了，在清晨喝水、散步。

「Te Na Na Na Na，Te Na Na Na Na……」

我耳朵裡的音樂，原本是一直綿綿不斷的、四二拍的行板鼓點，以及砂槌有條不紊的伴奏。突然，開始變奏，節奏漸強，鼓點急促起來。四四拍的高腳鼓聲開始闖入，然後四三拍的低音鼓也來了，不同節奏的鼓點強弱錯位，敲打出狂野的節奏，共同編織起眼前俯視動物的壯觀畫面！…………這還遠沒有結束，一陣刺耳的哨子聲突然開始摩擦，仿佛掛著哨子的黑皮膚野孩子狂奔在草原上，與之呼應的，是氣囊發出的模仿大象的歡笑聲，兩者此起彼伏，好像野孩子在追逐大象，又仿佛幼小的獅子在追趕野孩子。神箭手喊出一句重金屬摩擦聲音的斯瓦西裡語，宣告著部落祭祀的開始。…………鼓聲步入高潮，主旋律的三支鼓，按次序各自演奏了一段Solo，然後，進入最後的華彩，所有的樂器合奏，演繹出盛大的動物狂歡。…………最後，隨著震耳欲聾的一聲鼓響，乾脆俐落的收尾。

難以形容，如果沒有身臨其境，實在無法形容。

我身體裡流淌的血液，熱了起來，愈來愈熱，幾乎燃燒。

我眼中的動物們，都好像飛翔在天空中…………

直到熱氣球降落到草地上，我還是很久沒能緩過神來。

一杯香檳酒，令人心痛的打斷了這份意境。

乾杯吧，為這短暫、卻再也回不來的波瀾壯闊。

越野車繼續飛馳在草原上，一天的Safari開始了。

情緒亢奮到極致，小孩子急促的哨音變得萬分歡快、悠揚。

我好像走在一條虛擬的街道上。

一條來自奇怪世界的奇怪街道。

非常熟悉，卻無從記憶。

這裡是第三世界嗎？怎樣才算是第三世界？

貧窮，可快樂無處不在。

我是一個外國人，講著彼此聽不懂的言語，並沒有隨身攜帶足夠的鈔票。

我沒有被兇狠的目光包圍，也沒有被私藏的槍械抵住後腰。

富有的白人女郎，邀請健壯的黑人青年作為她忠實且唯一的保鏢。

如果是做情侶呢？

一個黑人小夥子迎面而來，刺眼的陽光照在他脖頸上的銀色十字架，暈眩著我的頭，弄得我不知為何，大喊出一聲：「哈利路亞！」

奇異世界古怪故事的主角，演繹了再簡單不過的浪漫式悲情。

如果你願意做我的朋友，我一定會是你永遠的摯友。

不知道你的名字，我可以喊你「兄弟」。

馬拉河畔，遷徙過後，被自然法則淘汰的角馬們，屍橫遍野。

禿鷲保護著自己地盤的「殘食」，河馬漫不經心露出水面打個哈欠。

叫不出名字的老鸛悄然佇立在岩石上，嘴角露出一絲冷笑，儼然一位偉大的謊言締造者。

一陣陣腐爛屍體的惡臭味襲來，可我並沒有嘔吐。

呼吸著大自然所有的給予，仿佛上帝保佑的繈褓中的孩子，看到任何事情，首先的反應是微笑，而不是哭泣。

約翰尼斯堡，那條看不到的「冷冷的河」，終於在這個時候的這個地方顯現。

⋯⋯⋯⋯⋯⋯⋯⋯⋯⋯⋯⋯⋯⋯⋯⋯⋯⋯⋯⋯⋯⋯⋯⋯⋯⋯⋯⋯⋯⋯⋯⋯⋯⋯⋯⋯⋯⋯⋯

角馬們低著頭，默默走著，走向他們自己的選擇，如同古老的猶太部落。

看不到天空的彩虹，看到的只有自己同胞的血肉、還有骨頭。

哦，血肉和骨頭，才是最純粹的「刻骨銘心」吧，我想。

它們翻不過山，它們死在河畔。

它們不知道為什麼要走，如同我們不知道這個世界到頭來為什麼不像孩子眼中的世界。

但是，刻骨銘心，我們體會得到，它們同樣體會得到。

刻骨銘心，血肉和骨頭！

又開始下雨了，泥濘的路變得不好走。

Jonathan的車突然打滑，甩到另一側，險些撞到一隻角馬。

那只角馬也嚇了一跳，本能的躲遠了一些，然後，木立在原地，望著我們。

在Jonathan調整車方向的過程中，我一直注視著這只角馬，它也在注視著我，它的眼睛是完全黑色的，黑得並不清晰，而是，好像它的眼淚就是黑色的，黑色的眼淚此刻溢滿了眼眶。

我們回歸正路，角馬低下頭輕喘了口氣，耷拉著腦袋，緩緩跑遠。

我感覺到自己此時的眼眶裡，也有同樣的黑色液體在打轉。

---

流浪，無家可歸。

無家可歸，流浪。

來到一片村落，用牛糞鋪成的小路上，蒼蠅不時落到每個人的臉上，躲都躲不掉。

同行的人們有很多因為厭惡骯髒，選擇遠遠躲開。我平靜走了進去，走進不見陽光的黝黑小土屋裡，坐在漆黑的床頭。

這樣選擇的原因，是我一直認為，我們所到達的這個地方，猶如聖人的門口。一路披星戴月，披荊斬棘，沿著叢林，摸著河畔的碎石，終於找到聖人的門口。

這門口，或許再簡單不過，映入眼簾的，可能只有坐在臺階上哺育嬰兒的年輕母親。

第一聲對妳的問候。

妳等我一下，馬上就好。

我記得妳。

從女孩到母親，她一直那麼愛你。

鑽木取火，圍成一個圓圈的舞蹈，生殖崇拜，餓得一直搖晃尾巴的白色大狗。

五顏六色的服飾，點綴著與生俱來的、面對貧窮的歡樂。

比起黝黑面孔的凝望，自己蒼白的臉龐如此貧瘠。

我們的生活遠比他們豐富得多，我們的煩惱，在他們眼中卻又那麼不可理喻。

爭吵，征服，徹底被歌唱、被舞蹈取代。

歌唱的土語，是帶著回聲的詠歎；舞蹈的動作，仿佛飛旋的湍河。

歌聲愈發高亢，舞蹈愈發熱烈，手握竹竿的馬賽人不斷跳躍，愈來愈接近天空。

不知道過了多久，在這熱鬧場景的邊緣，我無聲離開，漸漸隱去。

心裡清楚，我無法不回到熟悉的那個世界。這首歌曲，我永遠聽不到休止符。這段舞蹈，我永遠等不到篝火熊熊燃燒的午夜。

---

與Jonathan道別，在清晨，另一位司機老伯驅車送我回到奈洛比。

別了，馬賽馬拉！

翻了翻旅行包，我的克羅姆底片所剩無幾。

拜託！到了奈洛比，該怎麼辦？

汽車一路飛馳，如同跳舞。

重新經過東非大裂谷，依舊消失的怒吼。

耳朵裡的音樂，是「Funky」風格的嘉年華，這讓我遙想起孩子們的揮手。

自省的愛，無拘無束自由的愛，有什麼分別？

非洲，從來沒有讓我難堪、失落過。

漫天飛揚的塵土，臭氣滿天的水流，大象啤酒玻璃杯的碰撞聲，隨心抓拍瞬間的快門響…………愛，簡簡單單就好。

奈洛比，回想起最初的無知感歎，我期待告別時分的華彩。

Kenya，肯雅，我更喜歡叫她「肯雅」。

因為，肯雅，像是一個非洲女孩子的名字。

獨一無二，那麼「非洲」的永遠美麗著。

午後的跳蚤市場，慵懶得連空氣都要睡著。

走在第三世界的集市裡，沒有人抱怨自己光鮮的衣裳缺少被關注。

原地打轉的牛，孤兒的乞討叫喊，小女孩Cecilia偷偷溜出學校，一路蹦蹦跳跳，和小男孩約會去了。

開車的司機大叔望著我掛在脖子上的相機，皺起苦月亮一樣的眉頭，說了句拖長聲音的「No Camera…………」

制服男人鑽進小巷，和一群招攬生意的蝙蝠小臉姑娘搭訕，很快雙雙隱沒在黑暗中。

---

這裡充滿意外，這裡充滿不幸，這裡充滿線索，這裡充滿辯解。

非洲，旅行，終於要告一段落了。

充滿了不捨，但沒辦法，註定要走。

如果我有什麼軟弱的地方，不要讓它們盲住我，或者隱沒我所有的敏感與細膩。

我甚至可以腳踩著剃刀邊緣溜走。

阻礙不會改變方向，對手不會成為朋友。

陌生人變得不再稀奇，因為陌生人無處不在。

潮流，成為富人們站在自家門前難看至極、沒有觀眾的舞蹈。

當你祈禱的時候，你不會期望得到什麼回答，但你一定會繼續祈禱下去。

乞討也是一樣，和祈禱一樣。

純粹、自然的生命，在這裡，至少不是道聽塗說。

蜂鳴器的聲音響起來，愈來愈響，卻完全不像是噪音，而是動聽的旋

律。

　　觸碰黑夜，被黑夜觸碰。

　　觸碰黑夜，黑夜裡的一個觸碰。

　　飛機起飛之前，坐在我身旁的黑人小夥子一直低著頭，沉默不語。

　　直到飛機開始滑行，速度越來越快，即將脫離地面、升入天空，小夥子突然緊閉雙眼，默默在胸前劃了一個十字。

　　原來他是一位虔誠的聖徒。

　　他心跳的節奏，我聽得到，完全聽得到。

1. 冷冷的河「現實版」。
2. 清晨狂想曲。
3. 市集隱蔽處的眼睛。
4. 聖徒的節奏。

1. 觸碰黑夜，被黑夜觸碰。
2. 遷徙的角馬族群。
3. 部落的集體舞蹈。
4. 智叟。

# （二十）題目，東京・鎌倉

直到現在，我仍然記得那一天的深夜，是的，清晰記得，並且將永遠記住。

那一天的深夜，當電影《東京物語》片尾、粗麻布底子的「終」字伴隨著音樂華彩後的漸弱而出現。

那是我第一次看《東京物語》這部影片，一部我至今仍難以將自己所有的感動、感觸訴諸於言語的一部影片。

如此濃郁的日本味道，卻具備全世界所有家庭的普遍性。影片的所有情節，完全可以讓我們每一個人，在各自家庭中所擔當的角色裡，找到似曾相識的、自己的影子。

似乎每個家庭都會在時間的進程中，遇到這些問題，然後，分崩離析，瓦解，最終走向一份淡淡的憂傷。

在自己心中，影片裡的一幕幕，如同一份難以釋懷的縈繞，牽動著我的東京之夢，哪怕此時此刻真實的所在，與那個遙遠年代已然毫無關聯，可我還是想去尋找，尋找東京真實存在的某種與之相似的生命力。

遺留下來的、「痕跡」一般的生命力。

雖然關於日本的旅行一次又一次帶給過我種種驚喜與回味，從童年，到青澀歲月的愛情故事，但這一次不同，真的不同。這一次，我始終沒有十足的把握邁出這一步，或者說，我還沒有找到恰當的時機，所以一直在等待。

在那一年的那個深夜之後，我看過了日本導演小津安二郎幾乎所有現存於世的電影作品：《青春之夢今何在》、《東京之女》、《獨生子》、《父親在世時》、《晚春》、在臺北書店費盡心思找到的《麥秋》……直到小津先生最後的遺作《秋刀魚之味》。

每部影片的故事，學生時代的同窗摯友在畢業後為了事業而友情淡漠，一心供弟弟上學卻不被弟弟理解的姐姐，風華正茂卻不願嫁人的女兒，擔憂誤了女兒婚期的父親，子女工作後因為忙碌各自的家庭、從而沒

時間贍養年老孤獨的父母……

除了《東京物語》，最愛的，還是那部《晚春》。

是的，《晚春》，作為觀者，我把自己完全投入到裡面，所以才會顯得格外真切。

永遠孤獨的父親笠智眾，沉默寡言，卻又帶著慈祥的尊嚴。很多時候，聽到別人講話，他總是偶爾帶著鼻音的「唔……」一聲，這一聲「唔……」，不帶肯定，也不加否定，只是閱歷深了，對一切事物不再輕易下定論，不再簡單的把事物一分為二。

還有永遠美麗的女兒原節子。

這兩個人的肖像，不知為何，成為我心頭永遠揮之不去的一份思念，帶著輕飄的憂愁與不明所以的悵然。

我知道自己一定會在有生之年因為這些「情節」與「情結」，動身去完成一次旅行，一次純粹關乎於「尋找」的旅行，只待時機成熟。

終於，這一天還是來了，在不經意間來了。

我不相信這純屬巧合，而一定是命運使然，就在出發前一天，無意間看到一位素不相識的朋友所講的一段話，這段話，給了我無限鼓勵，終於了卻自己心頭的最後一絲疑慮。

她的原話是這樣講的：「有些時候人們都會有一些追溯的情節，願意去自己敬仰的人的生活、工作之處，用自己的眼睛去找尋他們的視角。如果時間停止前進，宇宙只剩空間，那個時候也許他們就和你站在同樣的地方，凝視著同樣的東西，這樣的感覺就如同朝聖一般。究竟能獲得些什麼無從所知，但這樣的一個過程所能激發的充實感，是感動。…………人格塑就作品。對我來說好的電影，就是在其中能找到自己的生活。」

在此，我發自內心最深的感動，由衷向這位朋友道謝，這一席話的每一個字眼，無不給予我永恆的、關於領悟與理解的真諦，以及最真摯的那一份志同道合、自我認同。

是的，尋找，哪怕尋找不到什麼，尋找本身，就是一份自己想去詮釋的生活，不是嗎？

我終於上路了。

　　大阪（Osaka）關西機場，有軌接駁列車車廂內，個子不高、面容清秀的女乘務員用柔和、快頻率的關西日語說著什麼，在我聽來，仿佛正在將一段故事娓娓道來。

　　這是我第三次來到這個國家了，和多年前初次來時一樣，一切還是那樣整潔、有序。

　　在奈良（Nara），午後的春日大社外，寬闊寂靜的青草地上，鹿兒四處散步，尋找餵食的行人。

　　我手中的鹿食已經被吃光了，可它們還在執著的舔我的手，弄得雙手全都粘糊糊的，我試著撫摸鹿的前額，它們最終快快離去。

　　餵鹿的人很多，可是為什麼很少有人敢把食物放在自己手心上，等待它們靠近，而只是遠遠就將食物拋到地上？

　　他們害怕它們？可是，既然喜歡，為什麼還要害怕？

　　在建築風格褒貶不一、卻又創意無限的京都（Kyoto）車站，坐上開往東京的新幹線列車。

　　一路上，音樂隨身聽裡反復播放著《東京物語》以及《秋刀魚之味》的電影原聲，車窗外低矮的民房、精緻的盆景與小巧的街道隨著飛快的列車浮光掠影般褪去。除了速度，眼前的生活畫卷，似乎和五十年前的影片沒什麼差別。

　　「但願如此……到東京後，但願如此……」我在心頭止不住默念。

　　東京，又一次來到東京。

　　和上一次相比，我想最重要的一點不同，就是那份抬頭仰望高樓林立的幽閉恐怖感似乎不見了。

　　春天的東新宿，街頭吹來柔和的風，漫天的烏鴉嘎嘎鳴叫，山手線忙碌依舊，哪怕你坐反了方向，在背道而馳的車廂裡呼呼大睡，也終究不會迷路，因為環繞一大圈後還會回來，回到原點。

　　東京（Tokyo），依然是那座熱力四射的城市。在原宿（Harajuku），動漫女郎們在競技場外盡情揮灑自己喬裝打扮的稚氣；在涉穀（Shibuya），駐足在全世界最壯觀的十字街頭，觀察洶湧人潮從四面八方秩序井然的交錯往來，你甚至連試圖捕捉一張略微與眾不同的面孔都純屬徒勞；在池袋（Ikebukuro），一個走在下班路上的辦公室女郎突

然停步，面對著正在彈吉他的街頭藝人，扭動起誇張的舞步；在秋葉原（Akihabara），街道上播放著大音量的貝多芬作品、德語合唱版本的《歡樂頌》，打扮成公主模樣的小女孩站在街邊推銷新發行的電子遊戲，如果你對她說一聲「Kawaii」，她會沖你點點頭，然後報以一個標誌性的甜美笑容。

不過，如果你以為這些就是東京畫卷的全部，那還差得很遠很遠。

我說過，自己是來尋找東京的生命力的。

是的，生命力。

在都營大江戶線搖晃的地鐵車廂裡抬頭滴眼藥的上班族；在上野公園一下午不停喊著獻血口號的年輕女志工；在品川站外呼籲保護流浪犬的、故意將左眼戴上白色眼罩的男青年；還有，在街頭一次又一次看到的、背著黑得發亮的方塊型書包的小學生們，個子矮得幾乎可以將臉碰到地，卻邁著歡快的步子走在通往學校的山坡路上。

我望向這些孩子離去的身影，聯想起小津電影裡那些同樣淘氣頑皮的孩子們，他們在黑白畫面中一閃即過，揮灑出「金色紙屑」般天真爛漫的童年。

代代木公園（Yoyogi - Koen）的午後，青草地上，人們席地而坐，一顆顆綠樹下，他們喝著清酒，吃著壽司便當，談天說地，歡笑聲此起彼伏，另一側，年輕的女孩子們排好隊形，一遍遍反覆練習集體舞的步點。

多麼溫馨的場景，讓人忘掉所有的顧慮和憂傷，不管明天怎樣，至少現在，我們在同一顆樹下把酒言歡。

傍晚時分，從山手線的濱松町站走出來，穿過吉祥寺的大門，亮起燈光的東京鐵塔在晚霞映照下，顯得格外寧靜。

突然想起，幾年前第一次來到這座城市，正是因為那部叫做《東京愛情故事》的電視劇。

是的，那個時候，我同樣是在尋找。

雖然沒能找到赤名莉香，可是，那個來自大阪、個子矮矮、容貌秀麗的關西姑娘，如沐春風般的甜美笑容，還有騎著腳踏車回家的生活畫面，為我此後的旅程注入無限的憧憬與回味。

如今幾年過去了，此時的我只是在想，面對尋找的無果，大部分人

除了逃避，還有沒有保留一份相信能夠發現某種不同於預期設想的意外驚喜、所以動身出發的勇氣呢？

結果，真的永遠重於過程？

從濱松町回新宿的山手線車廂內，剛好有一家四口坐在我正對面，父親、母親、還有兩個芳齡二十的女兒。之所以看出他們是一家四口，是因為那個和父親長相極其相似的女兒，和另一個與母親幾乎一模一樣的女兒。更奇妙的是，他們四個人幾乎同時在車廂裡睡著，這時候，像父親的女兒，與父親保持著幾乎同樣的、身體偏向左側的睡姿，而像母親的女兒，也和母親同樣低垂著完全相同幅度的頭。

望著這幅東京一家人構成的生活畫，我感受著到站之前短暫的溫馨。自然而然，小津電影中的家庭場景，再一次敲打起我忐忑的心靈。

明天會尋找到些什麼？如果尋找無果，我的東京之旅該如何收場？

想都不敢想。

午夜時分，東新宿旅店的窗外突然響起急促、刺耳的警笛，隨後是救護車連綿不絕的、更加刺耳的一連串鳴叫。我置身于現實，卻目睹著一場噩夢，對，是目睹，而不是感受，這種感覺，不是在噩夢中搖頭、掙扎，而是眼睜睜看著一場噩夢正在上演，卻束手無策。

隨著烏鴉的大聲鳴叫，第一縷晨光照耀在我的臉龐。儘管是春天，卻意外感受到一絲灼熱的疼痛感。

坐火車去往鎌倉（Kamakura）的路上，我的腦海裡閃回一般快速通過了一個個關於「尋找無果」的畫幕：在熱海（Atami），我沒有看到笠智眾與東山千榮子那樣寧靜坐在海邊矮石墩上、臉上掛著滿足笑容的慈祥老夫婦；在橫濱（Yokohama），我沒有看到原節子一樣嫻靜善良的兒媳婦；在東京郊外，我沒有看到香川京子那樣帶著稚氣與些許叛逆的、心中充滿疑惑不解的教書小女兒；甚至，我始終沒有看到那一座座冒著濃重煙霧的巨大煙囪。

在繁華的銀座，我試圖找到那家保存著舊日影像的大型畫廊，可是，從地鐵丸之內線走出來，沿著索尼大廈，從西銀座二丁目一直走到六丁目，始終沒能找到。

還有，本鄉三町目、目黑川、武藏野、築地…………

真是失敗透頂，我有些頭暈。

........................................................................................................

列車窗外綠色漸濃，東京已經被自己短暫拋在腦後。

小田原、橫濱、戶塚、大船、北鎌倉。

提前在北鎌倉站（Kita Kamakura）下車。

北鎌倉的火車站，月臺、柵欄、信號燈、鐘聲，一切和當年一模一樣。

循著當年的足跡，來到車站外不遠的圓覺寺。

幾番周折，先是問了Information裡面的年輕人，得到的回答是茫然的搖頭；然後走到後山的半山腰，走進一片民居，兩個當地阿姨面對我的詢問，口中反復念叨了好幾遍「Ozu san，Ozu san⋯⋯⋯」（注：Ozu是日語小津的發音），結果好心的阿姨還是親自帶我走回到Information問詢處；最後，還是一位戴著金絲眼鏡、年輕時候一定很美的老婆婆，親自帶我走到圓覺寺後山的公墓區中、小津安二郎先生的墓碑前。

我向她道謝，她向我欠下身子輕微鞠了個躬，然後揮手向我道別。

在誤走入兩片墓區後，終於來到小津的墓碑前。

小津的墓碑上，只有一個字，一個漢字的「無」。

墓碑上面擺放著幾束鮮花，還有一隻暗紅色打火機。墓碑旁邊悄然放著一隻紅色水桶，裡面漂浮著一隻金色長柄木勺，是為前來拜祭的人們清洗墓碑準備的。

輕柔的風摻雜著一股特別的泥土腥味，遠處山下的小火車站傳來列車進站的汽笛聲。

三十年前，笠智眾也時常來這裡拜祭，留下那個時候他蒼老的背影。如今，笠智眾也早已故去。

整個墓區現在只有我一個人，我不知道自己究竟佇立了多久。

我內心一直在想著這個「無」字的含義、喻意、甚至刻意。

「無」之于生活的歷程與生命的盡頭；「無」之於獲得全部之後的空虛、與一無所有之後的獲得之間的對立；「無」之於妳眼中短暫的我、與我心底永恆的妳；「無」之於妳我之間的相同與背離；「無」之於生與

死，死與重生……

　　「無」本身，就是「有」的存在，我想是的。

　　小津說過，他認為拍電影是一件並不高尚、甚至很「低下」的職業。儘管他一生留下了一部又一部偉大的作品，可他死後，只留下了一個「無」字。

　　也就是說，他用一生的全部，獲得了最終的「無」。

　　空無，沉默，一無所有、如夢的人生，本來就是如此。

　　在東京，我尋找到很多生活畫面，同時，尋找不到另一些或許早已不再的畫面。但我最終找到了「無」，在鎌倉，我找到了。

　　「尋找」，並非找到了「無」，同樣，也並非找不到「無」的對立。

　　「尋找」本身，就是關於「無」的尋找。

　　我可以釋然了，完全可以了。

---

　　鎌倉大佛一直在那裡，一點都沒變。只是被遊人圍得水泄不通，不見了當年黑白畫面裡、陪著老人坐在佛腳聊天的原節子。

　　公共汽車右前方座位的中年阿姨，翻看著雜誌裡當年《東京物語》的劇照。

　　晚上，搭乘橫須賀線列車，回到東京。

　　在台場，東京灣的夜色本應美得令人陶醉，可在此刻自己眼中，卻充斥著道不盡的虛假意味。

　　地鐵裡的中年男人似乎喝醉了酒，從月臺走進車廂，還沒來得及找座位坐下來，列車突然起步加速，他一個踉蹌之後努力了好幾次也沒能站直身子，眼看著就要後仰跌倒，幸好被旁邊兩個好心的男青年起身攙扶住。然後，他找個空位置坐下來，一直低著頭，不知道是在大口喘氣，還是在歎息。

　　我的腦海裡，上野公園的失業流浪漢們重新回來。他們失去了回家的尊嚴，所以寧願留在曠野。

　　新宿（Shinjuku），伴隨著迷亂的霓虹燈，夜晚的狂野如期而至。Pachinko（戰後日本一種通過彈珠遊戲進行賭博的營業場所）回蕩著獨特

的節奏聲響，每個人在大庭廣眾之下埋頭於自己的孤獨。歌舞伎廳的各種表演，可以瘋狂到你所能想像的極致，甚至想像不到的地步。飛客們不停向路人發放廣告傳單。

一切，都在無意識的混亂中、秩序井然的進行著。

這才是五光十色、最真實的東京，不，這才是東京最為真實的某一方面，我想。

回到旅店，打開電視機，一個個頻道，一幅接著一幅美麗的電視劇畫面，還有「更加」美麗的廣告。

電視，廣告，是電視創造了廣告，還是廣告早已孕育了電視？

不管怎樣，電視與廣告，兩者的結合，徹底毀掉了電影。

我狠狠罵了一句髒話。

那個時代，那個觀眾走進影院，一起隨著大銀幕呼吸、驚歎、歡笑、鼓掌、落淚的時代，一去無返。

小津的電影，關於《東京物語》的一切，早已隨風逝去。

這是一首悲傷的挽歌。

⋯⋯⋯⋯⋯⋯⋯⋯⋯⋯⋯⋯⋯⋯⋯⋯⋯⋯⋯⋯⋯⋯⋯⋯⋯⋯⋯⋯⋯⋯⋯⋯⋯⋯⋯⋯⋯⋯⋯⋯⋯⋯⋯

臨別清晨，東京的上班族們，照例耐心等待信號燈，然後飛快跑向下一個十字路口。

不管怎樣，這仍是一座我心底最為熱愛的城市。

東京，妳依然是那枝獨一無二的「Passion Flower」。

⋯⋯⋯⋯⋯⋯⋯⋯⋯⋯⋯⋯⋯⋯⋯⋯⋯⋯⋯⋯⋯⋯⋯⋯⋯⋯⋯⋯⋯⋯⋯⋯⋯⋯⋯⋯⋯⋯⋯⋯⋯⋯⋯

告別東京，搭乘「白鳥」號列車，走過漫長的路，來到遙遠的北海道，一下子就從早春進入寒冬，櫻花依舊含苞，等待盛放。

已經是春天的函館（Hakodate），卻是嚴冬天氣。我蜷縮在有軌電車的角落裡，享受著火爐的溫度，空氣熱騰騰的觸感，足夠融化掉心靈。

夜晚，在鳥燒屋（日本的串燒店），與熱情的北海道人共同享受晚餐：香氣撲鼻的豚肉串，一杯接著一杯絕對在五度以下的札幌啤酒，還有一整屋一個個烤爐冉冉升起的、帶著「親昵」氣味的濃煙。

這讓我忘掉所有甩不掉的悵然若失。

幾天後，離開北海道，南行途中，經過遭受地震、海嘯災難的仙台（Sendai），眼望著整潔的街道，安詳的民房，總算看到了全人類共同的生存希望，以及生命本身關乎於頑強的偉大震撼。

嗯，這才是一部「活著」的影片。

列車車窗外，夕陽西下，晚霞妝點著形狀奇特的一片片雲的群落，雲下面，在一片片水稻田裡，農民們挽著褲腳，歡快插秧。

如此東方的山水畫卷。

隨身聽裡播放的是王力宏的一首歌，名字叫作《春雨裡洗過的太陽》。真的很少聽他的歌，但在此時此刻，在此情此境當中，這首歌對自己而言，再適合不過。

歌詞與旋律，是鼓舞，更是源自心聲的自我告白，以及告白之後的堅定與祝福。

⋯⋯⋯⋯⋯⋯⋯⋯⋯⋯⋯⋯⋯⋯⋯⋯⋯⋯⋯⋯⋯⋯⋯⋯⋯⋯⋯⋯⋯⋯⋯⋯⋯⋯⋯⋯⋯⋯⋯⋯

深夜，京都車站附近，在一家小小的居酒屋裡，與素不相識的幾位朋友把酒言歡，不醉不歸。

前田君是其中唯一一個會簡單說些英語的小夥子，就這樣，用他蹩腳的英語，以及我完全不會講的日語，加上居酒屋老闆娘提供的紙和筆寫下來的漢字，我們就這樣聊了很多話題：小田和正、玉置浩二、恰克與飛鳥、吉永小百合、鈴木保奈美、松隆子、今村昌平、溝口健二、黑澤明、當然，還有小津安二郎。

是的，還有小津。

向井君燒酒喝多了，說話吞吞吐吐的；人過中年的松谷先生西裝筆挺，總是在一旁看著我們微微笑著，不時插過來一句玩笑話；熱情的老闆娘很快也加入我們的聊天行列，她講話的時候總加上手勢，同時急切地眼望著我，唯恐我聽不明白；老闆一個人在吧台裡一邊刷碗一邊不時看看我們，傻笑一會兒⋯⋯

當我在紙上用漢字寫下「小津安二郎」，年輕的前田君和向井君一臉茫然，只有老闆娘連連點頭，對他們說了些什麼。我告訴了她，那一天

自己在鐮倉的種種經歷,她會意的用力點點頭。然後,我又寫下了「笠智眾」,並告訴她,二十年前這位螢幕當中的「父親」離開了人世,她嘟囔了幾句,接著雙手合十,做了個拜祭的動作;緊接著我寫下了「原節子」,她說原節子永遠有一種獨特的美麗,我點點頭,並且特意告訴她,原節子還活著,是的,她還活著,大概已經九十幾歲了。最後,我執意寫下了「東京物語」四個字。

---

京都還是那麼美。

我早就說過,在這座古樸的城市裡,極度靜態的美感無處不在。

在一個光線柔和、微風輕拂的早晨,我獨自走向嵐山深處。

最北面的化野念弘寺外,在一條無人小巷裡,我坐在路邊的矮石墩上喝著綠茶飲料,短暫休息。這個時候,遠處突然有一輛人力車緩緩走進視線,車夫用力拉著一輛烏黑發亮的細長人力車,高高的座位上面,坐著一位身穿深紫色帶白色碎花和服的藝伎,這幅畫面強烈吸引住我舉起相機去拍攝記錄的衝動,但自己又不願被她發現我拍照的意圖,於是提前躲在巷子的一個隱蔽所在,用相機的取景框對好正前方,等待她自然的走進「場景」。可是,意外還是發生了,她看到了我,之後,她立刻用輕柔的語聲叫車夫停下來,然後向我這邊轉過身子,微笑著請我拍照。這反而令我不知所措,片刻鎮靜之後,我毅然從各個角度拍下了一張張屬於她的肖像照片。然後,我放下相機,微笑著沖她點點頭,她也微微一笑,向我用典型的日式幅度溫柔點了點頭,然後叫車夫繼續前行。

漫無目的,走過南禪寺的靜謐,走過鴨川寬闊的河床,走在祇園的小路上,突然,看到一家劇院門口的一張大幅海報,是即將上演的、在幾十年後的現在、重新拍攝的新版《東京物語》。

好吧,這是我告別「尋找之旅」的最佳方式,一定是了。

每個人在開始的時候,都對事物抱有完美的期待,希望一切如心所願。可是,到了最後,發現根本不是那麼回事,卻往往又開始自我安慰,說人生本該如此,至少,自己所遭遇的苦痛,比很多其他人少得太多太多了。

重要的，不是生活施加了什麼在自己身上，而是自己如何應對生活所施加於自己身上的東西。

當我們在影片終了、才恍然醒悟情節的奧妙之時，就是我們瞭解自己的人生究竟是怎麼回事之際。

最後，還是以《東京物語》片末的一段對白來結束吧。

當小女兒京子情緒氣憤的控訴哥哥姐姐們對待父母的冷漠與自私時，與二兒媳婦紀子開始了一段對話：

「我像你這麼大的時候也這樣想。但是孩子長大後，總會離開父母，
　會有自己的生活，他們不是存心不良才這樣的。大家都會以自己的
　生活為重。」
「可能是吧。但我不想變成那樣，那樣太冷酷了。」
「也許是，但每個人都會這樣，慢慢就會變。」
「你也會？」
「是啊，我不想變，但也會變成那個樣子。」
「人生真令人失望啊。」
「是的，不如意的事情太多了。」

二兒媳婦紀子對小女兒京子的微笑，充滿了美麗、優雅、還有接受一切的平和，這表示她同意了京子的質疑。她也將變成那個樣子，因為人生本來就是那個樣子。

遠處的歌聲，是小學生在課堂上唱著校歌。京子望向遠去的列車，紀子正在這趟列車上，留戀地望向車窗外。

謹以此篇文字獻給我仍在世的祖父、我的母親、父親、以及所有用心讀過這篇文字的朋友們。

1. 月臺，北鎌倉。
2. 圓覺寺高處。
3. 奈良町，關西。
4. 鎌倉。
5. 題目。

1. 台場夜色，東京灣。
2. 極度靜態的美感。
3. 寒春，北海道。
4. 大佛。
5. 五光十色的涉穀。

1. 清水寺，京都。
2. 函館。
3. 那天，在奈良。
4. 嵐山偶遇，聊作安慰的封鏡。
5. 悵然若失。

# 尾聲

　　沙漏，古老的計時器。

　　對時間的敬仰。

　　比如今的鐘錶更尊重「光陰」的涵義。

　　關乎青春，關乎友情，關乎愛，關乎命運，似乎每個人都會在潛意識裡勾勒出一個沙漏的模樣。

　　被顛倒過來的沙漏，還是原來的樣子。

　　無論電腦「沙漏」形狀的等候圖示再怎樣轉瞬即逝，還是鮮有人完全懂得珍惜。

　　而這恰恰正是我寫這本書的原因，起名「沙漏」的意義所在。

　　把握時光，是方式，更是信仰。

　　這本書的「沙漏」篇，用靈感融合默契的文字，用個人原創相片的方式，記載了我自己從2006年至2013年、近八載光陰的旅程。

　　這其中，少不了成行之前、多年的企盼與心靈的累積，更少不了家庭溫情的牢固依託。

　　而堅持下來的點睛那一筆，我想，正是旅程帶給我的閃亮瞬間。

　　看看這張相片吧，這張拍攝於2009年5月的相片，地點，是在德國慕尼黑的郊外小鎮。

　　原片是這位姑娘與我的合影，而我執意剪裁掉了自己的部分，只留下她的肖像。

　　原因難免因為個人化而顯得特別。打個比方，在錄音棚錄製一首合唱曲，創作者兼主唱一人，和聲十人，大家一起唱，而錄過單曲之後，主唱發現不用自己的聲音，只保留和聲的合唱版本，效果其實更好，可以更完美的詮釋歌曲想要表達的內容，所以，完全抹去了主唱的聲音，也更完整的表達了創作者的深意。

　　一首歌曲如此，這張相片，也是同樣道理。

　　這位姑娘蘊藏生命真諦的肖像，正是我旅行繼續下去的一切。

旅程，未完待續。

姜輝

2018年6月18日，午夜，北京

2009 年 5 月，慕尼黑，德國。

銅弦篇

# 前言

古銅色琴弦，懷舊篇。

念舊，琴弦形狀的小路。

手指滑動、遊走，走不回意識中沉睡的土圍牆。

泛黃的光澤，迴響起原本空剩下畫幅的光景。

母親念叨的那段最好時光，妻子意向中的老街巷，女兒明亮的眼眸，祖父蒼老的手。

我的路。

西元一九九四年手持攝像機錄下的一段影像。

迄今為止沒看到過的影像。

業已無從匯出的畫面。

雪花彌漫般、視而不見的飄散。

不曾看到過的過去，比回憶來得要更清晰。

我所寫的，僅僅只是我看到過的。

不知道這究竟是我的幸運，還是缺憾。

這世界總有一股力量，讓你無從辨別得失與否，就要接著走下去。

這並非走遠，而是靠近。

這不是離開，而是回來。

旅程繼續。

# （一）藍色三部曲之「藍袈裟」篇

紅色。

紅。

# （二）春風拂動了藍袈裟

烏髮婆娑，玫紅提卡，暗黃燭火，眾神，眾生。

有一種愛情，其中有一個男人，和一個女孩子。

或者說，正因為有了這樣一個女孩子，與這樣一個男人，才有了這樣一種愛情。

當男人還是少年的時候，在別人眼中萬般挑剔的他，內心固執的尋找著那個理想的她。

但殘酷的時間讓他總是找不到那個她，所以他不再選擇等待，於是，他開始陷落在愛情裡。

熙熙攘攘的紅塵路，他歷經百轉千回，他也終於明白，愛，可以有很多種不同的詮釋，每一個不同的她，都全心全意給予了他種種獨特的愛意；而被愛，也令他深深領悟到幸福的某種殘酷性。

愛一個人，卻無法愛這個人，所以，他選擇離開，為了愛而離開。

至此，他成為一個純粹的男人。可是，他累了。

就在這個時候，她出現了。

這個她，完完全全就是最初他要去尋找的那個她。

他遇到了這個女孩子，終於遇到了，可是，他卻不再是最初的少年。

生命，就這樣奇怪的被調侃，而時間，也放肆的開著玩笑。

芸芸眾生，他可能會是另一個她，而她，也可能是另外一個他。

輪迴的無常。

＊＊＊＊＊＊＊＊＊＊＊＊＊＊＊＊＊＊＊

喜馬拉雅，冰冷的喜馬拉雅。

遠盼的孤獨，面對面的隱藏。

在時間裡穿行，真的有這種說法？

仁川機場的漫漫長夜，離開首爾、亂了時差的我，真心在企盼，期盼寂靜山谷中的加德滿都，古老得像個神話。

　　大韓航空美麗的女乘務員，標誌性的笑容洋溢著濃濃的高麗情愫，而她用來盤起長髮的髮帶，那婆娑的流線，仿佛男人心中解不開的愁緒。

　　冰雪覆蓋的薩迦瑪塔峰在舷窗外時隱時現。

　　盧冠廷的港樂演唱會，旋律在耳朵裡緩緩道出，道出道不盡的情誼。

「歌聲滿路，笑語滿懷，當初哪知，這是愛
　離別了方知當初太笨呆，卻也太可愛
　還願你珍惜當初那份情，情懷莫變改
　泥路上，懷過去，又覺愛似菁苔
　不經意地，細細蔓延，竟將我心滿蓋」

　　突然間，曲目一轉，粵語唱詞開始了另一番風貌：

「共做晚餐談笑，你要呷醋我落鹽
　飯後你織毛衣，還未著上都溫暖
　期望每朝早，返工衣著同挑選，一切一切共分享，愛是這樣甜
　住在這小房間，說說笑笑也纏綿，但願我的旁邊，長伴有你天天
　見」

　　對啊，香港配樂「工匠」盧冠廷，除了《一生所愛》，別忘了，還有這些溫情脈脈的小品辭。

　　聽了之後，心情不自覺輕鬆愉快起來。

　　原來，從甜蜜的愛情，到溫暖的婚姻，過渡得這般簡單自然。

　　哦，這舷窗外的景象，這耳畔的歌聲，不由得讓我回想起七年前的西藏。

　　嗯，不知不覺間，七年了。

　　那個從拉薩搭火車一路同行的女孩子，當時被愛情傷得那麼深，現在，或許已為人妻、甚至為人母的她，過得好不好？

　　飛機的右側翼開始下沉，窗外的珠穆朗瑪峰被隱沒，等到兩側機翼再度平衡，加德滿都的全景不經意間映入眼簾。

這裡不是青藏高原，這裡是尼泊爾，喜馬拉雅的另一面，閃耀著南亞印度次大陸光照的地方。

特裡布汶機場，接我去泰米爾區旅店的司機一路喋喋不休，問我哪天回機場，什麼時間飛去博卡拉，我一次次反復告訴他，我要待在加德滿都一段時間，只待在加德滿都。

是的，我想要感受的，不是博卡拉的雪山，而是加德滿都到處髒兮兮、鬧哄哄、漫天塵土、聲聲眾神韻律的一切。

春風，像躝足的女孩子，拂動了一路風塵的藍裌裟。

鳥聲，如同她纖指飄零的琴韻，輕輕敲醒我夢中的菩提念珠。

一整夜的雨露，浸潤了斜倚在斑駁角落裡、高高的旅人木。

小巧靈秀的雙眸，帶著清涼，帶著惋惜，窺視著很久以前、我少年時的剃度。

來窺視我少年時的剃度，以萬分憧憬的信仰，以萬分信賴的付出。

仿佛一首戀曲的序篇，輕緩彈奏著，訴說起我即將到來的歸去。

「Namaste」，第一聲問候，來自雙掌合十的古老印度面孔。

從泰米爾向南一路緩步，不得不拒絕苦苦跟來、不斷追問的人力車夫，我知道他只不過是想賺錢維持生計，但是，真的很抱歉，我需要徒步，在這個時候，除了被土地「氾濫」，我再無其他奢望。

加德滿都（kathmandu）的最初印象：過了報廢期的破舊計程車來往穿梭；載著情人的小摩托四處亂竄、喇叭聲此起彼伏；空氣中洋溢著泥土的顏色，搭配著紐瓦麗風格的紅磚房，在不知曉呼吸的究竟是廟裡的香火還是排放的尾氣之間的訝異裡，肆意挑動著初來乍到的陌客心目中最印度斯坦的圖畫寄景。

無數個小巷如同迷宮一般，一座座神廟、一座座神像，隱沒在民居的庭院之間，而民居的庭院，被吞噬在白晝依舊昏沉沉的巷子裡。

我不知道自己究竟要走到什麼時候，走到哪個地方，才能走到預想之中、那個初識的尼泊爾。

是初識，並非初見。

走進一條不見光的陌巷，在黑暗中，我小小翼翼邁著步子，生怕踩到路邊昏睡的幾條老犬。

走過去，很快，不得不駐足在一個繁忙的路口，一個六條窄街交匯到一起的地方。

阿山街（Asan Tole），一定就是這裡了。

叫不出名字的印度教神廟，被路口一整圈的菜攤包圍起來，小販們，從老嫗到小童的菜販們，不停叫賣著，好像特意在為穿行的摩托車急匆匆的喇叭伴奏。胡蘿蔔、烏綠的菠菜、金黃的土豆、紅紅的幹辣椒，還有五顏六色、叫不出名字的香料，與婆娑的神廟共存，派生出一份奇幻的超現實色彩。

數十年前，從西方來到這裡的嬉皮士們，一定會被這幅場景深深吸引住。

在吸食大麻的極限狀態中，他們是否呈現出同樣幻滅的自由？

走著，漫不經心走著。

右轉，下課的女學生從身旁飄過，著一身漂亮的深藍色西式校服，步履輕盈，黑色領帶隨風揚起。

我跟隨著黑書包與烏髮共同勾勒的倩影，向左轉去。

左轉，街邊銀器店的女銷售正在和顧客討價還價，喋喋不休、嘮叨個不停。

轉眼間，倩影不知何時隱藏到了人潮裡。

下意識右轉，不知不覺走到了杜巴廣場（Durbar Square）門口。

晚霞映照在巴桑塔布林，路旁獨坐的老人開始晚讀時間，攤開報紙，散落出慵懶，仿佛催眠曲，召回我短暫忘卻的倦意。

被肉眼忽略的加薩曼達廟（Kasthamandap），坐落在不起眼的窄道中，婆羅雙樹撐起的獨木，訴說著最古老、即被流逝的時間。

我並沒有看到庫瑪麗神廟，儘管後來發覺，其實當時她就在我身側，很近很近的地方，或許當時的自己心裡清楚，既然已經錯過了庫瑪麗女神每天下午出現的時間，就並沒有太在意伊人離去、空蕩蕩的木窗口。

直到從哈努曼多卡老皇宮（Hanuman Dhoka）高大白色外牆的盡頭右轉，那個「初識」的加德滿都，才終於以畫面的方式步入我的心靈。

　　高高大大的瑪珠廟（Maju Deval），九層寬大的臺階從地面延伸到頂部的三層屋簷，每一層臺階都坐著各式各樣的人們：居民、遊人、修行的教徒、苦行的僧侶、小販、店主老闆、衣衫襤褸的乞討者……

　　他們如同眾神，統統俯視著廣場上來來往往的眾生相：小姐妹觀察新鮮的外國遊客，而外國遊客同時也在仰視高處可愛的小姐妹；印度教徒端坐在臺階上背對廣場的一側獨自清修，他身旁的簷柱上，雕刻著幾百年前大膽的性愛場景；小販休息夠了，肩挑起長木杆，繼續賣零食；店主老闆期待著和有錢人搭訕，然後領著客人到他開的店鋪裡大肆出手豪闊一番；衣衫襤褸的乞討者正在盤算著過一會兒該跟隨哪一夥人…………

　　廣場上的眾生，仰視著這座地標上的眾神，卻看不到空無一人時候的寂靜，更看不到裡面供奉的、象徵著生殖崇拜的濕婆林迦。

　　濕婆神自己看得到，他的夫人，雪山女神帕爾瓦蒂一樣看得到。

　　就在瑪珠廟的對面。

　　對面的濕婆－帕爾瓦蒂神廟（Shiva-Parvati Temple House），門口兩座巨大的石獅，中央正上方的木窗口，濕婆與帕爾瓦蒂的雕像，濃郁的神情，是在注視？還是在盼望？是在漫無目的的張望？還是在等待？

　　堅守的尋找，是等待的春風。

　　尋找之後的堅守，風雨中倔強的娉婷。

　　我感謝眾神的眷顧，固守的膜拜，成全了信仰，讓愛，化作純粹的輕飄。

　　一襲紅裝、額頭點著紅色花瓣提卡的少女，駐足於迦格納特神廟前，露出略帶羞澀的笑意，接受我鏡頭的邀約。只不過，她也許根本不清楚自己有多麼美麗，正如我記錄下這一幅清麗的古印度面孔過後、些許恍然的留戀。

　　在塔萊珠神廟附近，找個木質台基隨意坐下來，抬起頭，望一望屋簷下的白鴿，然後，戴上耳塞，按下播放鍵，隨意注視廣場的人來人往，《Raja Mati》的音樂瀰漫開來…………

　　此時此刻，我安靜坐在神廟的屋簷下，仿佛置身世外，即使沒有閉上雙眼，是的，沒有，但我清楚，自己心靈的眼睛，已然輕輕闔上。

　　塔拉比圖拉達彈奏著錫塔琴，仿佛迷蒙的檀香冉冉升起，引領旅人

開始清晨第一縷陽光下的沐浴。琴聲慢慢挑撥著心緒，慢得不能再慢，此時，普裡姆拉納吹奏的長笛，仿佛隨意飛落屋簷的白鴿，在不經意間進入旋律，比琴聲更慢，慢很多很多，與之交相呼應，曼妙、空靈，幽靜之中透著恍惚，卻格外清澈。

這段前奏足足有五分鐘之久，然而，一點都不覺得乏味，反倒像是撫慰身體內在節奏與生命律動的梵音，就這樣，直到笛聲的節奏突然開始變快，開始明亮、悠揚、歡快起來，蘇倫陀施芮查的塔布拉手鼓開始為笛聲與琴音伴奏，我整個人不由自主也隨著律動蕩漾起了靈魂，仿佛追隨著神牛的指引，赤足踏上熱騰騰的土地，充滿祝福笑意的加德滿都在迎接陌生的旅客，佛陀的故鄉，尼泊爾神秘的音樂，絲毫沒有恐懼，只存在最具力量的安詳。

笛聲突然變得悠長，一聲，僅僅一個音，卻足足維持了三十二個節拍，整整三十二個節拍。

飽含思緒的淚水，抖落掉所有憂鬱的塵埃。

笛聲放慢、手鼓進入弱拍、錫塔琴歸於沉寂……………

這是真真正正的華麗，哪怕四周遍佈塵土，哪怕鴿子糞落到紅磚牆。

漆黑夜色中，從杜巴廣場走回泰米爾。

賣服裝的小販，把衣服搭在身後神廟的石壁上，連成一長串，高聲叫賣，如同誦經。

街邊小店一個緊挨著一個，昏黃的燈泡，成為唯一指引我的光亮。

一輛摩托從身側呼嘯而過，險些擦傷我的胳膊，然後在前方突然一個剎車急停，開摩托的小夥子回身，隔空拍了拍我方才遇險的臂膀，以示歉意。

走啊……………走啊……………

和來時一樣，不清楚究竟哪個路口才是對的，不知道究竟要走到哪裡。

我只知道自己在前行，按照精神的內在韻律。

有人說，在初次來到加德滿都的那一天，你一定會迷路的。

是的，有人說過，不止一個人說過，在加德滿都老城，走在阡陌交錯的窮街陋巷，你不可能不迷路。

　　我感受到某種奇特的狀態，深深感受到，隨著店鋪裡暈眩的色彩，自己正走在被無數條長線縱橫分割的另一個紀元，神廟矮小石門裡玫紅色的光暈，仿佛前世，而左右搖擺著尾巴的老牛，夜幕下湛藍的雙眸，似乎是來生，漆黑的阿山街口，仿佛整個宇宙，而現時的路，正是歷經著的輪回。

　　宇宙，在被創造的同時，也在被保護，同樣在被毀滅。

　　被梵天創造，被毗濕奴保護，被濕婆神毀滅。

　　被濕婆神毀滅，然後再一次被創造。

　　走在輪回裡，以為歸來，卻是離開。

　　本以為回來了，就不會再一次離開。

　　藍毗尼，藍毗尼……………

　　苦行的婆羅門，目睹著一切幻象，生命即是苦痛，幾杯烈酒的麻醉，只不過暫時的逃離。

　　佛陀，毗濕奴的第九個化身，請帶領我，通過徒步的方式，擺脫自我幻滅的道路。

　　奇怪，真是奇怪。

　　在經過七、八個難以辨認方向的路口之後，我竟然走回到泰米爾北邊安靜巷子裡的客棧，不曾迷路。

　　沒有迷路，這簡直糟糕透頂。

　　夜晚，整個城市突然斷電。

　　其實，在這個地方，斷電是經常發生的事情，只不過對於初來的我，難免顯得唐突。

　　一根火柴，劃出古老的熟悉味道，白色蠟燭的柔弱光芒，晃耀著喜馬拉雅啤酒瓶幽深的琥珀色。

　　從附近一家小餐館買到的雞蛋三明治外賣，味道著實不錯。

　　老闆特意送了我一個小袋子，包裹得很用心、很仔細，裡面是四片胡蘿蔔。

　　仿佛四顆心的四片胡蘿蔔。

1. 燒屍廟。
2. 濕婆與帕爾瓦蒂。
3. 聖蓮。
4. 冰封的喜馬拉雅。
5. 愛與藍袈裟。

1. 排隊汲水的信眾。
2. 稚子的晨夢。
3. 為人母的青春。
4. 金盞花的微笑。
5. 加德滿都。

1.佛眼，博德納。
2.巴格瑪蒂河。
3.飄然經過，三
比丘尼。

# （三）克利須那，笛聲飄零

跚躚的身影，稚子的晨夢，神靈的祭獻，死生的超度，大佛的輪回。

小城，鋪滿青石的路邊，金盞花悄悄綻放。

古老神廟的高牆外，少年躑躅不前。

他想把花送給她，因為她像是陽光。

可是，她只對他說了一句：「也許」。

也許……………

克利須那神笑了，笑他離去時，寂寥的悄身影。

我們，並肩著佇立，呼吸彌漫廟宇香煙的空氣；那彩虹，如溫柔的梔子，敲醒稚子的晨夢。

斜靠在古老神廟簷柱的他，隨意撣撣牛仔褲腳的塵土，然後，起身，走遠。

繼續遠走。

婆羅門王子悉達多傾聽了佛陀喬答摩的箴言，但悉達多依然選擇了離開。他認為，佛陀的經典雖然圓滿，卻缺少了一樣東西。這樣東西，需要他自己走路去填補。

神廟簷柱上的雕刻，不僅僅只有性愛圖案，還有在地獄遭受苦難的場景。

清晨，古城帕坦（Patan），額頭點著紅色提卡的小姑娘，坐在古老的夏爾納拉揚神廟石階上，兩隻石獅子陪伴在她左右。

她衣衫的圖案，仿佛嬌豔的曼陀羅，象徵超越「極惡」之後的「善」。

抑或超越「極善」之後的「惡」。

大片成群的白鴿遊蕩在半人半鳥的迦盧茶神身側，滿頭白髮的老婦人唱誦清晨禮拜的經典，翹課的小外孫女坐在不遠處哈裡香卡廟木簷的陰影下，吃著零食，兩條小腿划船槳般蕩來蕩去。

曼迦水渠擠滿了紅桶，鱷魚口中緩緩流出的清泉，平緩了公牛南迪即

將參加祭祀的惶恐。

祭祀，人們把動物視作神靈，或者祭品。

人們說它們是神，它們就是神，人們說它們是獻給神的祭品，它們就是祭品。

它們隱含在眼睛裡、作為生靈的言語，有誰在傾聽？誰會傾聽？

焚香的煙熏味道，引導我走向莫名的巷口。

寂靜的蔭涼，爛漫起春天的草香。

黃金寺外，金盞花旁，女人絢爛的笑了，祝禱著眾生莫是悲哀的愛。

年輕雋秀、卻已為人母的她，手牽著孩子，從毗濕瓦納斯廟緩步而來，駐足在廣場，為了逗小孩子開心，她輕輕跺一跺腳，地上的鴿子群突然「轟」的一聲集體飛向天空。

在《悉達多》中，蒼老的船夫巴穌德瓦說：

> 「河水懂得一切，人可以從它那裡學會一切。你已經學會應當勉力走向低處，沉淪，並尋求那最深的底層。那富有而顯貴的悉達多將成為一個槳手，那博學的婆羅門貴族悉達多將成為一名船夫。這些，河水都已經告訴了你。…………對於所有那些過客，這條河僅僅只是他們旅程中的障礙。…………這條河擋住了他們的去路，而船夫就是要儘快帶他們渡過這一障礙。但這千萬人之中會有幾十個人，也許只有四五個，對他們來說，這條河並非障礙。他們聽見了河水的聲音，並且用心去諦聽，於是河水對於他們成為神聖之物…………河水在同一時刻無處不在，無論源頭或河口、或瀑布、渡口、水流、海洋以及山脈間；同時，河水只存在於當前的時間中，並非過去或未來的影子。」

離開帕坦，一路顛簸。

巴格馬蒂河，一條孕育、繁衍、卻混濁、骯髒的河流。

妳哺育的子孫，世世代代都在做些什麼？為什麼要用這種方式對待妳？

家。不同年代的家。

1989，1998，2007。

最美的童年時光，離開的少年時，旅程中眼淚歸去的方向。

今天，尼泊爾的午後，泥濘顛沛的路途上，在心底輕輕的愛你。

⋯⋯⋯⋯⋯⋯⋯⋯⋯⋯⋯⋯⋯⋯⋯⋯⋯⋯⋯⋯⋯⋯⋯⋯⋯⋯⋯⋯⋯⋯⋯⋯⋯⋯⋯⋯⋯

生命輪迴，恒河沙數。

面對死亡，人，不可能不恐懼。

關鍵在於，面對恐懼，靈魂的依靠在哪裡？

最恐懼的，莫過於沒有依靠。

不，不會無依無靠，每個人都不會這樣。

即便今生，一生如河水流淌。

至少，轉世到來生，我一定與妳相遇，在最好的年華。

帕斯帕提那（Pashupatinath），死亡，正在完成超度。

四個男人抬著木樁前行，步履輕緩，亡者躺在一整塊潔淨的白布上，四周簇擁著敲鑼打鼓吹喇叭的人們，樂聲歡快，生者面目平和，目光甚至散發出愉悅。

這裡，就是著名的燒屍廟。

儀式準備就緒，開始火葬。

亡者隨著火焰慢慢化為灰燼，灰燼撒入河水，河水緩緩流向遠方。

流向印度，流向恒河。

就在這同一條河的不遠處，苦行僧赤裸著上身，雙手捧起河水，緩緩灑向自己打結的長頭髮。

一個旅行者站在高處某個或許最「適合」的角度，拿著相機，俯身拍攝一具屍身被焚燒的整個過程。

他獵奇的舉動，引起我極大的憤怒。

這是一種最大的不尊敬。

相機要去記錄的，不應該是這些。

總會有這樣一些人，他們可以用鏡頭捕獲一些東西，然後以此作為換取成功的籌碼，但這些人永遠無法獲得更多的東西，永遠都不會。

濕婆，化作巨大的生殖林迦，精力旺盛、卻偏偏選擇獨自禁欲的苦行。

猴子，最兇猛的那只猴子，被繩子拴住，被拴在一尊黃土湮沒半身的神像前。

走到河對岸，坐在高高的古老石階上，雙腳，處於即將離開地面的臨界點。

臨界，不止這一個。

對岸的整個場景映入眼簾：男人抬著木架上面的屍身，一步步走向火葬台（Arya Ghat），四周圍繞著眾人，吹奏樂曲，或者只是跟著走，而在他們頭頂上面很高的地方，神廟的穹頂被冉冉升起的香煙環繞，仿佛把所有泛成了青綠色，突然，一個小童大聲嘶喊起來，引起其他人的驚恐，原來，是一隻饑餓難耐的大猴子剛剛搶了她手中的花生米。

這幅畫面被分割成縱橫兩面：縱向，仿佛不安的神界與麻木的人間，是的，沉默，無論神或人，無論不安抑或麻木，最終都將歸於寂靜的沉默。而橫向，那從右向左的行走，究竟是從生走向死，還是從死亡走向即將輪回的再生，我不知曉，除了祝禱。

我只感受到，此際，與彼岸面對面，恍如一場超度。

印度次大陸的陽光啊，猛烈到頭暈。

身旁的大叔叫停晃蕩的販夫，一個比他更老的男人，買了一小包花生米，黑黑的手指剝開帶土的花生殼，漫不經心吃了起來。

我實在無心坐在這個地方等到傍晚，正如我無力面對死亡的來臨，無論之於自己，還是親近的逝者。

起身，走向後山，不知是真是假的苦行者坐在路邊的蔭涼，背靠著林迦塔，招攬來往的路人，在鏡頭面前擺出各種各樣最完美的姿態，然後索取小費。

我拒絕了苦行者的邀請，因為我想要拍的，不是這種「表演出來」的肖像。

餓肚子的母猴子四處找吃的東西，兩隻小猴子相互打鬧，毛茸茸的小

腦瓜在陽光下泛出一輪金燦燦的光環。

穿過獅子門，在一長段下山石階旁，一個老婦人在賣瓶裝水。我剛好口渴得不行，給了她一張足夠買四瓶水的盧比來買一瓶水，她先收下錢，把水遞給我，然後摸了摸衣兜，接著擺擺手，意思是沒有零錢找給我。

看到這一幕，望著她那理所當然、處變不驚的表情，我笑了笑，搖搖頭，不再說什麼，只問她走哪條路可以到博德納大佛塔，她手指向正前方。隨著她的指向，我望著開闊的遠方，果然，依稀看到隱沒在鱗次櫛比的民房中央、大佛塔頂的局部。

走到下山路的盡頭，右轉，繞過「非印度教徒請勿入內」的古耶釋瓦麗寺，我又來到河邊。

河水，比之前所見，污染得更嚴重，更骯髒。

巴格馬蒂河畔，荒草零星的土地上，一整家素食主義的信眾圍坐一圈，老婦人絢爛的紗麗陪伴著泛白的河水，《梨俱吠陀》裡唱誦最多的因陀羅，永恆注視著河畔午餐的人們。

過河的唯一道路，是一座簡陋的木棧橋。

走在橋上，對面來人的時候，要慢慢側身，方可擦肩而過。

突然，小夥子一聲呼喊，嚇跑了木棧橋頂部、隨意爬來爬去的一隻母猴子。

⸻

阿修羅，本性善良，卻深深陷入驕傲與妒嫉，迷醉於嗔怒。美麗容顏，僅僅只是為了迷倒眾生。

從帕斯帕提那一路步行，心中的佛陀指明了方向，伴隨著《羅摩衍那》與《摩訶婆羅多》的詩話，博德納大佛，就在那個地方，是的，就在那個地方。

迎面走來三位年輕姑娘，一身比丘尼裝的棕色長袍，她們眼望著我，神情祥和、帶著藍蓮花般的笑意。

我短暫木立原地，本打算低下頭，雙手合十，卻沒能那麼做，直至背影遠去，方才恍悟亦幻似真的相遇。

不，這不是夢幻！她們真的飄過去了，浮萍一樣，她們不是搞惡作劇

的孩子，她們不是蒼白劇集裡的配角演員。

午後的烈日，灼耀在中年男人的臉上。他的皮膚黑得古典，掛著泥土的骯髒，汗珠似乎剛剛從毛孔中溢出，就立刻被強光蒸發出白氣。他蹲坐在一間廢棄、或者更確切的講，行將廢棄的磚房地面上，一堵只剩下白色殘磚的牆面，還沒到轟然傾塌的那一刻。他手握著錘子，一下接著一下，緩慢敲打著殘磚，每敲一下，立刻揚起令人本能捂住鼻子的灰塵。

他是建築工人？看起來不像，動作完全不純熟。

他是房子的主人？為什麼要廢棄自己的房屋？

博德納（Bodhnath），大佛塔。

跟隨著眾人，在「最下面」的地面上走著。

薩迦派的僧侶一邊走一邊念誦經文，同時伸出手去轉動佛塔底部的經筒。

很快，我選擇從一個小門的門口走上去，走在地面之上、佛塔之下、「半高處」的那一整個圓圈裡面。

環繞百米長的一整圈，不時抬頭注視大佛的雙眼。

這雙眼睛，實在無法形容。

正如一本小說、一部電影、一則故事的開放式結局，讓你無從言語。

繞啊⋯⋯⋯繞啊⋯⋯⋯不知道究竟繞了多少圈。

不記得在哪一圈，遇到那位愛拍照的印度先生。

不記得在哪一圈，「重逢」的印度先生沖我點頭微笑。

不記得在哪一圈，一對年輕的尼泊爾情侶坐在石地上，背對人群，依偎在一起。

不記得在哪一圈，這對情侶在爭吵後相互分開。

不記得在哪一圈，下邊地面上的白人女孩，目睹到一遍遍叩拜、起身、再次叩拜、再次起身的當地信徒，不禁呆住。

不記得在哪一圈，白人女孩已然盤腿端坐在地面，向著佛眼的方向，緩緩叩拜。

不記得在哪一圈，回想起一九九零年代，最後一個夏夜，清澈的微

風，滿懷希望的空氣，還有似懂非懂的那個叫做「往事」的東西。

不記得在哪一圈，感覺人生如頁，頁頁都是定數。

不記得在哪一圈，邂逅了幾位很好很好的臺灣朋友，雖然短暫同行，卻一路歡暢。

易如反掌的悲歡，別來無恙的青山。

在此，特別要向這幾位臺灣朋友深表歉意。臺北的佳玫，那天晚上沒能如期趕到印度餐廳「Third Eye」，與你們幾個共聚晚餐，天南海北好好聊一番，實在是因為自己在博德納等候黃昏日落的大佛，耗費了太多時間，加上回去路途顛簸，對於爽約，我深表遺憾和抱歉。

沒關係，我們有緣再見。

⸺⸺⸺⸺⸺⸺⸺⸺⸺⸺⸺⸺⸺⸺⸺⸺⸺⸺⸺⸺⸺⸺⸺

泰米爾，夜幕下孤零零的小餐館，一大盤雞肉「MOMO」端上餐桌。

餐館夥計是個身材瘦長、眉目清秀的少年，忙累了，他隨手抄起一隻公用水壺，這種水壺每張桌子上都擺放著一隻，然後仰起脖子，隔空喝了一大口，接著繼續幹雜務。

對面桌子坐著一對情侶，打扮前衛的女孩子目不轉睛盯著手機螢幕，仿佛這個小小的電子產品帶給了她整個世界。

這座古老城市斑駁的石牆、掛滿風霜的神像，就這樣無聲無息被眩目的電子色彩與動聽的合弦鈴聲徹底吞噬。

「MOMO」味道濃烈，刺激的咖喱和辣椒混雜在一起，我的嗓子仿佛生出一團火，而且搞不清楚這團火的去向。

夜晚，隨意逛在泰米爾北面的街上，袖珍的超級市場，好像一個小雜貨店。

超市隔壁，是一家賣神像、手工藝品的店鋪。

我不經意走了進去。

店主是個中年男人，聲音渾厚，肚子大得猶如啤酒桶。

這類店鋪在加德滿都實在是多如牛毛，每家店裡的擺設也大同小異，我原本以為乏味得很，誰知道，突然就將目光凝注在了貨架第四層、與視

線平行的一座古銅色小神像上面。

這尊小神像，是身穿鎧甲、手握長長的牧笛、擺出吹奏姿勢的克利須那神。

店主見到我這般神情專注，也隨即脫口而出，用尼泊爾腔調的英語反復念叨著：「Krishna，Krishna！」。

這尊神像，我深深的喜愛。

哪怕在這個「得到」越來越容易、也越來越淺薄的年代，克利須那，只是此刻貨架上的某種具象。

正如習慣了諸多電子訊息與快捷語音的人們，愈發惶恐於久遠年代的「紙筆書信」是那麼的阻隔與毀滅，殊不知，在那個時候、用那種方式所滋生的情感，即便虛無，也遠遠沒有當今這般脆弱。

某種程度，人們依靠電子產品進行虛擬的溝通，是對「面對面」對話的逃避，用「時尚」來掩蓋真實，用無奈的虛幻，來填補純粹的虛幻本應帶來的某種存在的真實意義。

純粹的虛幻帶來的真實意義？

比如，此刻，作為具象的克利須那袖珍神像，只是靜靜佇立在角落裡，可是，我「看到」了他正在吹奏美妙的音樂《Basanta》，那樂聲，我完全聽得到。

這，就是純粹的虛幻所帶來的真實意義，我想是的。

最後，店主把我精心挑選的手鏈，放入繡滿彩色花紋的布袋裡。

我離開，帶著飄零的笛聲。

吹著牧笛的克利須那神，曼妙的旋律，傳頌著薄伽梵歌的福音，漸行漸遠，卻不曾消逝。

眼之摩羅劍。

# （四）毗濕奴的旅夢

　　垂落的銀河，藍色瓶中信，孔雀明王的心窗，清澈的烏溜溜，轉世的紅裝。

　　剛剛學會騎腳踏車的少年，悄然經過初夏午後的路口，偶然望到不遠的地方，那個把單車停在路邊的女孩子，她單腳駐在腳踏上，手裡捧著一本書，靜靜的讀著。出神的表情，深深敲動少年懵懂的心。

　　可是，腳踏車的速度，承載著少年羞澀的「瀟灑」，一陣微風般飄向遠方，那裡，有小小的漫畫書屋，還有等著他去游泳的小夥伴們。

　　初戀的少年家，隨後經歷了人生第一次轉學，再也沒有見到過那個女孩子。

　　直到多年以後，歷經生命的漂流，真理的疑惑，那個女孩子的形象，不知什麼時候，重新慢慢隱現出來。

　　他突然回憶起，童年時住在距離他家近在咫尺的這個女孩子，曾經與他在一家小理髮店偶遇，那一次，為了留短髮，她叫理髮師剪斷她過肩的烏黑長髮，一整把青絲，仿佛垂落的銀河。

　　是的，垂落的銀河。

　　從來不夠濃烈，卻實實在在存在過。

　　因為曾經只是悄悄感動，所以不落一絲痕跡。

　　腳步，永遠是個美麗的錯誤。

　　神聖的陽光，濃烈得猶如祭祀中的沐浴，曬黑了臂膀，幽深了眼眸。

　　遭遇幻滅，仍將在清晨沐浴。

　　巴克塔普爾（Bhaktapur），清晨，五十五窗宮殿外，三個女學生坐在簷廊的木椅上，就在我身旁簷柱的另一側，彼此不時目光相接，直到相視而笑。我真想問問她們，在這裡懶洋洋的坐著，究竟是還沒到上課時間，還是剛剛翹課跑出來。

她們每個人兩條辮子上系著的白色花瓣，隨風肆意的俏皮。

就在不久前，來自博卡拉的計程車司機，為了把我帶到獅子門，耍了個小伎倆，多賺了我五十盧比。

儘管已經遭遇了數不清的小騙局，不過，想起王宮外簡陋的修車篷，至少我不再那麼憤怒。

就這麼樣吧。

叫不出名字的廟群：錫克哈拉的赤色，毗濕奴的不同化身，納拉揚的睡相。

經過吉祥天女寺（Siddhi Lakshmi Temple），我單膝跪地，反復拍著通向廟門的石階兩邊：手牽吠犬與孩子的男女僕從，白馬，頸帶花環的犀牛，人面獸身，駱駝。無論怎樣拍，總覺得構圖殘缺，身旁休息的印度老人好奇的走過來，看著我相機裡完成的相片，微笑著點點頭。

據說，印度人通過點頭表示否定，真的是這樣嗎？

法希德迦廟（Fasidega Temple），向頂部延伸的紅磚階梯，依次遍佈著不同的聖物：大象、獅子、奶牛。

除了感歎建築帶給肉眼的震撼美感，我無力領悟這「次序」所要表達的意圖。可能這恰恰印證了人們稱之為信仰的篤信，既然你欣賞到了滌淨心靈的畫面，那麼，請珍重神靈賜予你冥想「猜不透」的空間。

對不起，眾神，我只信仰我自己的夢，除了仰視良久，接著用鏡頭對準焦點，然後按下快門，再無其他可做。

突然感覺到，拍照，是一種充滿了遺憾的舉動。你記錄下來的東西，往往包含了更多你無法記錄下來的東西。

對面的店鋪飄來「尋找」很久的一段尼泊爾音樂，我興奮的快步走過去，不曾想，還有幾步就走到店裡，曲子卻已終了。

我不知道那首樂曲的名字，只有走進店鋪，告訴店家我要一張有這首樂曲的唱片，只能如此。

這段音樂，今天一定會重新回來的，一定。

四處隨意走著，在黃金門西側的國家畫廊門口，又巧遇到那三個女生。她們笑著向我揮手，我帶著戲謔的目光望著她們，不用說，她們一定是翹課了。

穿過一條狹窄的小巷，很快就來到塔烏瑪蒂廣場（Taumadhi Tole）。

整個尼泊爾最高的宗教建築，尼亞塔波拉神廟（Nyatapola Temple），宏偉矗立在石地中央。

每一層幾米高的塔基逐級而上，依次分佈著單膝拄地的金剛大力士，大象，獅子，女神。

五層石基與五層廟頂的交匯所在，一群印度女學生與兩位西方女士正在集體合影留念。

老人們悠閒曬著太陽，手中既沒有金閃閃的轉經筒，也沒有粗糙的旱煙。

貨夫頭頂竹筐，甩掉我的追隨，漸漸隱沒在人潮中。

我只是在行走，「過分」漫無目的，甚至唯恐自己就這樣開始「虛度」在尼泊爾的時光，而且無法辨識自身這種「漫無目的性」的本能選擇，是否應驗了以前所有旅程中不曾有過的「疲倦」，不過還好，至少我沒有在腦海中閃回到業已熟悉的生活，這一點足以證明，我依然步履輕鬆於即將遇到的未知。

「即將」，「遇到」，「未知」，令人心曠神怡的「文字心情」，就像多年以前，人生第一場旅夢的開始。

被地球遺棄，還有宇宙在等著我。

做浩瀚宇宙的瓶中信，我心甘情願。

---

綠油油的農田，或多或少遮掩了真實的貧窮。至少，全世界的農田，顏色都是綠油油的。

無意中走到不知名的水池邊，那碧綠如洗的靜默狀態，是濕婆用頭髮截住了洶湧而來的急流，作為對信眾的神賜。

老嫗躺在池塘邊，昏沉睡去。

池塘外，女人們坐在陽光下的空地上，一邊哄著孩子，一邊曬著丈夫手工製作完成的陶器。

在這座紅磚色的古城中，我開始拍照，只是拍照，拍下一張張相片，飽含僅有的熱愛，記錄下某個時間裡，逗鳥的老人，哄孩子的年輕父親，

黑髮盤向一側、杜迦女神一樣的少女，供奉象神的老婦人佇列，比姆森庭院獨立的母雞……………

巴伊拉布，濕婆神的恐怖化身，深夜帶來驅散不開的噩夢，在噩夢裡，人們總是摒棄紛繁的本我，陷入最簡單的無助之中。

所以，當白晝來臨，人們把恐怖的噩夢鏤刻成廟宇的塑偶。

其實，還有另一種方式：追隨著吹拉彈唱的信徒，仿佛融入灑紅節的慶典，忘掉所有的「生之苦痛」。

偶遇敲鑼打鼓的小團體，我跟隨著他們，走到塔丘帕舊城廣場（Tachupal Tole）。

答塔特雷亞寺（Dattatreya Temple），供奉著梵天、毗濕奴、濕婆三神的合體。

寺內，創造，佑護，毀滅，三位一體。

寺外，乞丐在沉睡。

寺廟旁邊，一家木雕店外擺放著一件件精美的作品，我由衷贊許工匠們巧奪天工的藝術智慧，只有對眾神發自心底的膜拜，才有可能激發出本能的靈感、與不竭的創作源泉。

要知道，在我們生活的時代和世界，很多人成功，並不需要這一點。所以，他們永遠看不起這些「賺小錢」的工匠，但同樣的道理，他們在「發大財」之後，經受的只有無信仰、迷茫虛幻的痛苦。

店鋪老闆默默站在我身旁，一位清瘦的老年人，帶著笑意，雙眼炯炯有神。他看出我很欣賞這些作品。我告訴他，自己還要四處走走，擔心負重太多，但晚上一定回來光顧您的店鋪。他點點頭，承諾到時候給我一個好價格。

原路返回，走出小城，越走越遠，卻始終找不到去往昌古納拉揚的汽車站。

分別問了幾個路人，直到走進錯誤的車站，之後問了停車的司機，按照他的指向，不知道為什麼，我還是越走越偏離原路。

直到今天，我才清楚，當時自己的方向，完全背道而馳，根本走不到

正確的車站。

昌古納拉揚神廟（Changu Narayan Temple），成為失落的遺憾。

唯一記住的，就是向司機問路時，他口中唱經一般不斷念叨的「Changu」、「Changu」。

就這樣，我有了充裕的時間再度「擁抱」巴克塔普爾。一定是神的旨意，正是從這個時候開始，我才真正像個「更親近的人」，而不是一名純粹的旅客。

走回杜巴廣場的路上，街邊的小優酪乳店橫出招牌，兩碗優酪乳的圖案，藝術得就和尼泊爾國旗的形狀一樣有趣：既不成方圓，也並非矩形。

簷廊清涼如早晨，三個女學生已不在。隨性聽著音樂，望向整個廣場陷入午間沉睡的畫面。

不記得待了多久，起身，一路緩步走回塔丘帕。

突然發現，靠近印度教祭司住所的地方，有一條幽深黑暗的小巷，剛才沒有來過。走進去，是一家挨著一家出售木雕製品的商店。

走進其中一家，發現店主就是方才寺廟旁邊那家店的老闆，他也笑著說我們又見面了。接著，他熱情的用手指了指樓上，叫我上去看看，我本以為他的意思是二樓有更多的精品，哪知道他繼續說，真正的孔雀窗（Peacock Window），就在上面！

抱著好奇心，沿著老闆自家的木梯走上二樓，發現一個小小的單間，敞開的窗戶對面，剛好就是這條窄巷對面高牆上的孔雀窗。

高度完全相等，仿佛隔空的對話。

原來如此。

阿育王，半生征戰殺戮，半生篤信佛陀。

孔雀王朝最璀璨的那一顆明珠，是否經歷了一生的精神煎熬？

走下來，向老闆的盛情道謝，然後，「掃興」的我還是告訴他，自己會回來。

我真是可恨到家了。

⋯⋯⋯⋯⋯⋯⋯⋯⋯⋯⋯⋯⋯⋯⋯⋯⋯⋯⋯⋯⋯⋯⋯⋯⋯⋯⋯⋯⋯⋯⋯⋯⋯⋯⋯⋯⋯⋯⋯⋯⋯⋯⋯⋯

看到Dattatreya Temple對面的一家餐廳，木制結構的外牆很吸引人。走

進去，顧客寥寥。找到二樓露天臨街的座位，坐下來，點了一杯冰啤酒。我不知道怎麼向服務生說「優酪乳」這個詞，語言描述外加用手比劃，他總算明白了，放亮眼睛說了句：「juju dhau！」。

啤酒就著優酪乳，怪異的搭配，就這樣，眼望著對面的古寺，注視著屋簷的鴿子群不時集體飛向天空，或者向下看，水果攤老闆的生意著實不好，等了很久也沒人買他的東西，而俏皮的小女孩躲在暗處，用五彩手帕遮擋住臉，等著嚇唬朝她走來的小夥伴，臉龐提前浮現出調皮的笑意。

我「虛度」著慵懶的時光，甚至開始打瞌睡。

還記得嗎？很久很久以前，雨後清涼的夏夜，少年爬上祖母家的矮牆，在牆頭獨坐，望向天空，想像著將來。將來，仿佛星星的另一面，令人無限嚮往。

涼意度人，紅塵不解。

待到斜陽唱晚，步履遠去，鞋聲漸弱。

傍晚，另一端的杜巴廣場，開始熱鬧起來。

黃金門的眾神，被餘暉鍍上華麗的古銅色。

塔烏瑪蒂廣場，三個小學生坐在水泥墩上，注視著來往行人，系著白花的辮子，整齊的向左，向右，向左，向右。目光散發出新奇，每個初次見到的陌生人，都是神靈賜予她們的禮物。

幽暗的老街邊，被細線吊起來的木偶，隨著微風柔和晃動。

這木偶，當地人稱之為面具舞者，是神靈恐怖化身的附體。每年秋天，當地居民都會戴著類似的面具，在巴克塔普爾的一個個廣場上瘋狂舞蹈，等到狂歡結束後，再將面具焚毀，用燃燒後的灰燼，加上綠油油田地裡的黑色黏土，製作來年的新面具。

就這麼傳遞下去，生生不息。

是的，秋天，不一樣的秋天，一樣的九月。

秋風微涼的九月，我們像禱書。

話，可以成詩；詩，可以成歌；而歌，被遺落在某一段逝去時空的土地，令我們不再講話。

不遠處的一家小店鋪，飄來「重回」的旋律。

我就知道這段音樂一定會回來的。

走進小店，發現沒人，就站在原地等待，很快，店主就從街對面跑了進來，一位蓄著黑色小鬍子的大叔，我直接告訴他，就要現在你播放這段音樂的那張CD，他笑著點點頭，跑到店鋪後面拿來唱碟，然後熱情的指向唱碟背面歌單的第一首，還特意又拿出幾張據他介紹很動聽的尼泊爾音樂，我拿過來一張張看著，告訴他，其餘幾張，在來尼泊爾之前就已經聽了很多遍了，我只要這一張。

這張唱片的名字，叫做《The Himalayan Lores》，其中最喜歡的兩首，是男音合唱版本的《Resham Firiri》，以及梵音一樣飄渺的女聲獨唱版《Sim Sime Panima》。

黃昏時分，我最後一次走回塔丘帕舊城。

這一天的最後一次，也是整個旅程的最後一次。

孔雀窗對面的那家店鋪臨近打烊，大門口的木板已經放下了一多半。

我急匆匆打個招呼，試探有沒有人在，結果正在放門板的店主露出半張臉，看到我，他「Oh！」了一聲。我告訴他，既然說了會回來，就不會食言。

他會心的笑了。

最喜歡的一尊佛陀的袖珍木雕，是店主贈送給我的禮物。

在佛陀誕生的國度，最深奧的意義，莫過於此。

夜晚的巴克塔普爾，鵝卵石路上緩慢走動的眾人，如同節日裡忽明忽暗的火把，帶著些許神秘的宗教意義，好比我始終難以想像，白晝就已經幽暗如黑夜的小巷，到了夜晚會是什麼樣子。

《奧義書》，如同菩提伽耶黎明的曙光，仿佛喜馬拉雅純靜的空氣。

神猴哈努曼，協助羅摩王子，歷盡千辛萬苦，拯救了悉達公主。

陽光熱烈的上午，計程車司機載我來到加德滿都城西的山腳下。他說我是他今天的第一位客人，滔滔不絕跟我講了一路，什麼巴格馬蒂河水三十年前還很清澈，什麼各地的尼泊爾人蜂擁擠到加德滿都。

或許是他心情好，路過山腳下、東邊陡峭的朝聖石階路，他告訴我說從這裡走上去很累的，不如繼續向前開，到了西邊的停車場，從那裡走上去會輕鬆很多。

我婉言拒絕了他，堅持從東邊的朝聖石階路走上去，希望能和2500年前的信徒一樣，帶著疲憊卻愉快的虔誠心靈。

這個地方，就是斯瓦揚布納寺（Swayambhunath），俗稱「猴廟」。

三百多級又高又陡的石階，恒河猴不時走來走去。路旁樹蔭下的算命先生和小商販，一個靜到冥想，一個動到不安。

隨著高度陡峭的攀升，我開始大口喘氣，哪怕短暫駐足於原地，也能感覺到身體向後仰倒的恐懼感。

在佛陀石像的旁邊，猴子悠然安坐。

兩個日本小夥子個子不高，腳力卻不慢，加上我時常停下來拍照，原本落在我身後的他們，不經意間趕到了前面。

等到我追上他們的步伐，已經到了山頂，也就是猴廟的入口。

猴子，四處都是猴子。

在佛像之間來往穿梭的猴子，如同哈努曼神的化身，做著虔誠的祈禱。

大佛塔頂蜂巢形狀的圖案，仿佛完成鳳凰涅槃的神鳥迦樓羅。

佛陀的雙眼之上，還有第三隻眼，雙眼之下，鼻子的形狀如同奇特的符號。

沿著佛塔漫步，繞了一圈接著一圈。

地面上，鴿子群打擾著猴子，猴子群「戲弄」著鴿子。

白鴿會飛，飛向藍天。

猴子不會飛，所以他們一個個爬到舍利塔林的頂端，單手親昵的摟起佛陀塑像的脖子。

一尊尊佛像，一種種象徵。

寶生如來（Ratnasambhava）的福德，阿彌陀（Amitabha）的無量，不空成就（Amoghasiddhi）的諸行圓滿，不動如來（Aksobhya）的無嗔，毗盧遮那（Vairocana）的智慧。

佇立山頂，加德滿都的城市全貌一覽無遺：被污染的空氣，彌漫在整

片天空。工業的廢氣、交通排放的尾氣，讓廟宇升起的香火，可笑得如同滄海一粟。

燃燈佛孤零零佇立在北面的小徑盡頭，在喬達摩·悉達多悟道之前，他就是業已存在的「過去佛」。

印度教的女河神，佛教的綠度母，兩者對於崇拜的信徒來說，哪個更「靠近」一些？還是，「各司其職」的保佑這裡的人們？

對於自己的疑惑，沒有人會給我一個解答。

我只清楚一點，當一個人仰望天空，無論是出於習慣，還是偶爾為之，他不可能只看到藍天裡的白雲，也不可能只看到白雲外的藍天。

隨意走著。

不經意間，走到猴廟東北面一個安靜的地方，這裡有一座叫不出名字的古老石廟，裡面供奉著釋迦牟尼的少年身像。廟外是一片袖珍的開闊地，錯落著幾家工藝品小店鋪，來往猴廟的遊人偶爾會經過這裡。

我坐在廟外的矮石墩上休息，午間濃烈的太陽灼熱著皮膚，反而讓心靈開始喘口氣，平復到安靜。

身邊坐著一位尼泊爾老人，他時不時俯下身，雙手用力揉搓一遍自己的臉龐，然後抬頭望向刺眼的天空。

再遠一些，矮石墩上坐著一對姐妹，姐姐把報紙攤開在石面上，單手拄著石台，靜靜的讀著報紙，陽光照耀在她深藍色的牛仔褲上，將她修長的雙腿映射成石廟牆壁上清冷的暗影。

妹妹看起來大概十歲左右，身穿一件深紅色帶花紋的小棉衣，蹲在石臺上逗姐姐，看到姐姐根本不理睬她，就一個人開心的跳下石台，在小廣場上跑來跑去，看她歡快的樣子，實在讓我忍不住發自心底的喜愛，心情也變得輕鬆愜意起來。

溫柔的風，吹起報紙泛舊的邊緣，吹起姐姐烏黑的髮梢。

我打開手中相機的開關，開始一張張流覽所拍的相片，不知道過了多久，眼睛的餘光突然滲入一陣輕柔的紅色光暈，側過頭一看，原來小妹妹已經坐在了我身旁。

我望著她微笑的臉龐，烏溜溜的雙眸，俏皮的嘴角，這一切，帶給我從未有過的關於「生」的希望。

一點都不誇張。

我之所以選擇一種生活的存在方式，並熱愛這種生活給予我的意義，正因為有了這樣一幅面孔作為支撐。

出於語言不通的緣故，我能做的，只有對她微笑。

就這樣，我和身旁這個可愛的小天使，彼此一言不發的享受著「午後的獨坐」，任憑光影流轉。

直到不遠處一家店鋪裡走出一位中年女人，喊了一句什麼，小妹妹聽到了，笑著看了看我，緊接著就活蹦亂跳的跑去找那位中年女人了。

原來，這家店就是她家裡人開的。

姐姐也不再讀報，起身走回店裡。

看來她們的午飯時間到了。

＿＿＿＿＿＿＿＿＿＿＿＿＿＿＿＿＿＿＿＿＿＿＿＿＿＿＿＿＿＿＿

我又坐了好一陣子，不知道為什麼，就是不願意起身離開。

最後，還是無情的陽光驅趕走了「莫名其妙」的依依不捨。

走了一段長路，直到西邊的小佛塔外：信眾祈禱後離開，遊人興奮的來臨，計程車司機慢悠悠的等待著乘客，猴子們依舊目空一切，除了人們手中的食物。

最後，連我自己都不明白為什麼，竟然下意識按原路走了回去，走回到小姐妹那家店鋪的門口。

此時，店裡正播放著一段曼妙的佛教音樂。

我走進去，發現沒有人，可能是聽到了我的腳步聲，裡面屋子走出來一個女孩子，嗯，就是姐姐。

上身穿著一件帶有誇張色彩花紋的印度紗麗的姐姐。

她認出了我，對我笑了笑。

我向她買關於這段音樂的CD唱片，她走進裡屋，拿了一盤出來，然後問我要不要試一試音質，我說不用了。可她還是熱心的拿到裡屋播放了一段。接著，她又問我喜不喜歡其他東西，我告訴她，有這張音樂唱片就足夠了。

她說這張唱片要三百盧比，我什麼都沒說，直接給了她足夠的錢。

　　在尼泊爾的旅程走到此時此刻，對於商量好價錢，然後付了整錢、馬上攤開雙手「哭訴」自己沒零錢找的人們，我已經司空見慣，實在懶得再講好價錢了。

　　更重要的，因為這對姐妹，我根本不想去講價。

　　她們在不知不覺中，已經餽贈了我珍貴的東西。

　　哪裡知道，姐姐收了錢以後，走進裡屋，很快出來，又把五十盧比放在了我手裡。她笑著說，我應該給你一個更好的價格。

　　看，人就是這樣有趣。

　　我的雙眼沒有看錯人。

　　就這樣，我和她簡短聊了起來。

　　姐姐叫做卡巴麗，那個可愛的小妹妹，名叫伽桑德魯。

　　我告訴卡巴麗，今天，是我在尼泊爾的最後一天，晚上就要啟程，去往下一個地方。

　　就在這個時候，伽桑德魯從裡屋跑了出來，還是那雙漆黑的大眼睛，還是那副開心的笑臉。

　　我從褲兜裡掏出一件小玩意，告訴伽桑德魯，這是送給妳的禮物。

　　她微笑著，伸出平展的雙手，那份神聖的姿勢，與祈禱過後、伸出雙手迎接第一滴雨水的畫面一模一樣。

----

　　離開之前，我輕輕問卡巴麗，能否為伽桑德魯拍一張相片，她說當然可以。

　　在那張相片中，至少，我盡了全力，為了最大程度上還原初見伽桑德魯時的那份神情。

　　這張相片，是毗濕奴牽引我步入沉睡的旅夢。

　　與她們道別，在釋迦佛陀的樂聲中離開。

----

　　從猴廟「走回」杜巴廣場，這個設想並非不切實際，只不過，我不知道路的方向。

問路得到的答案，始終是「向前」，「向前」。

公路邊發燙的黃土地上，一身紗麗的女孩子支起矮椅子，手中拿著一袋零食，正在津津有味的嚼著，突然，一條黃色影子飛快在我眼前掠過，緊接著，就是女孩「Oh！」的一聲驚呼，再一看，原來，是一隻猴子從她手中搶去了那一整袋零食。

女孩子一邊笑一邊咒罵，不遠處，那只猴子一邊把零食放進嘴裡，一邊狡猾的望向她。

繼續前行，剛好遇到一輛停在路邊的計程車，和司機講好價錢，沿著一條顛簸到極致的石路，回到杜巴廣場。

這一次，我總算備足了零錢。

杜巴廣場，陽光下的金盞花，神聖的嬌豔著，燦爛得不帶一絲俗氣。

終於，我穿過庫瑪麗女神廟（Kumari Bahal）那幽幽暗暗的小門口，駐足於一小片空地，耐心等候女神出現。

在這一天下午的某個時間，在仰首目光可及的木窗臺前，她會出現，就出現那麼幾秒鐘。

等待：一分鐘、一刻鐘、一小時…………直到神職人員的一聲唱誦，女神走到窗前。

嚴禁拍照的緣故，眾人整齊的抬起頭，而不是舉起相機，仰望著庫瑪麗女神。

請寬恕我對神的不敬，庫瑪麗女神，看起來只是一個普通的小姑娘。

一個被神靈選中、繼承前世因果、生活在廟宇的樓閣裡、一旦過了青春時光就要回到凡俗生活的小姑娘。

眾人當中一個小女孩，騎在爸爸脖子上，開心的向女神揮手，高喊著「Hello！」。

女神無動於衷，正如她經歷著她的同齡人所無從經歷的東西，從她的眼睛裡，我讀出了遠比她的實際年齡要成熟很多的閱歷。

人向神膜拜、獻祭，祈求神的保佑，而我只想說，庫瑪麗女神，希望妳永遠幸福。

並非普世的幸福，而是只屬於妳自己的幸福。

夕陽西沉，杜巴廣場喧鬧如昨。坐在石階上，聽著音樂，注視著來往

行人，就這樣一直待到天黑。身旁搭訕的尼泊爾大叔邀請我去他家店鋪看看，我笑著婉拒了他。

是時候離開了。

夜晚的阿山街，昏黃光暈下的小店鋪，一襲波浪燙髮的少婦店主，美麗得如同女神薩拉瓦提。

我最後一次光顧了這些天經常去的那家小餐館，店主老闆還是不時接聽手機，用吐字轉彎很特別的尼泊爾語嘮叨個不停，年輕夥計已經認識了我，笑著向我點頭。

我將褲兜裡剩下的幾美元全部塞給了老闆，他是一個忠厚老實的中年人，這些天的可口餐食價格很低廉，而且從來沒有「耍伎倆」要過小費。

走回旅店，退了房，距離去機場還有一段時間，就坐在大廳的沙發上休息。店主和一個勤雜工與我一邊看電視上的足球賽、一邊聊天，我把行李箱裡剩下的小禮品都送給了他們倆。店主是個熱心腸，濃眉高鼻，個子不高，說話中氣充沛，嗓音特別大，儼然一頭蠻牛。

就算是告別之際，這傢伙與我握手的時候，力氣還是那麼大。

開著老舊「Suzuki」的計程車司機，幫我把行李箱用粗繩子綁在車頂，我擔心箱子的安全，他連聲說「No Problem！No Problem！」。

去往特裡布汶機場的路上，路燈少得可憐，全憑車燈打破夜晚寂寞的漆黑。

司機是個加德滿都小夥子，特別喜歡聊天，所以一路上我給他講了很多在自己所生活的地方、那些個我們耳熟能詳的、關於物質利益的愛情、關於傳統的精神與道德日益衰落的事例，他聽了以後連連搖頭，告訴我，在這裡，人們都很貧窮，但人們沒有那些東西。

到了國際候機廳門口，他幫我「鬆綁」了行李，我向這個我眼中「最後的尼泊爾人」道別，他雙手合十，回了我一句：「Namaste！」。

和當初一樣，充滿生命喜悅的一句「Namaste」。

時間的詩，從拉薩到加德滿都。

昔時遐想的紅花，此際旅夢的綠藤蔓。

舷窗外，機翼燈在空洞的黑暗中閃爍著，緩慢的一閃、一閃、一閃、一閃。

伽桑德魯的甜美笑容，是我旅程中最神聖的紀念。

倘若有一種可能，在多年後的某一天，我再次找到了她，給她看小時候的相片。那個時候，她已經是卡巴麗一樣的大姑娘了。

---

毗濕奴神，請保佑我平安到達下一個地方。

姑娘戴花待出嫁，少年馳馬訪親家。

哪怕時光荏苒，哪怕人心不古。

哪怕花兒謝了，可等待的愛永不凋零。

哪怕馬兒累了，而飛機正穿梭在雲上。

永恆的，是男人遠行明朗的牧歌，是女人寄託相思的戀曲。

延續的旅夢，終將留給回憶。

留給未來發生的回憶。

1. 毗濕奴的旅夢。
2. 清澈的烏溜溜。
3. 巴德崗的街巷。
4. 背道而馳的昌穀納拉揚。

1.紅花到綠藤蔓。 2.黑髮盤向一側的少女。 3.老人與愛鳥。 4.步履遠去，鞋聲漸弱。 5.更近一步走入巴克塔普爾。 6.塔丘帕舊城廣場。

1.道別,離開。
2.隨風飄揚的白絲帶。
3.孔雀窗。
4.印度斯坦的笑容,屬於妳的幸福。
5.虔誠的祈禱。

# （五）藍色三部曲之「藍十字」篇

藍色。

藍。

# （六）被愛的藍十字

衛城的聖靈，革魯賓的金翅，藍色十字架，易碎的玻璃鞋，待續的詩篇。

妳在這裡，停留，真實。

我在這裡，放逐者，落日。

雅典，黑色背包，露出兩朵花，一朵，淡粉，一朵，暗黃。

起點，衛城。到站，維科托莉婭。地下鐵暈眩的塗鴉，匆忙的步履。

起點，維科托莉婭，前方，衛城。送別，失落的關懷。

維科托莉婭，蕭索的細雨。

門內，回首凝望。月臺，死死牢記的房間號碼。

........................................................................................

開往蘇尼翁海角的巴士出發了。

出發了…………

如夢初醒也好，大煞風景也好，身臨其境也好，東躲西藏也好。

此際頭頂湛藍的天涯，東方吹來鏗鏘的海風。

翻過前面那一片峭壁，春雷正在暗自湧動。

就在這虛幻之中，可不能讓妳變成泡影。

雅典，一代又一代不曾顯現的頓悟，斑駁著蒼老的石牆。

愛琴海，從來沒覺得有多麼浪漫，她應該是灰暗的，真真切切的，空氣中充盈著春天微涼的水露，在陰沉的蒼穹下，三葉草的形狀，猶如記憶的碎片。

吉普賽男人站在十字街頭的中央，身穿一身白色燕尾服，手捧著一大束鮮花，等待著紅燈亮起。

當紅燈亮起，汽車就會停下來。當汽車停下來，他就會微笑著走向車窗，很紳士的低彎下腰，開始推銷自己手中那一大束鮮花，盼望駕車的先生可以搖下車窗，把花買下來，送給車內副駕駛座位的女士。

可是，車內的先生根本懶得理睬他，始終沒有把車窗搖下來。

於是，吉普賽男人走向空曠的地方，繼續保持微笑，等待下一個紅燈亮起。

樹，橄欖樹，靜悄悄佇立在高檔寫字樓的天臺。

雅典。

四月，普拉卡區，冰淇淋店的可可，甜到膩的蜂蜜糖糕。

四月，出生。四月，欲望。四月，復活節。

四月，雅典。

雅典，神話中的雅典。

宙斯神掌管天空，冥王哈迪斯屈尊地下，而大海，交給了海皇波塞冬。

我更偏愛希臘語對於雅典的發音，稱呼這座城市為「雅典娜」。

是的，智慧女神雅典娜，是這座古老城市的守護神。

雅典，現實生活中、當下的雅典。

四處斷壁殘垣的雅典。

帕帕多普洛斯建立共和國，擔任總統………帕帕多普洛斯被無期囚禁牢獄………卡拉曼利斯當選總統………卡拉曼利斯辭去總統職務………帕潘德里歐當選總理………帕潘德里歐辭去總理職務………卡拉曼利斯再次當選總統………小帕潘德里歐當選總理………小帕潘德里歐下臺………

人們在古老的石頭裡面究竟看出了什麼？

空洞、幻滅、清醒、狂亂、夜、歌舞、青草地………

庇拉尤斯港（Piraeus），踱步在碼頭的男人，時常陷入強烈的幻想與自責的內省之中。

伊瑞克提翁神廟（Erechtheion），六位少女作為永恆的見證，親眼目睹了智慧女神雅典娜（Athena）種下橄欖樹，戰勝了海皇波塞冬（Poseidon）用三叉戟鑿出的泉眼。

橄欖樹可以產果、榨油。而泉眼湧出的，卻是鹽水。

所以，雅典娜勝利了。

六位少女化作風姿卓絕的石像，守護著正對面宏偉的帕台農神廟（Parthenon）。

酒神劇場（Theatre of Dionysos），在一千五百年前，上演過歐裡庇得斯、埃斯庫羅斯悲劇作品的酒神劇場，如今寂寥的矗立著，並破損的美麗著，隨時恭候零星的遊人前來奠祭。

人們不再欣賞戲劇。

人們去了哪裡？

人們在午夜的加茲區（Gazi），蕭索的劇院化作夜店的舞池：病態的節拍，麻木並暢快的面孔，瘋狂扭動的身軀，盡情揮灑汗水的放縱。

還有，放縱過後的繼續迷失。

繼續迷失過後的再一次放縱。

穿過哈德良拱門，來到奧林匹亞宙斯神殿（Temple of Olympian Zeus）。曾經矗立著一百零四根擎天長柱的聖殿，如今成為殘存十五根、荒草蔓延的廢墟遺址。

戰神山巔（Areopagus Hill），遙望角落裡寂靜的長廊。雅典，新古典主義三部曲的雅典，雅典學院，國家圖書館，雅典大學，以及被城市擴張所吞噬的建築物。

香濃的烤肉Pita餅，最中意口味的「阿爾法」啤酒。

充斥著五彩塗鴉的灰牆內，雜草叢生的鐵軌上，有軌列車急速駛過，穿越頹廢的石牆。

男人獨自坐在古市集（Ancient Agora）掛滿裂縫的石頭上，他一生信念篤定，卻同樣彷徨無助。信念讓他總是陷入幻想與內省，而幻想與內省過後，等待他的，是無盡的痛苦與失望。

最美麗的愛神阿芙洛狄特，嫁給了又醜又瘸的火神赫菲斯托斯。

不遠處的赫菲斯托斯神廟（Temple of Hephaestus），石柱上鑴刻著赫拉克勒斯十二種「煉獄式挑戰」中的九個。

赫拉克勒斯。

與猛獅搏鬥，殺死九頭蛇，清掃牛棚，奪取女王的腰帶，降服三體怪，摘得金蘋果，打敗大地女神之子，滅掉巨人山，將冥界的守門犬帶回地上。

赫拉克勒斯。

獨自躺在火葬堆上，命令自己的兒子點火。

赫拉克勒斯，你是永遠不會被征服的神聖。

「生命是甜美的，是的，生命是甜美的…………」

詩人的詩，未完成的詩，寫到了這一句，再也寫不下去了。

在古希臘神話中，上天創造的第一個女人，叫做潘朵拉。奧林匹斯山的眾神賜予她一切美好，例如，愛與美的女神阿芙洛狄特賜予她美貌，保護神赫耳墨斯賜予她口才，太陽神阿波羅賜予她音樂。集眾神的賜福，她來到埃庇米修斯身邊。埃庇米修斯的屋子裡，放著一隻空置已久的盒子，裡面裝滿了種種有害的物品。潘朵拉很好奇很好奇，總想看看盒子裡究竟裝的是些什麼。可是每一次的好奇，都被潘朵拉用自我意志強行遏制住。直到有一天，她終於還是按捺不住，打開了盒子。就這樣，所有關乎於身體的痛苦，風濕、腹痛、痛風………以及一切關乎於精神的摧殘，妒嫉、怨恨、復仇………就這樣四處蔓延開來，蔓延到整個人世間，直到今日。之後，潘朵拉緊忙蓋上了盒子，卻為時已晚。

只不過，盒子裡的東西，並非走得一乾二淨，只剩下了一件。因為，這件東西在盒子的最底端，所以沒來得及跑掉。

這件東西，就叫做「希望」。

開往蘇尼翁岬的路程過半，看看那天色的樣子：猛烈的陽光傾灑在遼闊的藍海，似乎註定要上演一齣「生命奇跡」的範本。

安哲說：「上帝首先創造了旅行，然後才是疑慮和鄉愁。」

不解的青春，被對方遺憾的羽化，要悄悄埋葬，要沉默的祭奠。

永遠不要把青春用作公眾分享的商品，還美其名講什麼「致敬」。

青春永遠不死，她還在那裡。死了的，是你認為自己老了的那顆心臟。

伊蓮妮‧卡蘭德若的音樂，緩緩訴說起激烈的爭吵過後、恐懼的無聲。

悲傷的繆斯，海風吹拂著妳默默流下的眼淚，那淚珠，無聲的、緩緩的從妳的臉龐滑落，滑落過蘋果一樣美麗的面頰，滑落在鼻子與嘴唇之間特別的曲線。

當你身處情境之中，你始終在賭氣的膠著。

當你回想起那時的畫面，你才終究體會到錯失的憐惜、旁觀的苦痛。

雲，我們又見面了。

雲下，翻雲覆雨的眾生。雲上，無力注視的蒼生。

銜接第一個故事與第二個故事之間的橋段，還是在不經意間悄然而至。

來臨，在雨後傍晚的無人秋千。

可能，她剛剛起身，沒走多遠。

空留下秋千還在那裡，在那裡蕩啊蕩，蕩啊蕩…………

不遠處那棵古老的矮樹上，她斜倚著粗枝，一雙腳懸著空，輕輕晃啊晃，晃啊晃…………

更遠處的水畔，懸空的雙腳，依舊在那裡晃啊晃，晃啊晃…………

記憶是一切。

記憶什麼都不是。

費拉拉，鵝卵石路、柏樹、單車；利古裡亞，陰天、海岸。

還沒離開的妳，已經走了的妳，還沒來臨的妳，來了又走了的妳。

我。

四月，眉上兩粒俏皮的朱砂。

四月，足下一雙明媚的白色平底鞋。

但丁說：「別忘了，旅行的時候又到了。風，將你的眼眸帶向遠方。」

你看看，看看那烏雲裡包裹的春雷，下一秒鐘，會成全「蠢蠢欲動的誰」大煞風景？

性格不好的，實際如同孩子般純粹。

心軟的，往往脾氣臭又骨頭硬。

KAMARI海岸，黑沙灘上撿起的碎石子，黃色的、藍色的、白色的、黑色的、褐紅色的、無色的，串在一起，串成手鏈，戴在手上，肯定很美。

午夜，雅典，憲法廣場的車站，司機站在前車門外，等候去往機場的乘客。

在這個時間，我們都是孤獨的。

只有兩名乘客的汽車出發了，一個坐在左邊靠窗，另一個坐在右邊靠窗。

右邊的人把背包放在身旁的空座位上。汽車突然一個轉彎，背包「砰」的一聲掉在了地上。

左邊的人望著這一切，帶著惋惜的笑意。

記不得哪一站，一位年輕姑娘上了車，坐在司機斜後方的第一排座位。

她和司機開始聊天。

整個車廂頓時少了些寂寞。

年輕姑娘下車了，還沒到機場就下車了，臨別之前，她回身向司機講了一句悠長的希臘語，仿佛拋下了一枚橄欖枝，在寂寥的車廂。

機場到了，乘客下車，司機繼續開往首發站。

等待他的，是新的旅客。

等待他的，是新的寂寞。

午夜的月臺，找不到交談物件的司機，劇烈的轉彎，下車之前道別的雅典姑娘。

理想，迷途，命運，愛情。


海皇廟，我望到了海皇廟。

雖然還有一段很長的距離，雖然屹立在山巔，但我望到了。

波塞冬，騎著雙頭海馬坐騎，手執三叉方戟的海皇波塞冬。

大海因你而尊嚴。

海皇廟，波浪的鹹味。

蕭索，一派蕭索。

望不到邊際的海洋，峭壁底部嶙峋的怪石。

等待最後一抹餘暉，是僅存的期冀。

如果趕不上最後一班回雅典的巴士，我就要一個人待在這裡一整夜。

伊雅，伊米洛維莉，菲洛斯蒂法妮，菲拉。

克裡特，米諾克斯，伯羅奔尼薩………
島嶼，海洋，南十字星。
愛琴…………
愛情…………
烈火般驕傲的夕陽，籠罩起整座海皇廟。
翻雲覆雨的斷壁殘垣，解脫了萬物生靈。
無頭、斷翅的阿芙蘿狄忒，佇立遠方的雲端，笑望著多情的波塞冬長長的鬍鬚。
那一枚十字架的形狀，如同中世紀農田裡的木樁一般古樸、莊重。
那十字，好像藍色，飛翔在雨後的、沉默的妳。
生生凝望的妳。
那十字，好像救贖，鐫刻在約櫃外的、生生疑惑的我。
蒼生遺忘的我。

返程巴士翻越過峭壁，途經海邊的村鎮，一座接著一座。
復活節的夜晚，東正教的女童們身穿白衣，頭戴金色橄欖枝，雙肩系上白羽，坐在廣場神聖的矮石臺上，肩並肩一個挨著一個，俏皮的歡笑著。
主如一顆明亮的晨星，帶給這些小天使無限的希望。
愛琴海的海水，夜幕下不再湛藍的海水，蕩漾啊蕩漾…………
海面上的燈火，不停晃啊晃，晃啊晃…………
海的對面，就是博斯普魯斯。
伊斯坦布爾，在那裡。
在那裡，蒼生的面孔化作訣別。
四月，孤孤單單的燕子啊，飛在雨裡，飛在浪裡，飛在燈光裡，飛在忽明忽暗閃爍的燭火裡。
一直飛啊，要一直飛啊，哪怕打濕了翅膀。
雅典就在前方，就在那裡。
在那裡，有個人正等著你回家。

電影《霧中風景》，年幼的烏拉倔強的離開。

在午夜，在空曠寂靜的馬路。

沒講一句話，不落一滴淚，她瘦弱的小肩膀微微向前，手拉起更小的弟弟亞歷山大，永遠離開了。

鏡頭緩慢的升高，在半空中凝視弱小生命所承載的巨大殘酷。

西奧‧安哲羅普洛斯，生於四月。

四月告訴妳，絕望，絕不意味著死亡。

記得要永遠拒絕死亡，因為一生始終都在成長。

小姑娘烏拉，不是返鄉的尤利西斯。

年輕的流浪藝人歐瑞斯忒斯，沒能成為保護神，因為那時候他自己同樣是個迷惘者。

這，是他的阿喀琉斯之踵。

阿喀琉斯之踵，每個人都有，每個人的都不一樣。

你的，只有她懂。

她不是神，她是個有血有肉的人。

她是走進你生命裡的精靈。

她會驚慌，會賭氣，有時候大大咧咧，有時候溫柔體貼。

她毫不關心別的，只關心她自己的小愛情。

她愛的小心翼翼，可一旦為了愛人，卻徹底豁出去了。

倘若真的從最初的執著，走到了最後的放手，她也談了一場太了不起的戀愛。

這是她對自己這份愛情的答卷。

而面對這一切的他呢，恐怕會拖著自己的阿喀琉斯之踵，繼續咬著牙前行。

就好像傍晚的湖泊中，隨波逐流的那一隻巨大的手掌，手心敞向天空、缺了一隻食指的巨大手掌。

可是，他還是感激，感激今生與妳相遇，在不死的青春，在不曾老去的年華。

變幻莫測的樂曲間奏，突然開始歡快的漸進。

女神卡呂普索，正跳著熱烈的探戈，守候在即將被敲響的房門裡。

1. 雅典。
2. 神話
3. 六聖女像，伊瑞克
提翁神廟。
4. 假想人。
5. 生命奇跡的範本。

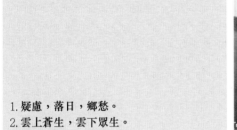

1. 疑慮，落日，鄉愁。
2. 雲上蒼生，雲下眾生。
3. 愛琴海。
4. 生命是甜美的。

1.聖托裡尼的海邊市鎮。
2.天色的樣子。
3.最後一抹餘暉，海皇廟。
4.藍色的夜。
5.女童，鮮花，酒神劇場外。
6.午夜，衛城。

1. 四月，復活節。
2. 返鄉的尤利西斯。
3. 夕陽傲笑勝火。
4. 旅程，新的寂寞。
5. 懸空的雙足。
6. 南十字星。

## （七）藍色三部曲之「十誡」篇

白色。

白。

# （八）電腦兒童

　　渡河的木杖，肩上的聖嬰，破碎的冰湖，手中的電子玩具，機器工蜂。

　　根據《聖經》舊約「出谷紀」第十九章及第二十章記載，摩西帶領以色列子民離開埃及之後，在第三個月的第三天早晨，天主召喚摩西以及司祭亞郎，於西乃山巔，頒佈「十誡」：

　　第一誡，除我之外，你不可有別的神。

　　第二誡，不可妄呼天主聖名以發虛誓。

　　第三誡，安息日守聖。

　　第四誡，孝敬父母。

　　第五誡，不可殺人。

　　第六誡，不可姦淫。

　　第七誡，不可偷盜。

　　第八誡，毋妄證。

　　第九誡，毋願他人妻。

　　第十誡，毋貪他人財物。

　　St. Christopher，聖名「聖基道霍」。

　　聖基道霍儀容俊朗，身材高大。他的理想，是為全世界最偉大的君王服務。

　　於是，他選擇為一個大國的國王效力。

　　可是，他漸漸發現這位國王每一次聽到魔鬼的名字，都要在臉上默默劃一個十字。國王告訴他，其實自己很害怕魔鬼。

　　聖基道霍覺得魔鬼比國王更加強大，於是，他離開國王，選擇為魔鬼效力。

　　追隨魔鬼之後，他又漸漸發現，魔鬼一旦遇到十字架，立刻大驚失

色，拔足飛奔。魔鬼告訴他，從前有一個人，名字叫基督耶穌，他被釘死在十字架上。

聖基道霍覺得基督比魔鬼更加強大，於是，他又離開了魔鬼，去尋找基督。

聖基道霍走遍千山萬水，遍尋基督的蹤跡。直到有一天，在曠野中遇到了一位隱士。隱士給他講《聖經》，並且告訴他，如果想要中悅基督耶穌，你就要堅持守安息日，聖基道霍拒絕了。隱士又告訴他，你應當每天祈禱，聖基道霍還是拒絕了。

隱士想了想，告訴他說，這附近有一條河，河水湍急洶湧，很多渡河的人都葬身魚腹。你就在那條河邊，蓋一座房屋，每天遇到想要渡河的人，你就用你高大強壯的身軀，把人們背過去。這件事，一定能讓主耶穌歡喜。

聖基道霍答應了。

他在河邊搭了一座小木屋，每當有人渡河，他就把他們背過河去。

河水兇猛，他步履維艱，僅僅依靠一根木杖支撐著自己。

在某一個深夜裡，聖基道霍陷入沉沉的睡夢中，突然聽到有個小孩子的聲音隱隱約約喊道：「起來，請你把我背到河對岸去。」他猛然驚醒，出門一看，什麼人都沒有。回到屋子裡繼續睡覺，不久後第二次同樣的聲音響起，出門，還是什麼都沒有。回來繼續睡覺，直到第三次喊聲出現，他走出門外，果真看到了一個小孩子。

聖基道霍俯下高大的身軀，把小孩子放到自己的肩膀上，然後拿起那根木杖，走進河水中。

不曾料到，河水突然暴漲，而小孩子的體重，也突然變得好像生鐵一樣，越來越沉重。

聖基道霍冒著被淹死的危險，竭盡全力把孩子帶到了河對岸。

坐在岸邊，聖基道霍大口喘著氣，對那個小孩子說：「親愛的孩子，我的命幾乎喪在你手裡。真的沒想到，你的身體竟然這麼重！仿佛整個宇宙的重量都壓在我肩膀上！」

小孩子不緊不慢回答他說：「聖基道霍，你不必驚訝。你剛才背負的，豈止整個宇宙，連整個宇宙的主宰，都在你肩上！我就是你的主耶

穌，你既然兌現了你的承諾，現在，你把這根木杖插在泥土裡，第二天，這裡就會開花結果！」

說罷，小孩子消失不見了。

聖基道霍將木杖插在泥土裡，第二天，那根木杖果然長成一棵枝葉繁盛的大樹，樹上開滿嬌豔的鮮花，並且結滿了棗子。

........................................................................................................

聖基道霍，一直被尊奉為「旅客的中保」。

他是我旅行的守護神。

一九八八年，冬天。

華沙，波蘭。

Mr. Christopher，克利斯托夫先生，與他八歲的兒子帕維爾一起生活。

在他們所住的公寓樓外不遠處，有一個小湖。冬天時候，帕維爾喜歡和小夥伴們去那裡溜冰。

克利斯托夫先生是一位數學家。在那個電腦還不普及的年代，他就已經精通於自己寫字臺前的那部電腦，熟知一切操作指令。

他篤信科學，相信一切都可以用預設的電腦方程式的運算，得出最精准的答案，比如家門外那個小湖的冰面厚度。

聖誕夜當日下午，帕維爾想去溜冰，於是他問父親，這個時候能不能到已經結冰的湖面上。爸爸克利斯托夫先生通過電腦查詢測算當時冰面的厚度，電腦得出的結果，是閃爍著綠色字元的「I am ready」。於是，小帕維爾道別了克利斯托夫先生，高高興興、蹦蹦跳跳的和小夥伴們溜冰去了。

很晚很晚，小帕維爾仍然沒有回來。

直到消息傳來，湖上的冰面局部融化破碎，小帕維爾葬身湖底…………

電腦錯了。

絕望的克利斯托夫先生沖進教堂，沉默許久，然後，瘋狂的撞上祭壇，打翻燭臺，紅色蠟燭的蠟滴，四濺到聖母瑪利亞塑像的臉上，蠟滴漸

漸幹了，仿佛聖母哭泣的淚滴。

---

電腦，教堂。
信仰科學，信仰上帝。

幾個八歲的孩童，肩並肩坐在沙發上，一年只在耶誕節的家庭聚會見一面，卻自顧自擺弄著手裡的電子產品，彼此一句話都不講，連頭都很少抬起來一下。

一個十六歲的女孩子獨自走在街上，因為紅燈，她停在路口等候。當綠燈亮起，她走到路中央。右邊因為等待左轉而停下來的車，排成一長串，當左轉的綠燈亮起，女孩子右手邊開來的轉彎車輛將會一輛接著一輛呼嘯而過，所以，當一個人走過路口時，必須格外警惕。

可是，這個女孩子卻偏偏突然駐足在路中央，完完全全不走了，她雙眼癡迷、呆滯的盯著自己掌中的手機。

突然，一輛轉彎的轎車疾馳而過，完全沒有減速。

就這樣，慘劇發生了。

那個駕車的司機，沒有看前方的路，究其原因，除了他根本沒預料到會有人突然停在路中央之外，他還在一邊開車、一邊低頭把玩掌中的手機。

---

因為手機，人們已經不再懂得正常的人體機能，比如直視前方的走路，比如目光面對面的交談，比如閱讀報紙與紙質書籍，比如雙手搭在膝上的歡息。

只會無緣由的即興「自拍」，然後「晾曬」到公共網路。

恕我直言，自己一直覺得無論遇到什麼事物，第一反應就是用手機拍下來，然後放之于公共空間作為彰顯，這是一種扭曲的自戀人格傾向，甚至蘊含著曝露狂的隱性。只不過在現代社會的潮流導向中，這一舉動被認定為「再正常不過」的現象。

是的，因為每個人都在這樣做。

正因為每個人都在這樣做，所以這就是正常的。


迄今為止，人類的科學技術水準，即使再先進，我們還是無法預估這個世界突如其來的某些變化。

例如，科學公式無法精確測算出情感。

依靠信仰上帝幫助自己的精神強大，或者堅信科學與理性堅持內心的強大，無論哪一種選擇，我們無非都是被震懾于某一種威嚴。

《聖經》第一誡，唯孤真神。

是的，除了我以外，你不可有別的神。

十月的華沙，秋意濃郁，灑滿黃葉的路肩，仿佛深鎖的眉頭。

這裡是歐盟成員國，但並不使用歐元。

正如我對自認為熟悉的歐洲突然感到陌生，對於用歐元兌換的幾張波蘭「茲羅提」鈔票，我同樣搞不清楚它的面值所對應的價值。

維斯瓦河縱貫華沙，將整座城市分隔成河西與河東兩個區域。可我覺得這城市並不是被河水分割，而是被比維斯瓦河更像「一條河」的公路劃分開的。

有些人認為，城市已經不再是最初的城市，因為自己變了，而城市始終是自己眼中的存在物，所以城市變了。

另一些人則認為，變換的永遠只是城市，而不是我自己。

記住，請記住。

如果有一天，當你來到華沙，你完全沒必要擔心迷路的危險。

因為，有一座與周遭一切「格格不入」的建築，無論你走到哪裡，都能遠遠望到它。

看到它，你就會知道自己的所在。

這座建築的名字，叫做「文化科學宮」。

它是華沙最高的建築，比第二高的建築，還要高出很多很多。

它是前蘇聯饋贈的「禮物」，一件波蘭人討厭透頂的禮物。

因為它的風格那麼「不波蘭」，因為它象徵著令波蘭人反感的前蘇聯「大哥式」統治，波蘭人曾經稱呼它為「史達林的注射器」、「俄羅斯人

的婚禮蛋糕」。

「過度濫用」的科技產品，在不經意間足夠致命。

正如法律與道德之間的關係。

每個人都應當遵守法律，這是我們生活在這個世界所必需遵循的規則。

你不遵守規則，那你就要出局。

可是，道德呢？

道德的界限是什麼？道德的底線在哪裡？

走在都市街頭的每一個人，形色匆匆，無不苦心經營著自己的道德生活。

只不過，有些人固執恪守自己的道德準則，面對一個個「看不慣的現象」，在平靜的外表之下，暗湧著萬分憤怒。

有些人遊刃有餘的滑行于道德底線的邊緣，享受著與「臨界點」短暫摩擦後歡娛的快感。

克利斯托夫先生瘋狂了，聖母瑪利亞在哭泣。

該信仰神？

聖基道霍肩扛著年幼的耶穌過了河，上帝卻無力注視著冰破而葬身湖底的小帕維爾。

該信仰科學？

克利斯托夫先生運用自己精心設計的電腦公式反復試驗，產生出科學的計算結果，導致兒子的死亡。

............................................................................

文化科學宮前，寬闊的廣場，冰冷的水泥地面，兩個少年手握遙控，操縱半空中的飛行器。

我停下腳步，雙眼一直盯著這個怪傢伙在空中飛來飛去。

不可否認，這個飛行器被兩個少年賦予了新的生命。它沒有人體的形狀，像一隻工蜂。

人類賦予工蜂「勤勞」的稱號，其實所謂的「勤勞」，是人類強加之於工蜂身上的特徵，對於工蜂自身而言，根本沒什麼勤勞的意義，它四處

飛來飛去，不過是為了尋覓支撐它活下去的資源。

如果有一天，這種在天空中飛來飛去的科學創造物徹底取代了工蜂，那麼變化的，只有「勤勞」這一稱號的轉移，而沒有人會在乎工蜂繼續活下去的「生存」會發生什麼。

這只「機器工蜂」的指示燈不間斷的閃爍，好像一雙眼睛。

正是這閃爍的燈，幫助它飛在半空中。

這閃爍的燈，在醫院急救病房同樣看得到，閃爍的節奏，與監護生命垂危的病人的機器節奏如出一轍。

無論神還是科學，兩者面對命運，又能怎樣呢？

即使小帕維爾這一天不去滑冰，他還是會在另一天去的。

即使在這一天去了，為什麼偏偏就是他掉入冰坑？

科學定律莫非是宿命？

上帝莫非同樣篤信科學？

街上的行人在一邊走路一邊拿著手機目不轉睛享受著「快捷」與「交流」的同時，有沒有注意到潛在的人身危險？有沒有發現自己在不停歇保持某一種姿勢的時候，身體機能的異常？

資訊的缺失，是一種遺憾。

信息過度的飽和呢？是否蘊含著另一種更大的危機？

當你看到一年也難得有一次家庭聚會的孩子們，在大廳裡彼此一句話都不講，一個個低垂著頭，沉溺在自己手中掌控的那個小小的電子空間裡，這難道就是科學帶給我們的嶄新世界？

等到這些孩子長大成人，這些孩子將來的孩子們，又是怎樣一幅面孔呢？

伴隨著更先進的電腦、更多功能的手機、更好玩的遊戲，他們的頭會不會下垂得更低？目光會不會更空洞？

通訊與愛的關係呢？

一對分隔兩地的情侶在電話兩端情意綿綿的彼此問候，能夠完全掩蓋雙方心底的相互猜疑？

當即時通信的電子軟體讓你覺得和對方隔空並肩，你能保證對方沒有和另一個人也按照同樣的方式「甜言蜜語」？

甚至，一個人同時在使用兩部行動電話？

........................................................................................

過度濫用科技，愛的距離，實際上更遠了。

傍晚的文化科學宮，超過二百米高的大廈主樓，每層同時亮起古銅色燈光，與典型的冷戰時期蘇聯風格的古老磚牆混合在一起，派生出奇異的凝重。

一些波蘭人主張拆掉這座建築，原因複雜到不得而知的地步。

事實是，這棟建築如今已經成為全世界公認的華沙地標，已經融入華沙的城市血液，如果真的拆掉，華沙城這片寬闊的空地，未來究竟何去何從？

如果這片空地坐落起二十一世紀最新建築理念的創作結晶，真的就比現在這座歷盡滄桑劇變的建築物更能代表華沙？

我覺得，華沙根本就不需要地標性建築。

這座城市總是被別人改變，被不情願的改變，從來沒有自己主動想去改變過。

他們不再需要德國人，不再需要蘇聯人，同樣，不再需要美國人。

我突然想到一個躺在醫院病榻上的植物人。

科學幫到他的，是維繫自己最後的生命之物理存在，如果他仍然有思維，那麼宗教幫助他的，是怎樣面對生命的結束。

科學告訴你規律，告訴你規律背後的真理。而宗教告訴你的，或許是，有些時候不要再去過分追尋真理，放下它，把它交給上帝，你需要做的，只是好好把握住自己生來脆弱的心靈，無論經歷過程，還是面對死亡。

「機器工蜂」緩緩地、平穩降落在少年手中，實驗成功了，兩個「天才」興致勃勃的離開。

眼前的文化科學宮頓時寂寞了太多太多。

只剩下一個女孩子，靜悄悄佇立在即將舉辦的藝術展覽的宣傳海報前，默默凝視。

她的右邊，是調酒師手中晃動的雞尾酒一樣的前衛色彩。

她的左邊，是一張貧窮的非洲婦女抱著饑餓孩子的巨幅照片。

是的，從圖片意義上講，迷幻色彩是藝術，而挨餓、甚至餓死的場景，同樣具備藝術的張揚與感染力。

人們往往只關心圖片，而不在乎圖片背後的東西。

因為看到圖片，他們用歡喜或悲傷、用激動或憤怒來表達自己的情緒；而對於圖片背後的東西，他們什麼都不會去做，或者，無能為力去做什麼。

女孩子閉上雙眼，做了一次誇張的深呼吸。

如果可以，我們要的永遠都是呼吸，不是喘氣。

1. 和自己賽跑。
2. 喘息。
3. 機器工蜂。
4. 呼吸。

# （九）遺書，告別的年代

　　陰差陽錯的分別，無淚浸透的禾捆，等不起時間的誓言，三分之一的旋律，找不到名字的公寓。

　　年代，是凝聚而成的一幅幅面孔，曾經，如此年輕。

　　一九八八年，盛夏，華沙。

　　一對老夫婦，從年輕時候結婚開始算起，到現在，一直生活在這座城市，一天都沒有離開過，更沒有離開過對方。

　　在鄰居眼裡，他們就是婚姻不離不棄的神聖典範。

　　直到這盛夏的某一天，男人突然對妻子說，明天中午十二點，我要搭乘樓下汽車站的一輛旅遊巴士，離開這個地方一段時間。

　　妻子問他原因，他回答說，不為什麼，只是想一個人離開一段時間，沒關係，他還會回來的，回來之後，一切和從前沒什麼兩樣。

　　女人點點頭，什麼話也沒講。

　　第二天中午，臨近十二點，巴士提前到站，停靠在耶路撒冷大街的路邊，等候男人下樓，上車。

　　男人坐電梯到了一層，低垂著頭、慢吞吞走出公寓大門，在登上巴士之前的最後一刻，突然停住，轉過身子，快步走回公寓。

　　「對不起，我還是離不開妳。」

　　他在心底默默對自己說。

　　當他搭電梯回到家裡，卻發現妻子並不在。

　　妻子去了哪裡呢？

　　妻子此刻正坐在公寓樓下的那輛巴士裡。

　　「對不起，我還是離不開你。你去哪裡，我就跟著你去哪裡。」

　　她在心底默默對自己說。

　　十二點，巴士準時關閉車門。

　　丈夫怎麼沒來？

　　丈夫去了哪裡呢？

　　女人默默搖開車窗，探出頭，望向公寓樓自己的住所那一層。

　　她看到家的窗戶被打開，丈夫正探出頭望向這輛巴士，突然望到了緩緩開走的巴士裡、探出頭的妻子。

　　原來，當男人搭乘那部電梯上樓回家的同時，女人正搭乘另一部電梯下樓。

　　因為電梯，原本誰都離不開誰的男人和女人，陰差陽錯的彼此「分開」了。

　　他們依舊深愛著彼此，可他們的確分開了。

　　人們不禁會問，既然彼此相愛，為什麼還會分開呢？

　　如果回答說，人，就是這麼奇怪的動物。這裡面，有許許多多道不盡的緣由。

　　如果這樣回答，請相信，這並不完全是藉口，真的不是。

> 「那含淚播種的人，必含笑獲享收成；
>
> 　他們邊行邊哭，出去播種耕耘，
>
> 　他們載欣載奔，回來背著禾捆。」
>
> ——《聖詠集》126:5-6

　　清晨的華沙，是一生再也看不到的臉龐。

　　「聖十字」公寓陽臺，有兩隻鴿子駐足在欄杆上，靜悄悄的，曬著太陽，不時低頭啄著，整理自己雙翼的羽毛。

　　昨晚喝剩下的四支空啤酒瓶，在陽光下映射出琥珀色的圓潤光澤。

　　打開窗，寒冷的空氣，透著清涼。

　　過了些時候，一隻鴿子緩緩飛走，而另一隻，還留在那裡，獨自佇立。

　　它的眼睛被微風吹成一道線，眼皮微微抖動，雙眼四周的淺淺絨毛，野草般瑟瑟起舞。

　　面對這陣涼風，它頑強，並且享受著。

　　它不害怕我的靠近，甚至早已覺察到，並且用側目的餘光同樣在觀察我。

觀察這一位剛剛經歷了告別，然後來到這座城市，打開公寓房門的新住客。

告別，鴿子會振翅、低吟、泣血。

告別，人，可能只是一個輕輕的擁抱。

深夜裡，恍惚的面孔帶你步入沉睡。

失眠而數羊的人，正因為享受過白晝的一切，才會無力面對黑暗，所以他們失眠。

快樂與歡愉，永遠不等同於充盈與銘記。

公寓房間的門「砰」的一聲關上了，緊接著，是鑰匙在鎖孔裡轉動的聲音。

鴿子飛走了。

明天這個時候，鴿子還會飛回這裡嗎？

明天這個時候，人，還在這裡嗎？

........................................................

他喜歡聽年紀比他大的人講話，聽得津津有味：安靜、自然、出神。

這是他天生流淌的血液，孤獨、沉靜。

因為他看得出講話的人，眼神散發出來的光芒。

他相信，真實的話，往往只有從回憶中提煉。

展望未來的言辭，難免無從辨別真假。

華沙，每當冬季快要來臨，公寓的灰色樓群就開始漸漸變得陰冷、蒼涼，綠草地變得荒蕪，落盡樹葉的枝杆瑟瑟發抖，只剩下空氣，保留住一年四季永恆的凝重。

第二誡，不可妄呼天主聖名以發虛誓。

........................................................

「我對上帝發誓，我們永不分離！」

........................................................

誓言，往往正是最大的謊言。

可我們還是愛聽謊言。

因為，當我們發覺誓言如同謊言一般可笑的時候，已然過去了匆匆數年。

在那個年代，我們寧願做一個看戲的傻子，而不是一個排戲的編劇。

「少年人的光榮，在於他們的魄力；老年人的榮耀，在於他們的白髮。」

—— 《箴言》20:29

有時年少，有時老。

獨來獨往，一身月光。

換了又換的登機牌，鄉愁模樣的中轉機場。

臨別夜的一封信，已經發送完畢。

這封信，從自己所在的城市，發送給幾百公里之外的另一座城市的一個人，然後，飛往九千八百公里之外的異國他鄉。

選在這個特別時分，原因何在？

記得在我小時候，看過一部電視劇，其中某一集，有一首非常動聽的插曲。當然，在那個時候，在那個完全沒有互聯網交流的年代，當電視劇播放到「劇終」，你除了等待機緣巧合，再次看到重播，否則再沒有其它重溫的辦法，更不用講什麼搜索到樂曲的名字、出處、以及來歷了。

直到很多年之後，當一切條件都已滿足，當自己在無心之間、輕而易舉就「遇到」了這首樂曲的全部來歷與內容之後，當我懷著特別的感動、完完整整聽完一遍，我竟然發現了其中的某些不同。

我發現，原來當年的電視劇，僅僅播放了這首插曲的其中一部分，僅僅一小部分。

那段動聽的旋律，其實只占了三分之一。當動聽的部分結束，接下來的，是完全不同的旋律，詮釋著完全不同的情緒狀態：訣別之後的驚恐、堅持、繼續。

從此，這首樂曲不再像小時候那樣優美，可我更加熱愛她。

因為她叫我明白，一首樂曲不能僅僅只有美麗。

難以預料的轉變，不一定就是不幸，它反而豐富了美麗，這樣才不會顯得單薄。

陪伴著我的鄉愁告訴我：不要在原地悲戚無助，飛吧，飛到陌生的城市，隔空的關懷不再因天各一方而充滿誤解，連道別都顯得那麼瀟灑，連離別都顯得那麼溫情，這一切，只因為比以前「更加遙遠」。

溫暖的樂聲結束，飛機遇到氣流，巨大的顛簸，好似戰場炮火聲中的匍匐。

「世人的歲月與青草無異，

　又像田野的花，茂盛一時，

　只要輕風吹過，他就不復存在，

　沒有人認得出他原有的所在。」

——《聖詠集》103:15-16

只有在午夜的航班客艙裡，當飛機拔地而起的一瞬，你才能體會到什麼是真正的告別。

曾經難以忘懷的一幅幅面孔，突然變得簡單、平凡而親切。

因為你這個時候已經告別了所有的一切。

每一個曾經告別的客體，也就顯得沒那麼鮮明。

在這一刻，你會突然想起：當初告別的時候，怎麼就少了一個擁抱。

告別，之所以不再難過，並非冷漠的緣故。

而是，告別的，實在太多太多了。

在不懂得告別的時候，感覺告別如同儀式般瀟灑，滿是流金的回憶。直到真的這麼做了，才發現告別，不過是一種選擇而已。

在選擇了告別之後，有人徹底遺忘，有人耿耿於懷。

飛機恢復到平穩的飛行中，乘客得以陸續安睡。

或許夢裡的畫面，才是最純粹的現實。而我們所經歷的現實，只不過是一場夢而已。

到華沙的時節只是初秋，不過從蕭邦機場去往市區，一路上遍地黃葉，道路兩旁的一棵棵老樹，被冷風漆成凝重的金色，任何一段吹拉彈唱的音樂都配不上此時寧靜的氣氛，除了教堂望彌撒時，神聖的詠歎調。

而對我自己來講，沒有比這幅畫面更配得上告別情緒的了。

只不過，自從走出蕭邦機場，拉生意的計程車司機就開始對我喋喋不休，連告別，都「不得不」被自己忘得一乾二淨。

華沙不可能是一扇等待開啟的門。

華沙曾經是雷雨夜被吹開、又被吹回來的窗。

華沙剛剛是天空中隆隆的飛機聲下、小城裡無心睡眠的寂靜心靈。

華沙，現在，僅僅只是前方的旅店。

沒錯，找到旅店，才能繼續下去。

就這麼簡單，這和一個人的生活離不開生存的支撐，是同一個道理。

「以色列出走，埃及人無不歡愉，
　　因為那實在叫他們戰兢恐懼。

····················································································································

他引百姓歡樂地離去，
他率領選民欣然出走。
給他們劃分了異民的領土，
使他們佔領了外人的財富，
為叫他們遵行他的誡命，
恪守他的命令。
亞肋路亞。」

　　　　　　　　　　　　　　——《聖詠集》105:38、43-45

預訂好的「聖十字」公寓，怎麼也找不到。

從中央區一直走到斯洛德米斯切區，哪裡有公寓招牌的影子？

目力所及的華沙街頭，到處都是施工現場，身穿藍色工作服、頭戴黃色安全帽的工人慢吞吞的你來我往。

這是一座工地一樣的城市。

路邊停著一輛計程車，司機是位六十多歲的老人，看到我一步步走向他，他目光中流露出欣喜，以為生意來了，結果自然是一盆冷水，我只是請他幫忙，看看公寓預訂單上的波蘭語名字。

老司機皺著眉頭，努力看著公寓名字，然後搖搖頭，接著看了看地址，告訴我向前走，走到下一個路口，然後右轉，公寓「或許」就在那邊。

硬著頭皮走到了那裡，還是找不到，只好求助路邊的交通警察，結果指向了這條街相反的另一邊。

又走到另一邊，走進一座會展中心，前臺的服務生又指向了方才老司機的方向。

就這樣，我迷失在了這座工地一般的城市。

直到…………

「斯維托什捷斯卡大街35號」，地址上明明寫著35號，我此刻就站在這條大街的「35」號碼牌下面，可是公寓在哪裡呢？

華沙人用冷漠的面孔隱藏起用沉默方式表達的熱情，正如這座四處都在建設的城市中、蕭穆的空氣完全覆蓋了施工的嘈雜一樣。

徹底「無語」過後，我走進「35」號臺階上的門洞裡，裡面是一片陰暗的開闊地。

這片開闊地，左手邊有一家賣手機的小店鋪，右邊是一棟高樓的陰暗背部，正前方一個小賭場，手機店門口坐著兩個擺地攤的中年男人，衣著寒酸。

這時候手機店裡走出一個小夥子，我只好求助他，這是我最後的「救命稻草」。

他看著預訂單，止不住的搖頭，用英語念叨著「奇怪，太奇怪了」。

明明就是這個地方，就是找不到公寓的牌子。

擺地攤的男人突然沖我喊：「Hotel！」，同時手指向右手邊那棟高樓一層的矮小門口。

　　熱心的小夥子陪我一起走進小門，裡面是個狹窄的過道，過道左邊有個前臺，一位容貌特徵很典型的波蘭大嬸坐在裡面，戴著厚厚的黑框眼鏡，正在慢悠悠擺弄著手中的報紙。

　　她的鏡框固定在鼻樑的底端，所以鏡片與眼睛形成半拋物線形狀的空隙。

　　小夥子充當起英語和波蘭語之間的翻譯，拿著我手中的訂單，開始詢問不懂英語的大嬸。

　　我默默站在旁邊，看著小夥子與大嬸用波蘭語你一句我一句，時而搖頭，時而點頭。

　　談話完畢，小夥子對我說，公寓就是這裡，但情況比較複雜，叫我直接打電話聯繫公寓的負責人。

　　我更糊塗了，連連搖頭，心想，這位大嬸難道不是公寓的前臺負責人？

　　對於波蘭人工作效率的緩慢低下，我早有所耳聞，不過面臨這樣的多番周折，還是萬萬沒有料到。

　　小夥子見我一頭霧水，便拿出自己的手機，撥通了訂單上的聯繫電話，先是用波蘭語和對方說了幾句，然後把電話交給我。

　　我接過電話，聽到是個年輕女人的聲音，只好硬著頭皮在慌亂中簡略說了一下情況，只聽她說：「好的，好的，請直接去11層的1103房間，是的，11層的1103房間，我半小時以後到！」

　　關掉電話，大嬸抬起鏡框裡鬆弛的眼皮，沖我詭秘的一笑。

　　我向小夥子道謝，真的是靠他的幫助，否則，我永遠找不到這家公寓。

　　然後，直接按電梯，上到11層，找到1103房間，發現門是開著的，走進去，第一眼就看到客廳中央的玻璃面桌子上，赫然放著一串鑰匙。

　　直到這個時候，我才完全明白，原來這棟樓有很多家商戶，其中有幾層屬於這家公寓，所以，根本沒有「聖十字」的招牌，更不用說什麼酒店前臺。

　　四十分鐘過後，老式門鈴響起。

　　「房東」瑪瑞恩姍姍來遲。

　　她身穿一件棕紅色皮子大衣，黑色腰帶嚴謹的系在腰間，一頭棕色長髮隨性盤起，笑聲爽朗，寬大的嘴角露出一口健康的白色牙齒。

　　「華沙是一座非常美麗的城市！」她笑著對我說。

　　「是的，我想應該很美，只不過『聖十字』的招牌更美，因為它太難找到了！」我聳聳肩，只好這樣回答她。

　　瑪瑞恩回以更開懷的大笑。

　　她為我介紹了公寓房間的一切所需所用，然後招招手向我告別，另外提醒我，離開時候，記得把房間鑰匙直接放到一層左手邊最裡面的鑰匙箱裡，就可以了。

　　也好，也好，這段糟糕的際遇，足夠洗刷掉那些原本就簡單到毫無意義、卻脫身不得的糾纏。

---

　　年老的男人，獨自乘坐火車，來到另一座城市。

　　這座城市，曾經帶給他匆匆幾日的最美好時光，在他最成熟、並且尚未老去的年齡。

　　這座城市，生活著年老的女人。

　　男人與女人相見了，他們都老了。

　　正因為他們都老了，所以他們不再錯過。

　　他們找到那一家當地小有名氣的酒樓，坐在頂層靠近木質樓梯的位置，女人為男人倒上滿滿一杯啤酒，男人一邊淺淺酌著，一邊望向對面的女人。

　　在他眼裡，女人的臉龐，就如同一幅假面，和年輕時候一模一樣。

　　假面，光陰積攢起女人厚厚的粉底，靜靜等待淚水奪眶而出的那一刻，被戳穿。

---

　　第二天早晨，聖十字公寓。

　　人，不在這裡了。

　　鴿子，也沒有飛回來。

1. 公寓陽臺的鴿子，華沙。
2. 男人，女人，彼此陰差陽錯。
3. 青絲與白髮，假面。
4. 告別的年代。

# （十）戀曲

城堡，暗巷，鋼琴，心臟，素描。
天上滴下來的淚，蔓延成溫柔的撫慰。
摩娑著掛滿一年風霜的容顏，煥發出更美的智慧。
搞不清的道理，遠到天際的邊陲。
唯獨妳的樣子，映入我的心扉。
有一種旺盛的感染力，在生命僅存的經過中把我召回。
好像滴水穿過石頭的時間，那，是歲月，將一切慢慢浸褪。
而你，依然是即將飄落到屋簷的那一滴雨水。
給了我雨水的智慧。

藍色，憂鬱。
藍色，聖母瑪利亞的外套。
十誡，刻在石版上的古老。
第三誡，安息日守聖。

一九八八年，華沙。
耶誕節當天，恰逢安息日。
因為這一天是主日，她本應和往常一樣，去教堂望彌撒。
可是這一次，她並沒有去教堂，而是打電話約了他出來。
他是她過去的戀人。
在那一家熟悉的小咖啡店，他們默默坐下來，彼此相對。
很久沒見面了。
她沒問他是否開始了一段新的感情。
他同樣沒問。
其實，她仍然在這座城市孤獨的生活。
他也一樣。

他們閒聊起最近這座城市出現的新話題:新開業的餐館、新上映的電影、工作中新的困擾、同事或朋友結交的新歡。

雖然都是些平凡的話,但絕不是客套的寒暄。

他口頭稱讚她全新的髮型,心裡實際在隱隱作痛,因為她剪掉了從前一直留著的長頭髮。

他「理所當然」的不知道,她究竟是在什麼時候剪掉長髮的。

雖然新的髮型依然美麗,但在他眼中,難免隱藏著「失落的關懷」。

談起安息日的彌撒,她突然笑了,眼中充滿了對他關懷的愛意,仿佛一下子回到了過去的時光。

在那時候,她與他的戀情交織著甜蜜與痛苦。

以至於在這場安息日的見面,兩個人都沒有去想,究竟是在以什麼身份來面對彼此:老朋友?知己?戀情結束後的餘音迴響?

無所謂了。

此刻的面對面,彼此只剩下歡愉、感慨、溫暖。

他不是沒有想過與她重歸於好,他只是擔心,給不了她所希望的幸福。

那時候給不了,現在,他依舊沒有把握。

或許有一天,他會向命運妥協,成立一個並不像自己所期許的、另一種樣子的家庭。

不過,前提是,她要首先找到屬於自己的幸福。

至少,他不希望在未來,在自己因為家庭問題而困惑不堪時,她仍然在安息日望過彌撒之後,獨自走回華沙的公寓。

當然,這些想法,他不會告訴她。

他送她回家,在公寓門口,彼此揮手道別。

一聲再見,意味著再也不見?

他們彼此都不清楚,是否還會有下一次見面。

更不清楚下一次見面會在什麼時候。

但願不是在他內心所不期望的那一天。

但願不是在安息日。

·····································································································

「耶路撒冷女郎！我雖黑，卻秀麗，有如刻達爾的帳棚，又似撒爾瑪
的營幕。你們不要怪我黑，是太陽曬黑了我。……我心愛的！請告訴
我：你在哪兒放羊？中午又在哪兒臥羊？別令我在你伴侶的羊群間，
獨自徘徊！……我是原野的水仙，谷中的百合。」

——《雅歌》第一幕 互相傾慕1:5-6，7;2:1.

華沙，清晨的公共汽車站，冷風凍得人發抖，那感覺，就像早戀失敗
後、騎著單車回家的中學生。

自動售票機爆起白皮的紅漆格外醒目，只不過出了故障，吞鈔口無法
啟動。

十八歲，無意中，送出了第一朵玫瑰。

二十六歲，初次見面的美好，能夠保存多久？一輩子？

一切，在沒開始之前，就已經是那個樣子了。

正因為想得過於不一樣，才會變成這個樣子。

結束那一天，穿著第一天的同一件衣裳。

「過分」巧合了。

「聽，這是我愛人的聲音；看，他來了：跳過山崗，躍過丘陵。我的
愛人仿佛羚羊，宛如幼鹿；你看，他已站在我們的牆後，由窗外向裡
凝視，由窗櫺往內窺望。……我那在岩石縫中，在懸崖隱處的鴿子！
請讓我看到你的面貌，聽見你的聲音，因為你的聲音柔和可愛，你的
面貌美麗動人。……我的愛人屬於我，我屬於我的愛人；他在百合花
間，牧放他的羊群。趁晚風還未生涼，日影還未消失，我的愛人，願
你仿效盟約山上的羚羊或幼鹿，向我歸來！」

——《雅歌》第二幕 互相追求2:8-9，14，16-17.

不知不覺間，坐過了站，報站名字和我預想的並不一樣。

當然，波蘭語確實稱得上全世界最難講、也最難懂的語言之一。

終點站到了，公共汽車停靠在不知名的路邊。

這裡應該是華沙城市的北部邊緣。

向南一路走去，走到了無名烈士墓、絢爛的花園。

最美麗的，往往與犧牲名義的死亡相互關聯。


「這時，K.先生覺得人們仿佛已經切斷了和他的一切聯繫，仿佛如今他的確比任何時候都更自由，可以在這平時不准他來的地方等候，願意等多久就等多久，贏得了別人很少能贏得的這種自由，沒有人可以動他一根毫毛或攆他走，甚至幾乎也不可以同他攀談。但是，這一信念至少同樣強烈，那就是，也覺得仿佛同時也沒有比這種自由、這種等候、這種不可侵犯更沒有意義、更沒有希望的了。」

「那山上的城堡，這時已奇怪的暗了。K.先生曾希望今天就到達那裡，那城堡又漸漸遠去。但是，仿佛還要向他做出一個暫時告別的表示，那裡響起一陣鐘聲，歡快，急速，一種鐘聲，它至少使他的心悸動了一剎那之久，就好像他心中不安地渴望的那種東西就要降臨到他頭上。但是，不久這大鐘的鐘聲便停止，緊接著就響起一陣微弱單調的鈴鐺聲，也許還在上面，但是也許已在村裡。不過這鈴鐺聲倒與他們緩慢的雪地行進以及那可憐而又無情的車夫顯得更為協調。」

──《城堡》弗蘭茨・卡夫卡


K.先生，直到最後，也沒能到達那座「城堡」。

在布拉格的小巷中，獨居的卡夫卡，同樣沒能到達。


如果，我愛妳，是因為妳愛著我。

如果，妳愛我，是因為我愛過妳。

那麼，愛，僅僅只是對自我的滿足。

如果，妳愛我，妳因為我而改變。

如果，我愛妳，我為了妳而改變。

那麼，愛才是愛。

「你多麼美麗！你的雙眼隱在面紗後，猶如一對鴿眼；你的頭髮猶如
基肋阿得山下來的一群山羊。……你隱在面紗後的面頰，猶如分裂兩
半的石榴。你的頸項宛如大衛的寶塔，……你從黎巴嫩下來，我的新
娘！從黎巴嫩下來，離開阿瑪納山巔，色尼爾和赫爾孟山頂，獅子的
巢穴，豹子的山崗。……你回目一顧，你項鍊上的一顆珍珠，奪去了
我的心。……你香液的芬芳超越一切香料。……是關閉的花園，是一
座關鎖的花園，是一個封鎖的泉源。……你是湧出的水泉，是從黎巴
嫩留下的活水泉。」

　　　　　——《雅歌》第三幕 愛情的成熟4:1，3-4，8-10，12，15.

愛是神聖的。

患者一旦愛上牙醫，多麼痛苦的牙痛手術，他死都不畏懼。

公共汽車站的兩個陌生人，終將有一個鼓起勇氣，打破沉寂，冒昧的
索要對方的電話號碼。

不曾謀面的彼此，可以共同經歷初見那一瞬間的美好。

情竇初開，此後久經波折與傷心的苦痛，也終將滿懷感恩的銘記成
長。

即使分隔兩地，甚至天各一方，也可以漂洋過海，僅僅只為了面對面
的一個下午。

第三誡，應當紀念安息日，守為聖日。

六日要勞碌，做你一切的工。但第七日，應當放下一切勞作，向你的
天主守安息日，哪怕你是寄居異城的客旅。

我從東方來，妳要往西方去。

真的沒想到，在這裡能與妳相遇。

這要由衷感謝生命的神奇。

我們都一樣，忘了從哪裡來，不知道要往哪裡去。

一路尋尋覓覓，青春，如白駒過隙。

明日的今時，終究變得了無蹤跡。

可從今以後，心中有妳，所以，不再孤寂。

「我身雖睡，我心卻醒；聽，我的愛人在敲門。……請給我開門！我的頭上滿了露水，我的髮辮滿了露珠。……我給我的愛人開了門，我的愛人卻轉身走了；一見他走了，我好不傷心。我尋覓，卻沒有找著；我呼喚，他卻不答應。……耶路撒冷女郎！你們若遇見了我的愛人，你們要告訴他什麼？我懇求你們告訴他：『我因愛成疾。』……『那上升如晨曦，美麗似月亮，光耀若太陽，莊嚴如齊整軍旅的，是誰？』」

——《雅歌》第四幕 愛情的試探和鞏固 5:2，6，8;6:10.

兩百歲的華沙大學，校門小到沒有一家商鋪的店門大。

女學生獨自坐在校園長椅上，雙手祈禱過後，開始靜下心來閱讀。

在這座波蘭最高學府裡面，可以看到很多背著樂器來來往往的學生。

這一幕幕，很大程度上，是因為蕭邦的緣故。

聖十字教堂，座落于華沙大學對面，僅僅一街之隔。

在這座教堂裡，保存著鋼琴家蕭邦的心臟。

以及眾多波蘭音樂家的靈柩。

弗雷德里克·蕭邦。

我並沒有特意去看埋葬蕭邦「聖心」的那根石柱。

理由很簡單，我並不想因為「曾經」駐足于名勝而沾沾自喜。

華沙，我不是「慕名而來」，絕對不是，一絲一毫都不是。

想像不到那根石柱上鐫刻的《聖經》經文，來自哪一章節的哪一段，哪一段中的哪一句。

這重要嗎？

可以「想像」，是因為並非親眼所見。

哦，是這樣的。

現代人總是習慣於將蕭邦的作品與國仇家恨聯繫在一起，或許這並不是他本人所期望的定論。

蕭邦譜寫的，其實就是簡簡單單的戀曲，一首首戀曲。

女性才是他的命運，而並非國家和民族。

「你的鼻子，仿佛黎巴嫩山上面對大馬士革的高塔。⋯⋯你頭上的髮
辮有如紫錦。⋯⋯清晨起來，我們到葡萄園去，看看葡萄是否發芽，
花朵是否怒放，石榴樹是否已開花；在那裡我要將我的愛獻給你。蔓
陀羅花香氣四溢，我們的門旁有各種美果，新的舊的都有；我心愛
的，我都為你留下。」

　　　　　　　　　　──《雅歌》第五幕 愛情的享受7:5，6，13-14.

華沙冰涼的風，飄來咖啡溫暖的香，飄成一道風化過眼淚的哭牆。

試著不要再用可憐的目光注視這堵石牆。

未來的，才是最重要的。

終有那麼一天，我們會發現，自己從前看到的世界，實在太小，也實
在太少。

........................................................................................................................................

一次偶然的機會，K.先生經過一個老地方。

他慢慢停下腳步，帶著禮貌的笑容向友人道別，然後獨自走向一片空
地。

五年前的聖誕夜，L小姐與K.先生在這裡停留。

"Tell me the moment you were happiest⋯" "I remember one morning ⋯getting
up at dawn. there was such a sense of possibility. And I remember thinking to
myself, so, this is the beginning of happiness. This is where it starts. And, of
course, there will always be more. It wasn't the beginning. It was happiness. It was
the moment⋯right then."

　　　　　　　　　　　　　　　　　　　　　── 《The Hours》

這是L小姐留給K.先生的最後一段話。

妳真的沒想到，他原來根本不花心。

我原本以為，妳不可能默默的堅守。

妳我都不敢再相信，竟然還有這樣一個對方，存在于現實中。

所以，戀曲，要感激相遇的運氣。

「請將我有如印璽，放在你的心上，有如印璽，放在你肩上，因為愛
情猛如死亡，妒愛頑如陰府：它的焰是火焰，是上主的火焰。……我
的愛人！願你仿效鬱香山上的羚羊或幼鹿，趕快跑來！」

——《雅歌》第六幕 愛情的圓滿8：6，14.

《戀曲1990》，《鬼迷心竅》，《風兒輕輕吹》，《漂洋過海來看
妳》。

會有那麼一天，歌，不再唱。

不唱，並非不愛。恰恰正因為愛，才選擇緘口不唱。

但願，不再唱的戀曲，仍在別處迴響。

1. 祈禱的智慧。
2. 淒美，不可能的到達。
3. 華沙的耶路撒冷。

# （十一）旅程

一段時光，某個地方，那時候的妳，現在的我，共同的故事。

旅行，路程；時間，過程；感動，又一程；心靈，歷程。

有些時候，一心想著遠方；有些時候，卻又不得不走。

「旅行的人，知道的事情才多；……未受過考驗的人，知道的少；但旅行的人，見聞很廣。……我旅行時，見過許多事情，有好多事，我雖然明白，卻不能用言語形容出來。」

——《德訓篇》34：9，10，12.

「那裡將有一條大路，稱為『聖路』，不潔的人不得通行：這原是他百姓所走的路，愚蠢的人也不會迷路。那裡沒有獅子，猛獸也不上來，路上遇不到一隻野獸，獨有被贖出的人們行走。」

——《依撒意亞》35：8-9.

北京。

每一個人，都有自己的童年。

很多人都說，童年，是最美好的時光。

這句話我並不認同。

有很多人，童年並不美好。

還有很多人，童年並不是他們一生中最美好的時光。

我的童年很美好，這只能說，我是幸運的。

那是日本漫畫風靡的最好年代。

簡單、乾淨，圖畫勾勒出積極向上的理想、純真的快樂。

漫長的暑假來了，老師一如既往留下了厚厚的作業本。

而我，一如既往在只剩下兩天就開學的時候才開始補作業，從早上一直補到深夜。

　　我的童年，只有開開心心的玩耍，沒有補習班，沒有家長關於學習種種特長的強迫。

　　白天和夥伴們游泳，晚上和夥伴們拍洋畫。

　　什麼加入少先隊，什麼肩上帶著幾道紅杠，隨它去吧。

　　我根本不在乎。

　　在乎的，是午後燦爛的陽光、悠揚的蟬鳴、還有手中絢爛多彩的漫畫書。

　　因為父母要去工作的緣故，假期的每一個白天，我都在祖父母家度過。

　　慈祥的祖母過分的保護我，總怕我一個人出去到處瞎跑，會出什麼意外，擔心我過馬路被車碰到，擔心我游泳被水淹，甚至擔心我被人販子拐賣到偏遠的大山裡。

　　最重要的，學校老師對祖母說過，我天天沉浸在漫畫世界裡，只知道傻傻的玩，這樣的孩子，將來能有什麼出息？

　　在老師眼裡，漫畫就是影響孩子健康成長的毒藥。

　　這些老師永遠不會料到，正是這些漫畫，饋贈給那個年代出生的孩子們最美好的童年，永遠無法被複製。

　　就這樣，祖母「剝奪」了我一整個暑假的全部自由時間。

　　她天天看護著我，在我眼裡，這慈愛的呵護，完全就是對自己的「監控」。

　　我深愛自己的祖母，但我同樣渴望歡樂的自由。

　　我心想，祖父祖母畢竟年紀大了，總有「百密一疏」的時候。

　　每天中午，吃過午飯，祖父總會在廚房旁邊、過道的一個老式木櫃的左手邊抽屜裡，放下一張「五角」的鈔票，這是讓我出去買一根冰棍的零花錢。

　　從祖母家到賣冷飲的小雜貨店，按照小孩子的步伐速度，一去一回大概要四十分鐘。

　　這是我一天僅有的「自由時間」。

　　多希望在這段時間，和以前的假期一樣，坐在祖父自行車的前梁上，到小小的漫畫書店去逛一逛，買兩本新出的漫畫書啊！

但我知道這是不可能的。在家長看來，老師的話永遠比孩子的話重要。

於是，我決定獨自行動。

早就知道，在賣冷飲的小雜貨店後面，有一條小路。從這條小路穿過去，可以抄近路到達那家漫畫書屋。

問題是，漫畫書屋的距離要遠得多，在四十分鐘內回來，還要不引起祖母的懷疑，幾乎是不可能的。

但我還是決定試一試，哪怕回來挨一頓打也「在所不惜」。

就這樣，我開始了自己的計畫。

從這時候開始，每個午後，從祖父的抽屜裡拿出零用錢，看起來是出去買冷飲，其實根本沒買，而是把錢塞進短褲兜裡攢下來，然後溜溜達達一圈回來，告訴祖母，自己的冰棍在路上已經吃完了。

終於，零花錢攢夠了，那一天來了。

吃過午飯，我剛一走出祖母家的大門，立刻開始「狂奔」起來。穿過那條熟悉的、兩邊盡是高大楊樹的土路，穿過小雜貨店，一個轉彎，就折進了通往漫畫書屋的「入口」。

那份奔跑著闖入「新天地」的忐忑與憧憬，和午後的驕陽一樣明朗。

路上的風景好美好美，一切都是靜悄悄、懶洋洋的，等待著我經過。經過好像國畫課裡插圖的民房，經過坑坑窪窪、卻猶如起起落落山坡的土路，經過仿佛河流、實際上只是不知從哪裡流出來的污水，經過雜草叢生的路旁、瘸了一條腿的可憐蟾蜍…………

這一切都是那麼充滿驚奇，迎著陽光奔跑，大口吸氣，大口呼氣，全都是只屬於我自己的冒險！

看！小小的、髒兮兮的漫畫書屋，就在前方不遠處！

當我伸出髒兮兮的小手，把五角一張的一大把零用錢交到書店老闆手上，買下新出的兩本單價「一塊九」的漫畫書，我知道，自己的計畫已經成功了一半。

緊接著，就是瘋狂的「拔足回奔」。

我竟然「準時」跑回到了祖母家的鐵門前。

就差最後一步了，距離成功，只差最後一步。

最後一步是什麼呢？

我掀開上衣，露出肚皮，把兩本漫畫書插進短褲裡，依靠短褲腰間鬆緊繩僅有的彈力，把書固定在短褲與自己的肚皮之間，然後用上衣蓋上肚皮，隱藏起來。

肚子上固定著兩塊厚厚的硬紙板，我蹣跚著走進了祖母家，儘量保持鎮定。

祖父已經睡了，祖母正戴著老花鏡，一針一線細心縫製冬天要穿的棉襖，哪裡有時間觀察我「過分平坦」的肚皮？

趁祖母不注意，我悄悄把書從短褲和肚子之間抽出來，塞在自己睡覺那張小床的褥子底下。

就這樣，我成功的瞞過了祖父母，神不知鬼不覺地實現了自己的「夢」。

後來呢？

後來，我漸漸長大，學會了騎腳踏車，十分鐘就可以到達那家漫畫書屋。

後來的後來，我開始認真讀書，讀那些老師認為應該讀的書，很少再去那家漫畫書屋。

再後來，慈愛的祖母去世了，童年，也在不知不覺中永遠告別。

可是，我永遠記住了那一次午後的「偷偷溜走」。

記住了那次往返所經過的所有風景。

那些風景，成為記憶中永恆的童年畫卷。

那是我人生的第一次旅程。

---

杭州。

夏末，最後一場雨。

這場雨分外輕柔，聽不到轟隆隆的雷聲，纖細，如少女的青絲。

十三歲的少年，獨自站在雨後的玻璃窗前，眼睛出神，凝望著西子湖畔泛煙一般的霧氣彌漫。

面對眼前的景象，他腦海中顯現出一個女孩子的形象。

這個女孩子他根本沒有見過。

他只是依稀看到她的面部輪廓：一副雋永的面孔，還有比這場雨更輕柔的一雙雲鬢。

這個女孩子的形象，是虛構的，是不真實的，僅僅存在于少年深藏的夢中。

可是少年心裡清楚，這個女孩子，就在這座江南小城的某個地方。

她正在「南屏晚鐘」附近的越劇團結束一天的排練，和幾個小夥伴一路講著吳儂軟語，走到清河坊老街那家熟悉的小店，排隊買香甜可口的龍鬚糖吃。

她每天都在無聲、無心的睡眠。

少年為女孩子起了一個名字，這個名字，與此刻窗上模糊的水霧一樣，終將消逝，除了他自己，沒有人見到過。

他將這個名字刻進了自己的心臟，永遠不會讓任何人知道。

時光荏苒，少年十八歲了。

西子湖明朗如青春的舞曲，不再惆悵。

晚春時節，他騎著腳踏車，經過蘇堤的時候，無意間望到路邊一個步行去上學的女孩子。

這個女孩子與他同班，是全校公認最美麗的姑娘。

只不過，她就算再美，也不是他十三歲時雨後窗前顯現的那幅面孔。

完全不同。

他無聲無息在女孩子身前停下車，然後，微笑著拍了拍腳踏車的後座。

他完全沒多想，只是覺得如果女孩子按照這樣的速度走到學校，肯定會遲到的。

女孩子會心的笑了，輕盈的側過身子，坐在了腳踏車後座上，雙手輕輕扶住少年的腰。

他一路默默的騎車，和女孩子一句話都沒講。

他們在幾年的中學生活中，總共也沒講過幾句話。

一路上，他甚至不敢回頭去看女孩子那雙明媚動人的大眼睛。

可他還是覺得自己很瀟灑，青澀到「不得不撐住」的瀟灑。

學校到了。

女孩子向他道謝，步履輕盈的走進教學樓。

他呢？

把腳踏車放到存車處，然後和從前一樣，慢悠悠的走進教室。

與以往不同的是，他發現自己的課桌上，不知道什麼時候，放上了一瓶純淨水。

正在他恍惚之際，坐在前面不遠處的女孩子向他回眸一笑。

這時，上課鈴聲響起。

那年，他們才剛剛十八歲。

一切都為時尚早，太早了。

只不過，當他們多年以後重新面對彼此的時候，發現一切又為時已晚，太晚了。

孤山不孤，長橋不長，斷橋不斷。

杭州，依然還是那個杭州。

古往今來，言物詠情的人們，永無休止。

除了他和她。

她，永遠生活在這座城市。

而他，永遠是這座城市的旅客。

香港。

我吻了她，第一次吻了她。

在某一個夜晚的教堂外，在醫學院某一段寂靜的長廊。

回去路上，我腦子裡反反復復回盪著這句話。

那個女孩子，將帶著我的吻度過這個夜晚。

天后，銅鑼灣，尖沙咀，跑馬地，灣仔軒尼詩道。

人潮洶湧的地下鐵。

寫字樓永不停歇的電話鈴聲，工作間嗡嗡作響的耳鼓。

結束了一天的忙碌，從皇后大道高樓林立的金融圈「逃離」，暈眩的頭，總算清朗了些。

《似是故人來》的歌聲作伴，快步趕到一家不顯眼的小茶餐廳，在聖約翰教堂附近。

在那裡，她正在老地方等我。

她，是這座快節奏都市、令我慢下來的晴朗。

我之於她，也是一樣的。

她是一名牙科醫生。

醫院，就在教堂外不遠的地方。

這一天，一大份熱氣騰騰的臘肉煲仔飯剛端上桌面，她卻表情平淡、帶著些許疲倦的告訴我：「今天完成了一個很麻煩的手術，不過，局部麻醉的病人可能是疼痛難忍，更可能是精神緊張，身體突然劇烈的顫抖、亂動，給他口腔剛剛注射過藥物的針頭，穿透了我的膠皮手套，紮在了我的手指上。」

我明白她的意思。

面對每一個病人，她美麗的樣子根植於心：白色口罩上面一雙明亮清澈的大眼睛，帶著會心的笑意，耐心傾聽病人囉嗦的口述；手術過程中，病人每一次感到疼痛，她都會最快道出言語的關心與鼓勵。

讀醫科，做一名好的醫生，是她的理想。

她獨立、冷靜、理性，一頭烏黑的秀髮，是她柔弱外表下、棱角分明的價值觀。

這一天晚上，一直沒聽到教堂鐘聲響起。

我曾經開玩笑對她講過，如果妳真的有什麼三長兩短，那真是上天對妳的不公。

她呢？她平平淡淡的回答我，按照醫學的觀點，沒有什麼公平與不公，很多意外，是迫不得已的事情。

我把她摟在懷裡，衝動的吻了她。

除了這樣做，我實在想不到其他力所能及的事情。

---

科尼亞。

禮拜開始，高音喇叭將《古蘭經》的唱誦，傳播到四面八方。

麥烏拉那清真寺外，安卡拉姑娘康蘇爾·德米爾巴斯坐在長椅上休息。

她的頭上裹著黑色紗巾，一身淺灰色長袍，可是，她並沒有用面紗遮住臉龐，反而展露出淺淺的微笑。

在我看來，這是一副完美到極致的古典面孔：濃濃的眉，長長的睫毛，深邃的眼窩，鷹勾般的鼻樑，飽滿的唇線。

她向我露出淺淺的微笑，示意單肩背著相機的我，可以為她拍照。

我的情緒難免起伏不定，因為我深深瞭解宗教的禁忌。

正當我猶豫的時候，德米爾巴斯突然起身，解開了系在頭上的紗巾。

也正是在這一刻，一襲宛如瀑布的烏黑秀髮，散落到她的肩膀。

面對突如其來的這一幕，我一下子就愣在了原地，真的。

我幾乎不願再拿起相機拍照，而是想把這一瞬間的畫面，永久定格在自己的眼睛裡。

只有這樣，我的雙眼才不會留下任何遺憾。

只不過，面對款款而來的她，我怎麼可能拒絕？

德米爾巴斯從長袍裡慢慢拿出一包紙巾，從中抽出幾張，疊成厚厚的一層，向我要了一隻筆，然後，她在紙上緩緩寫下了自己的郵箱地址。

她囑咐我，這些相片到時候一定要送給她。

---

離開科尼亞，接下來，要坐半天的巴士，才能到達下一站。

德米爾巴斯遞到我手裡的紙巾，散發出獨特的陣陣幽香。

此時的土耳其大地，沿途風光一派蒼茫，在這個地跨歐亞的國家，我竟分不清此時自己正置身於哪一片大陸。

歐羅巴？不像。

亞細亞？也不像。

心呢？完完全全停留在了業已離開的科尼亞、那個「古蘭」模樣的穆斯林女孩德米爾巴斯。

是的，我的旅程還沒有結束。

真想就在那個地方結束。

夜幕降臨，途經安塔利亞的海岸線，火紅的斜陽點綴起懷念的旋律。

德米爾巴斯，宛如一隻空靈的妙音鳥，此時此刻，一定又開始了新的一次禱告。

---

烏魯木齊。

地面，零下二十度，中雪。

飛機在空中盤旋了一個小時，仍然無法降落。

後來，在如期而至的晚餐時間，她才告訴我，真是萬幸，如果最後還是無法降落，你就要臨時逗留在另一座城市的機場。

菜市場裡，賣椒麻雞的小店鋪早就打烊了。

冬天的寒風，凜冽如工匠的刀，雕刻了她雪白的臉龐，造就了一顆鮮豔的紅蘋果。

陪著她，走進她中學時候的校園。

假期的緣故，不見一個老師或學生。

體育場的白雪蓋過了腳踝，教學樓的反光玻璃映射出兩個瘦長的身影，一個，近到蹲下身子照自己的樣子，另一個，遠遠把雙手揣進衣兜，含笑觀望。

我所不能瞭解的，是重回中學母校的她，目睹熟悉的景物，是覺得一切還是老樣子，還是早已物是人非了呢？

對於我這個剛剛到來的「陌生人」，她該抱有怎樣的心情？

一如既往的玩笑話，邊走邊聊的調侃，「習以為常」的掩蓋了我對她心情的理解與關切。

這個真誠、善良、倔強、堅強的新疆姑娘，是一隻再真實不過的「寂寞天鵝」。

是的，由內而外、散發出純粹美麗的寂寞天鵝。

天真開朗的笑容，隱藏了她內心究竟多少面對成長的坎坷呢？

明豔盛放的牡丹，很美。出淤泥的蓮花，很美。

歷經風吹雨打過後、隨著微風瑟瑟顫動、閃耀著點點水光的青草，難道不美嗎？

這片青草地，遠比那些花叢要美得多，正如眼淚過後的歡顏，遠比呵護備至的寵愛更值得銘記。

這只與眾不同的寂寞天鵝，就臥在那片青草地，正側著長頸，低頭默默修葺自己潔白的絨羽。

仿佛一個特別的吻。

好好的愛她，好好的愛這只寂寞天鵝。

二道橋大巴紮外的餐廳，維吾爾族老大爺剛剛烤好的羊肉串，滋味，好吃到無法形容。

雖然只是聽她說起，可我仍舊試圖在腦海中勾勒出多年以前的一幅畫面：當她還是小孩子的時候，站在冬天的烤串架子旁邊，高舉著一長串比她的小臉還要大很多的羊肉串，在刺骨寒風中，一口接著一口把美味吃完的可愛樣子。

那個孩子，正是如今穿起灰色長裙，美得恍如喀絲麗的姑娘。

夜晚，串串香的圍爐，仿佛家的溫暖。

懷舊的老牌「亞洲」汽水，還有烏蘇啤酒。

在情感世界裡，心軟的人，卻在不知不覺間做出了更殘忍的事情。

不是不愛，而是不懂得怎樣在該愛的時候愛。

就好像回聲一樣，當你聽到它在響的時候，其實它在方才就已經響過了。

沒有聽到最初的聲響，空空留下未消的餘音。

願風兒輕輕的吹，吹起她靜默的紅薔薇。

--------

華沙。

旅程，開始一段旅程。

去某個地方，來到某座城市，首先，你要愛她。

這是唯一的前提。

如果這個前提不存在，那麼，無論你到了哪裡，都是蒼白無力的。

所以，一些人抱怨沒有時間，一些人埋怨沒有金錢；恰恰相反，另一些人在陌生的城市，肆意揮霍著時間，大把揮灑著金錢。

可他們根本不愛這個地方。

所以，這座城市同樣不會對他們有一絲一毫的饋贈。

夜幕，降臨在華沙老城。

兩個妙齡金髮女郎開心的聊天，一個掐著即將燃盡的香煙，另一個緩緩攪動起咖啡杯。

吸煙的年輕姑娘，一直散發出冷漠的美麗。

這份美麗在經常被男人誤解的同時，卻又一直那麼真實、動人、寂寞的無聲傾訴著。

藍色月光，照耀起古銅色的紅牆。

苦心的等待，莫名其妙的被搭訕。

這是天平「虛無」的兩端。

這是教堂內外截然不同的世界。

這是恪守十誡的旅程。

教堂內，晚禱的人們如期而至，進入懺悔的狀態，渴望救贖。

旅程，變換的都市。

故事，線性的妳我。

1. 西湖，杭州。
2. 線性妳我。
3. 都市變換。
4. 童年，北京。
5. 似是故人來，香港。

1. 教堂內的救贖渴望。
2. 老城日暮，華沙。
3. 小亞細亞往事。
4. 月河，烏魯木齊。
5. 妙音鳥，科尼亞，土耳其。

# （十二）葬犬，生命的妄證

　　凍死在秋夜的幼犬，躺倒在甕城的流浪漢，被刺最後一劍的鬥牛，怕死的誘惑，美人魚的殺戒。

　　一九八八年秋，華沙。

　　猶太裔女孩海倫，與德裔男青年費特利希分手。

　　在華沙大學校園的路邊長椅，兩人互道珍重，心平氣和。

　　他很愛她，她也很愛他。

　　分開，與愛情無關。

　　事情的起因，源自午餐後的一段電視畫面。

　　電視臺當時正在播放一則舊新聞，內容是關於1970年聯邦德國總理維利・勃蘭特在華沙猶太人紀念碑前獻上鮮花之後，突然跪下的一幕。

　　那一年，海倫與費特利希都還是小孩子，對那段歷史根本不瞭解。

　　他們是長大以後才瞭解的，但從來沒有彼此談論過這一類話題。

　　此時此刻，作為情侶的兩個人，同時注視著電視裡的這一幕畫面。

　　片刻安靜之後，費特利希首先開口：「有點過分了，這更像是一次改變外交形象的做秀！」

　　「請你安靜！」海倫略顯激動的說。講話的時候，雙眼盯著螢幕，並沒有側過頭去看費特利希。

　　「怎麼了？畢竟他已經跪下了！」費特利希繼續講了一句。

　　他那時候還沒預料到，這竟是他對她講的最後一句話。

　　「是的，他的確是跪下了。但是，一次下跪帶來的震撼，換來的救贖，就足夠拿來抵消所有關於屠殺的血仇？！」

　　「你記住，仇恨永遠都是仇恨，永遠不可能被忘記。一次下跪也無濟於事！」

　　這是她對他講的最後一句話。


　　「看，水從右邊湧出。那人手拿繩索向東走去，量了一千肘，遂叫我

由水中走過，水深及踝。他再量了一千肘，再叫我由水中走過，水深
及膝。又量了一千肘，又叫我走過，水深及腰。他又量了一千肘，水
已成河，不能走過，因為水已高漲，成了可供游泳的水，不能走過去
的河。於是他對我說：『人子，你看見了嗎？』遂引我回到河岸。」

——《厄則克耳》47:2-6.

耶路撒冷聖殿，門下湧出的泉水，終將彙集成河，連死海的罪惡都被
聖洗。

先知的神視，並沒有實現於巴勒斯坦，而是實現在默西亞的天國。

華沙街頭，一隻很小的流浪狗一直跟隨著我。

可能是我養犬的緣故，懂得一些與小動物交流的「語言」，通過手勢
和碎語。

它與我「並肩」走在華沙深秋的街上。

它看起來天真歡快，完全不在乎即將到來的、寒冷的冬夜。

走著走著，突然，小傢伙似乎聽到了什麼聲音，兩隻耳朵僵硬的豎了
起來，然後，連「招呼」都沒和我打，扭頭一溜煙跑掉了，一邊跑，一邊
回頭望向我這邊。

不遠處走來兩個警員，穿著厚厚的皮靴，腰間挎著警棍。

原來是這樣。

路人看到這一幕，都會心的笑了。

可我笑不出來。

到了午夜，我怕它會被凍死。

一想到這裡，我的心仿佛被插入一把刀。

我覺得自己和這條狗，很多地方都很像。

一隻狗，一隻小狗。

一隻不知道什麼是「死」的小狗。

正因為它不知道究竟什麼叫做「死」，所以，它每天都很純粹的活
著。

所謂「活著」，也就是「生」，同樣是人們眼中它的狀態。

它自己漆黑的眼睛裡，不會領悟到「生」的涵義。

它只能學會「求生」。

哪怕它肚子餓，哪怕它流落街頭，哪怕它生病，哪怕它奄奄一息。

它也會認為自己只是睡著了。

是的，睡著了，不會再醒過來的睡著了。


假設所有的生命，根本不知道有「死」的存在，那麼，當死亡來臨時，會不會輕鬆很多呢？

甕城，華沙老城的邊緣。

灰色石牆拱起血紅色磚瓦，徹底隔斷了新城與老城兩端不一樣的紛繁擾攘，並且頹廢的安靜著。

沒錯，靜悄悄佇立於兩種不一樣的喧鬧之間，這份被忽視的寧靜，讓你想到了什麼？

我想到的是，某種「進退維谷」的狀態。

甕城連接老城的路在半山坡上，沿著臺階走下來一段，還有一條更破敗的小路。

流浪漢躺在路盡頭曬太陽，腳旁，是被摔啤酒瓶的一地碎片。

舊時堡壘架構的瞭望台，成為現今僅有的遮陽處，「傅油」般滋潤著寫生的畫家，拍婚紗的新郎新娘以及攝影師三人組，還有零星幾個過路人。

窗，我們暫且稱之為窗的所在，鏽跡斑斑的鐵欄杆外，一隻白鴿猶如「聖靈」，飄飄然落在窗沿，然後，飛走。

相比這只白鴿，更加引起我注意的，是陽光與暗影共同交織在紅磚牆上的圖案。

這圖案告訴我，在這個世界上，並非只有猙獰的面孔才會犯罪，犯罪後的面孔，也不一定猙獰。

我們每個人一生中都會犯下各種罪過：關於情感，關於道德，關於信任，關於偽善。

「十誡」對於華沙的規誡，也許並非杜絕，而是某種告解，因為，人們無法避免自己去「無力」的犯罪。

正如威嚴的上帝，同樣只能無力注視華沙的蒼生。

可是，他至少告訴了你：鴿子在看，鴿子會偶爾看到你所做的一切。

所以，我們每一個人都應當學會，學會尊重每一種生命的價值。

我本人最痛恨的，是駕車行駛在城市的高速路上時，會偶爾瞥到窗外路邊的狗。

挽救一個人的生命，會讓你感受到存在的意義與價值。

可是，又有幾個人會在這時候停下車，去救一隻狗呢？

我們都不要把自己當作救世主，我們都有無能為力的懦弱，只不過不會正視，反而會自嘲的開脫罷了。

所看到過的那些高速公路邊的狗中，絕大一部分，其實是被駕車的人，遺棄在高速路上的寵物狗。

它們不知道自己已經被主人拋棄。

它們傻傻的蹲在路邊等待，吐著舌頭哈著氣，等待永遠不會回來的主人。

它們突然跑到路中央，被一輛疾馳而過的汽車結束自己的生命。

我至今仍然詛咒，詛咒那些做出拋棄行為的狗主人。

他們，是徹徹底底、純粹的「殺人犯」。

不通過自己的手，給一個不知道什麼是「死」的生命帶來死亡，萬分可恥。

可是，如果有那麼一天，他們頓悟了，他們覺得自己有罪，他們認為自己應該懺悔。

那麼，接下來，他們一樣會去「贖罪」，星期天的教堂，依然會為他們敞開。

情感世界裡的人呢？

無法挽回、永遠傷害了一個人的內心，這和「殺人」其實沒什麼兩樣。

謊言，說謊，按道德標準評判，是錯誤的，是不道德的。

從一個人的內心來看，是難免要自責的。

以信仰的戒律來講，是有罪的。

那麼，善意的謊言呢？

我敢保證，沒有一個人敢承認，自己一輩子沒講過一句善意的謊言。

善意的謊言，是人類的原罪。

說謊的人之所以說謊，是為了生存，更是為了聽者，他希望聽者不會因為「真實」而喪失對於生活的某種希望。

而聽者呢？將善意的謊言信以為真，或許能看到短暫的光明，可是，這謊言經得起時間嗎？聽者「後來」會不會糾結？

要讓他不再糾結，除非他「死過」一次。只有「死」過一次，他才能重生。只有重生，他才能學會換一個視角來面對這個世界，來呼吸這個世界並不新鮮、卻至少是嶄新的空氣。

正如醫生與病患。

病患將生死託付給醫生，醫生在他眼中，就是上帝的某種具象。

而醫生呢，明明知道病患只剩下幾天壽命，卻還是要微笑著告訴病患，你很快就會好起來的。

病患沒有騙人，他把自己的將來完全拋給了醫生。生，是醫生的醫術所致。死，是醫生的責任，病患家屬甚至還要怪罪于醫生。

醫生騙了人，這是出於對他人生命延續的本能期望，也是對自己繼續生存下去的心理渴求。

誰都無權將自己的難題與困擾完全拋給對方，將對方視作「上帝」，對自己施行審判。

如果真的這樣做了，那麼騙人者就是被騙者背負的「十字架」。

反之亦然。

我們每個人一生都背負著「十字架」，不存在絕對意義上的誰對誰錯。

華沙老城，在第二次世界大戰期間，被德國轟炸機夷為平地，現在看到的，是戰後重建的「老城」。

老城可以仿照記憶重建，而記憶，永遠不可能被重建。

午後的老城廣場，空氣中彌漫著秋日黃葉的泥土香。廣場中央的美人

魚雕像，左手緊握盾牌，右手揮舞利劍。

這是全世界唯一拿著兵器的美人魚。

美人魚揮舞的長劍，預示著即將開始的殺戮？

「殺戮」這個詞，似乎欠妥。

可是如果將殺戮作為一個完全中立的中性詞彙，我覺得沒什麼不妥。

人們在情感上太習慣於將殺戮的舉動歸類到那種去侵害無辜者的行為。

而對於以「防衛」為目的的反抗，以及反抗成功之後的繼續報復，人們不但不認為那是殺戮，還要聖化為「復仇」名義的正義。

實際上，這同樣是殺戮。對於無辜者而言，是的。

你可以說，我講的這些，完全是基於一個偽命題的結論。人不犯我，我不犯人，人若犯我，我必犯人，這是亙古恆定的原則。

你說得沒錯。

只不過，當我看到哥白尼的塑像，我並不認為這個命題是偽命題。

尼古拉・哥白尼的塑像，矗立在波蘭科學院門外的小廣場上，在克拉科夫郊區街（Krakowskie Przedmieście）。

我盯著「塑像哥白尼」的那張臉，總覺得他的面部表情很奇怪。

哥白尼，一生虔誠的天主教徒，卻提出了「日心論」，這與羅馬教廷的「地心論」完全相悖。

後來，他理論的忠實擁護者，義大利人布魯諾，被羅馬教廷活活燒死。

可是，當初，哥白尼為什麼最終得以「病逝」呢？

原因只有一個，那就是哥白尼怕死。

他怕死，所以，直到他臥床不起、奄奄一息之際，「日心論」的相關著作才出版問世，公之於眾。

每個人的命運不盡相同。

上帝懲罰了不怕死的布魯諾，寬恕了一生信仰虔誠、怕死的哥白尼。

正如諾亞造了方舟，摩西在西乃山上被授予「十誡」，大衛用投石器戰勝了巨人歌利亞，所羅門王建立了耶路撒冷聖殿，而耶穌，則被釘死在

了十字架上。

正如華沙那條戰鬥的美人魚，右手揮劍的同時，左手緊緊握住盾牌。

正如我從不認為鬥牛士有一絲一毫的光榮可言。

沒錯，西班牙人可以這樣說：正如英俊的鬥牛士用手中長劍瀟灑的向垂死掙扎的公牛刺出致命的最後一劍，而憤怒的公牛同樣也可以用強有力的犄角頂死鬥牛士，這是絕對公平、且完全對等的較量，是力與美的完美詮釋。

沒錯，西班牙人還可以這樣說：正因為鬥牛這一古老傳統的沿襲，我們才保證了最優良品種公牛的繁殖延續。

西班牙人只忽略了一點：公牛奔向鬥牛士，是因為自身對於生命尊嚴、以及生存最後一絲希望的憤怒挑戰。在它眼裡，目標僅僅只是對面的這個人。

而鬥牛士的一切舉動，是在眾目睽睽之下完成的，是做給在場所有人看的。

這是對生靈存在價值的極度蔑視，毫無任何自豪與尊嚴可言。

狗忠誠的陪伴，遠遠超過人對於愛的承諾。

甚至，當你把它遺棄，一旦它再次找到你，還是會搖著尾巴，激動的跑到你身邊。

不像愛情的背叛，造夢者與傷害者，往往是同一個人。

對於死亡，對於生與死的選擇，抑或沒得選擇的面對，我們可以疑惑，我們因疑惑而思考，從而決定自己該做些什麼，該怎樣去做。

而對於愛，我們不需要去疑惑，去思考，我們只需要相信，只要相信，這就夠了。

這也許就是「愛」這個虛無飄渺的概念得以實際存在的意義。

葬犬，以生命的名義，與愛無關。

1. 生命的名義。
2. 運命。
3. 暗影。
4. 劇變的浪潮。
5. 星期天敞開的門。

# （十三）蒲公英

　　向東的飄絮，未央的蠟滴，濃香曲奇派，叉腰的天使，瑪利亞的聖寵。

　　對於妳說的，妳無言的話，象徵妳的心事。

　　好像蒲公英，風裡，雨裡，昂然佇立，等待命運的消息。

　　微風輕輕吹過，帶走妳飄散的蹤跡。

　　細雨霏靡，灑落在妳遮泥的粗衣。

　　陽光中是否………是否有妳真摯的愛？

　　露水裡是否………是否有妳喜悅的淚？

　　美麗的花蝴蝶，請莫再迷戀妳的芳香。

　　朝陽，向妳綻放他的微笑。

　　那，是妳永恆的憧憬。

---

　　仍是初秋時分，午夜的華沙，就已經寒風凜冽。

　　在國際長途車站，搭上「波羅的海」巴士，漫漫長夜的顛簸，斷斷續續的睡眠，第二天一早醒來，已經來到了立陶宛的城市，首都維爾紐斯。

　　我決定從華沙來到這個地方，是為了看一位舊時的朋友。

　　和伊芙莉娜相識，是在幾年前了。

　　在德累斯頓，春天的易北河畔。

　　那時候，她和來自考納斯的小夥伴瑞貝卡結伴在德國遊學旅行。

　　也就是從那個時候開始，我偶爾會想想，那個叫做立陶宛的東歐國家，那座名叫維爾紐斯的城市，究竟會是什麼樣子。

---

　　在約定的時間，伊芙莉娜款款而來。

　　畢竟幾年過去了，雖然時常郵件往來，但對她的印象，也只是停留在

那一年在德國的相片裡。

結果，在旅店大廳最初見到她的一霎那，我竟然完全沒能認出她來。

那年，她還是一個帶著「嬰兒肥」的天真小姑娘，身上散發出濃郁的學生氣，臉上肉嘟嘟的。

這次看到她，明顯清瘦了很多，目光中也多了幾分社會歷練的穩重。

熟悉的，是她那不變的一頭金髮、深藍色的眼睛、還有鼻樑上那一小段獨特的、突出來宛如「指環」一般的骨頭。

伊芙莉娜的嗓音和語氣，很像歌曲《Big Yellow Taxi》裡面、27歲的Joni Mitchell。

她平時仍在維爾紐斯大學攻讀經濟管理學位，一到了寒暑長假，就去時裝公司做市場調研的工作，累積自己的職業經驗，外加賺錢，前段時間，剛剛從瑞典斯德哥爾摩跑公務回來。

我們走到老城的教堂廣場，按照自己對歐洲城市的大概瞭解，我想這裡應當是維爾紐斯最中心的地方。

雖然還是初秋，維爾紐斯儼然一派深秋景色。泛黃的葉子灑落在白色大教堂外，寧靜的色彩，仿佛透過光的琥珀。

我告訴伊芙莉娜，千萬、千萬不要按照思維定式，把我當作遊客，我們只需要四處隨意走走，這樣就好。

她看著我，笑了笑，剛好上午的陽光灑落到她金色的發梢，形成一圈獨特的白色光暈，仿佛一束天使的白色花環戴在了她的發上。

緩步走上一座名叫格迪米納斯（Gediminas）的小山丘，大概百米高的樣子，伊芙莉娜說，走到山頂，可以看到維爾紐斯的城市全景。

上山的石路並不好走，我們邊走邊聊。我告訴伊芙莉娜，自己就是某一類人：某一座城市，在那裡出生，在那裡長大，在那裡讀書，在那裡畢業，在那裡開始職業生涯，在那裡為生活日復一日的努力，在那裡失去愛………

講到這裡，伊芙莉娜突然笑了。我望向她尖尖的鼻子上明亮的眼眸，很明顯，她的目光中充滿了惡作劇意味。

山頂的一片開闊地，有一座類似古老碉堡的建築物，逝去歲月泛舊的紅色，滄桑著東歐古城顛沛流離的時光。

古建築的兩端：一端，是老城；另一端，是新區。

老城那一邊，盡是一座座教堂、風格迥異的穹頂。

新城那一邊，有一座「包豪斯」簡約風格的高層寫字樓，以及每一座城市幾乎都具備的、乏善可陳的地標——電視塔。

新城那邊可以望到一條蜿蜒流淌的河，我問伊芙莉娜，河的名字，她嘰哩咕嚕講了一句立陶宛語，其實她也不知道這條河的英文名字該怎麼講，只是告訴我，同一條河上的某一座橋叫做「白橋」，某一座橋叫做「綠橋」，還有某一座叫做「什麼什麼」的橋。

後來看地圖，我才知道那條河的譯名，叫做「內裡斯河」。

走到老城全景這一邊，站在最外沿、半人多高的古老石台前，伊芙莉娜特意指給我看一座遠方的穹頂，花花綠綠的顏色、巨大的洋蔥頭形狀，說那是俄羅斯人的教堂，我點點頭，沒錯，那的確是一座典型的東正教教堂，一講到這裡，我突然問她：「難道妳不是東正教徒？」她說她不是，她是天主教徒。

嗯，我本以為這個國家的人們，幾乎都信仰東正教。

下山路方向，正對著遠方的另一座山丘，在那座山丘的頂部，矗立著一座很奇特的建築物：三個巨大的白色十字架，根植於土地上。

自然而然，我問伊芙莉娜這「白色十字」的故事與象徵意義，自然而然，伊芙莉娜天真的搖搖頭，她只知道，這一切在她出生時就在那裡。

伊芙莉娜對我說，到了冬天，石路完全被冰覆蓋，從山頂走下去，才是真正的滑到萬分兇險。那真是對身體平衡的最極端考驗。

我猜她那時候一定沒有手扶路邊的欄杆，而是冒險徑直走下去。

走下格迪米納斯山，來到一座名叫「Bernardinai Garden」的公園，我們坐在長椅上休息。

好奇的伊芙莉娜擺弄起我的長焦鏡頭，特意把相機的背帶套在脖子上，掛在胸前，然後對著公園的遠處開始對焦，中午的陽光透過泛黃的樹葉，灑落在她暗影婆娑的彩色圍巾上。

我突然發現一個細節：這部相機雖然已經伴隨我很多年了，走過很多地方，但我從來沒有把這個老朋友掛在脖子上面過。

真的，從來沒有過。

連我自己都不知道究竟為什麼。

我告訴她，第一次拿起相機拍照，是我十歲的時候。

在當時很有名的一座公園，我完成了一張自認為很有意義、很了不起的相片。

在那張相片裡，我留下了父母那個時候最自然、最親切、也最美麗的笑容。

這是我的自豪，永遠都是。

很多人喜歡把拍照行為叫做「玩相機」。

這個稱呼我完全不贊同，甚至討厭。

就像所謂的專業和業餘之間的區分一樣討厭，並且無聊。

拍照，是一種舉動，無論誰在拍，都是、也應該是一種飽含熱愛、去記錄生命狀態的舉動。

每一張用心拍出來的相片，都值得尊敬。

因為記錄的，是那一刻的某種真實。

試想，如果你的老父親在你還是小孩子的時候，拿著一部相機記錄你一天天的成長，即使那部老相機現在已經掛滿塵土、早就報廢不能用了，你會捨得把它扔掉嗎？

當你拍出來的相片，給哪怕僅僅一個觀者帶來感悟、甚至生命的希望、生活的熱愛，你還會深究這張相片的「用光技術」有多少缺陷嗎？

所謂的專業和業餘，我想，唯一的區別，就是你是否借此養活自己的肚子，是否靠此為生賺錢。

這是僅有的區分。

當然，總會有一些人，深深陷在「照相機」的漩渦之中。他們耗費大把金錢來購買器材，卻從來沒有把自己的相機當作過「朋友」；他們會一次又一次拍餐桌上的紅酒杯，然後分析各種光學條件下的成像差別，卻永遠也不懂得，相機是你帶在身邊、和你的雙眼一起去瞭解、去感受世界的伴侶，直到鏡頭與你的雙眼交融，快門與你的食指契合的那一刻。

他們會在天氣條件近乎完美的時間，扛著三角架跑到半山腰，為自己即將獲得的美麗風光而沾沾自喜，作為日後紅酒沙龍的談資。

他們永遠不會在陌生城市的地下鐵、公車上晃晃蕩蕩，四處遊走，去

捕捉突然來臨的一張充滿生命力的笑臉。

　　他們不懂，突然迎面而來的瞬間，也許不到一秒鐘就會轉瞬即逝，根本沒有時間留給你去放好三腳架，去測光，去打光。

　　照相機帶給你世界，但照相機不是世界，它同樣需要你帶領，才能真正走入這個世界。

　　這一點，有些人永遠不會懂得。

　　哪怕他們以此為生。哪怕他們永遠被視為專家。


　　我告訴伊芙莉娜，旅行當中也有一些人，這些人很奇怪，甚至在他們去過一些地方以後，仍然對那個地方的一切一無所知。所以，除了在回國之後向親人好友炫耀他們「血拼」歸來的戰利品，以及高套闊論在世界各大機場退稅視窗的攻略之外，他們什麼都沒有。

　　這是一種不那麼正常的快感。

　　甚至，我認為這種行為，準確地應該稱之為「境外因私採購」，而並非什麼旅行。

　　伊芙莉娜津津有味的聽著，時而驚歎，時而微笑，不時發出些語氣詞，表示她完全理解我的意思。

　　但我認為她並不完全懂得。

　　比方說，在維爾紐斯，在這座全世界最盛產琥珀的城市，她會很心平氣和的告訴我，這裡的琥珀很多，應該不錯。

　　僅此一句話，只說了一次而已。

　　從她的眼神裡，我能讀出她的意思，那就是：在這裡，在這個地方，琥珀，就是琥珀，只不過要區分好的琥珀與不那麼好的琥珀。

　　而在我們所熟悉的思維邏輯中，首先想到的，一定是：這裡的琥珀，是真的？還是假的？

　　起身，我們繼續四處走走。

　　幾個轉彎，伊芙莉娜帶我走進一座靜悄悄的教堂。

　　她告訴我，這座教堂名叫「聖安妮」，十六歲的時候，她在這裡唱詩。

　　我笑了笑。

　　剛好此時陽光照耀在教堂的紅牆上，是的，又是熟悉的泛舊朱砂色，烘襯出一份獨特的冥想空間。

　　於是我特意叫她走到紅牆邊，輕鬆自然的站好，為她拍下一幅肖像。

　　一走進教堂，身旁的伊芙莉娜很熟練、並且快速的右膝跪地，如同芭蕾舞演員的俏麗身姿，然後，在胸前默默劃了十字。

　　我對她小聲說，妳的祈禱手勢用漢語發音是這樣講的：「因父、及子、及聖神之名，阿門」。

　　伊芙莉娜點點頭，目光中閃爍出獨特的光芒。

　　在這一刻，我仿佛看到了十六歲時她的樣子，那個在安息日夜晚、望彌撒時唱詩讚頌上主的白衣小天使。

　　音樂，唱頌天主的聖詠，穿透空氣，與傾聽的雙耳通靈。

　　所有的彌漫，令我想起薇羅尼卡。

　　是的，就是那朵兩生花。

　　兩個生活在不同的城市、幾乎一樣年輕、一樣美麗、一樣擁有天籟嗓音、也一樣患有先天性心臟病的薇羅尼卡。

　　下雨了，華沙的薇羅尼卡，沒有和唱經班的女孩子們一樣跑回教堂躲避，而是獨自佇立在雨中的教堂外，繼續歌唱。

　　下雨了，巴黎的薇羅尼卡，躺在公寓房間的床上，剛剛享受過肉體的歡愉，默默注視著滑落在玻璃窗上的雨水。

　　華沙的薇羅尼卡，熱愛歌唱，哪怕雨水將她淋得濕透，哪怕高音會讓她脆弱的心臟承受不住，可她還是義無反顧的選擇擔任音樂會第一主唱。

　　巴黎的薇羅尼卡，熱愛歌唱，可她深深警覺到唱歌對於自己心臟的傷害，於是她選擇放棄自己的天賦，在一所小學擔任音樂教師，過著平平靜靜的日子。

　　華沙的薇羅尼卡，是空靈的，以純粹的精神意義存在著。

　　巴黎的薇羅尼卡，是現實的，享受著生活中燦爛的陽光。

　　華沙的薇羅尼卡，在音樂會演出的最高潮，在竭盡全力唱出整個樂章最難完成的一個音符的那一刻，心臟病突發，倒在了舞臺上。

　　她死了。

　　與此同時，巴黎的薇羅尼卡正在與男人交歡，卻突然停止，然後，心

頭湧起莫須有的一陣悲傷，不知不覺間，眼淚流了下來。

她活著。

其實，在從前的某一天，在波蘭，華沙的薇羅尼卡，結束在教堂的唱詩，走到廣場中央，無意中看到了和自己幾乎一模一樣的、作為旅行者的、來自巴黎的薇羅尼卡。

可是巴黎的薇羅尼卡並沒有注意到她，只是在登上旅遊巴士之後，無意中隔著車窗拍下一張相片，相片中，有華沙的薇羅尼卡存在。

曾經，「精神意義」邂逅了「現實生活」，可「現實生活」並沒有注意到「精神意義」。

當巴黎的薇羅尼卡在某一天終於注意到，在沖洗出來的相片中、那個和自己一模一樣的女孩子的時候，華沙的薇羅尼卡，已經死了。

當「現實生活」終於找到了「精神意義」的存在，「精神意義」已經走向永生。

華沙的薇羅尼卡，我們不知道她是否覺得自己孤獨。

巴黎的薇羅尼卡，她，不一定不孤獨。

我們每一個人，都會在擁有精神存在的同時，忽略其存在的價值，只是為了渴望現實生活的滋潤。

我們每一個人，也都會在現實生活的乏味之中，渴望業已死掉的精神存在，重新回歸。

眼前的伊芙莉娜，也是一樣的。

在維爾紐斯聖安妮教堂唱詩的伊芙莉娜，搭乘夜巴士去華沙看流行音樂會的伊芙莉娜，當年德累斯頓易北河畔陽光燦爛的伊芙莉娜，當今結束斯德哥爾摩職場磨練的伊芙莉娜。

我們每一個人，都要輾轉於「雙重的自己」之間，一生，始終如此。

我也一樣。

只不過，局限於彼此母語不通的交流障礙，我無法表達清楚自己的意思。

我只是想告訴在教堂祈禱的伊芙莉娜，這個還是嬰孩、就已經接受洗

禮的天主教徒，在東方，在印度教、佛教的教義中，有一種叫做「輪回與六道」的詮釋，這種精神，不同於妳所瞭解的關於「罪與罰」的審判。

相對于天國，那裡存在著轉世。

相對於天主的恩賜，那裡存在著一種叫做「姻緣」的前世因與後世果。

儘管表述不清自己的意思，但身處教堂之中，我不得不為這份聖化的氛圍所感染。即使站在虔誠祈禱的天主教徒姑娘身旁，我反而在內心身處，祝福著遭遇情感傷痛與人生流轉的那個東方姑娘，真心祝願，能夠在她生，轉世成為天真無邪、滿顏歡樂的小女孩。

對於這份祝福，我滿含熱淚的獻出。

「人縱然賺得了全世界，卻賠上了自己的靈魂，為他有什麼益處？或者，人還能拿什麼作為自己靈魂的代價？」

——《瑪竇福音》16:26.

伊芙，妳是與生俱來的天使，笑容裡，充滿了信仰與希望。

與東方某些「無病呻吟」的病態美感截然不同。

只是，除此之外，仍然存在著一些真實的東方女孩子，和妳，是不一樣的。

她們也很健康，只不過，她們的內心，比妳脆弱得太多太多。

妳從小就有教堂庇佑，而她們，只能靠自己離鄉背井的打拼，堅強支撐起內心的脆弱。

她們同樣美麗著，那是與妳完全不同的另一種美麗。

走出聖安妮教堂，伊芙莉娜仿佛看到了什麼，駐足在大門反方向最後面的幾排畫板前，畫板上面，粘貼著一些以往教堂聖事活動的相片，她告訴我說，她想找到當時自己唱詩的留影，所以她一個接著一個耐心的找。

我默不作聲，等待驚喜降臨。

可惜的是，直到最後，還是沒能找出她說的那張相片。

這，或許就是自己所說過的，關於相片存在的意義。

不自誇的講，我想是的。

「他們的天使在天上，常見我在天之父的面。」

——《瑪竇福音》18:10.

「最後的，將成為最先的，最先的將會成為最後的。」

——《瑪竇福音》20:16.

走在Pilies主街，一座座建築物，如同長條形狀的巧克力盒子。

經過聖凱西米爾教堂，來到維爾紐斯老城的中心——市政廳廣場。三角形的廣場中央，是一座叫不出名字的歌劇院式建築。

午間，層層疊疊的雲，輕撫著聖尼可拉斯教堂高亢的塔尖。

市政廣場的男男女女，究竟是在彩排舞蹈？還是在擺拍某一種情境？

我不再問伊芙莉娜，只是和她坐在木長椅上，平平靜靜觀望眼前的一切。

直到摩托車隊轟隆隆的雜訊響起，伊芙莉娜才露出訝異的笑。

午後，啤酒的味道實在奇怪，我竟然喝出了類似「甜薑」的辛辣。

市政廳廣場，原本躺在長椅上酣睡的流浪漢，突然起身，神情變得恐怖，不知道究竟什麼事情突然刺激到他，一路走開，一路破口大罵，不是罵別人，而是低垂著頭自罵，罵起來沒完沒了。

我與他步行的距離並不算遠，試圖擺脫他，但是無論加快速度還是放慢速度，這個流浪漢還是形影不離的與我幾乎並排同行。

我有些不安，不知道他即將對我做出什麼舉動：乞討？或者搶劫？

我實在是想多了。

流浪漢突然快步超過了我，走進街邊一座小教堂。

這次換成了我尾隨他，走進教堂。

教堂外門裡面還有一個內門，從內門的玻璃窗上，可以看到裡面的宗教活動。

內門裡面正在舉行彌撒聖祭，神父口中唱誦著聖詠，把象徵著聖體與聖血的無酵餅與葡萄酒，按次序分發給禱告的信徒。

流浪漢沒有走進去參加彌撒，只是默默蹲坐在內門外、外門內的角落

裡。

　　他不再罵，一句話都不再講，看得出來，他在用心聆聽神父的聲音，面部表情變得萬分祥和。

　　這或許是他抵禦寒冷的方式。

> 「耶穌拿起餅來，祝福了，擘開遞給門徒說：『你們拿去吃吧！這是我的身體。』然後，又拿起杯來，祝謝了，遞給他們說：『你們都由其中喝吧！因為這是我的血，新約的血，為大眾傾流，以赦免罪過。我告訴你們：從今以後，我不再喝這葡萄汁了，直到在我父的國裡那一天，為你們同喝新酒。』」
>
> ——《瑪竇福音》26:26-29.

　　教堂外，衣食不保的流浪漢，可能是魔鬼撒旦的化身，也可能是叛徒猶大的信眾，更可能什麼都不是，只是一個同樣擁有自己尊嚴的乞討者。

　　這個世界，遠遠不是伊甸園的樣子。最難的，我認為並不是生或死，因為生死很多時候由不得自己去選擇。

　　最難的，是相信。去相信一件事情，去相信一個人，這個才是最難的，因為它完全取決於你自己。

---

　　臨近黃昏，天色陰沉下來，維爾紐斯大教堂（Arkikatedra Bazilika）的白色，也隨之顯得更凝重，更肅穆。

　　老邁的婦人拄著拐杖，步履蹣跚的邁進教堂，跪在右側盡頭的聖徒卡希米爾禮拜堂前，開始祈禱。

　　教堂對面，鐘樓下的少男少女，手拉手圍成一圈，進行著特別的遊戲。

　　公園裡散步的人不多不少，緩緩流淌的河水中，幾隻紫色「鵜鶘」不知道在做什麼。

　　是的，那些都是仿造出來的生物。

　　吸引我停下腳步的，是一條無名小路：蒼樹，黃葉，老木，連垃圾桶

都像是藝術品。

我慶倖這條路很久沒有走過來一個人。

人不要總是覺得自己那麼重要，你可能就是某種氛圍的破壞者，僅僅是你。

人可以走入另一個人，可是，人無法走入景象。

你只是景象中的某個暫時存在的事物，僅此而已。

繼續走，橫穿過公園，走上一座橋，橋下流淌的，還是那條叫做「內裡斯」的河，過了橋，不經意間走上一段頹廢的臺階，穿過不知道是不是故意被廢棄的樓房，然後，來到了另一個「國家」。

嗯，終究還是走到了這個地方。

沒錯，這個地方，真的是一個「國家」。

Uzupis Republic，烏祖皮斯獨立共和國。

這個地方在維爾紐斯老城的正東方，與公園僅僅一河之隔。

這個地方在十多年前曾經宣佈「獨立」，並擁有自己的「總統」、「國旗」和「國歌」，一面牆上還刻著「共和國憲章」。

這裡曾經是藝術家、夢想者的國度。

不，這種說法太官方了，應該這樣講，這裡是流浪漢和醉鬼的地盤。

藝術家就是流浪漢，夢想者與醉鬼，實際上也沒什麼分別。

昏暗的巷口，騎滑輪的少年一溜煙飄過。

四對新人手牽著手，走過內裡斯河上的橋，從「烏祖皮斯共和國」走回維爾紐斯。

天空在日落前突然放晴，積攢了一整個下午的陽光傾灑而出。

一座教堂的壯觀全景，豁然開朗。

黃葉，白牆，紅頂，綠水。

維爾紐斯原來這麼美。

慢慢的走，走回維爾紐斯老城的南部邊緣，走到黎明之門（Aušros Vartai）。

走進門內，上二層，裡面是一間小禮拜堂，供奉著黑色與金色相間的聖母瑪利亞聖像。

耶穌用自己的血立定了新約，結束了摩西以牛血所定立的舊約。

十誡呢？

你應當愛近人如你自己。

沒有比這條誡命更大的了。

置身於拱門的黑暗中，伊芙莉娜的身影，不知道究竟變得更模糊，還是更清晰。

穿過黎明之門，就算是離開老城了。

路兩邊的建築明顯淩亂了很多，不過倒也次序井然。

經過一個很大的市集，走到路的盡頭，是一座半山坡，看到坡上有鐵軌，還有停靠的火車，知道這裡自然是火車站了。

向右轉，沿水泥臺階走上去，走在一條盡是落葉的寂靜小路上。

我們隨意聊著一些輕鬆話題。

人們有沒有想過，離開一個地方，更傾向於選擇午後，還是傍晚，抑或深夜？

到達一個地方呢？我想，只要到了，就無所謂時間。

而「離開」，是不一樣的。

直到現在，我仍然參不透，參不透自己離開時的狀態：瀟灑？悲傷？或者都有？

總之絕不是歡喜或者開心。

如果你心存留戀，就不會開心。

還好，今夜我不會離開。

我只知道，我的名字，現在可以叫做「Nobody」。

Yes，My Name Is Nobody。

蒲公英，隨風四處飄散的蒲公英，帶走被風吹散的自己，飄落到伊芙莉娜的鼻尖。

1. 肖像，聖安妮教堂外。
2. 信仰永生之光芒。
3. 笑容與憧憬。
4. 一派深秋景象，維爾紐斯。
5. 轉世輪回，東方。

1. 黑色聖母的憐憫。
2. 連垃圾桶都像是藝術品的小徑。
3. 鐘樓下少年男女的遊戲。
4. 男男女女，情境。
5. 流浪漢和醉鬼的地盤。
6. 身影，黎明之門。

# （十四）應許的聖詠

　　煮熱的咖啡，嘎嘎叫的野鴨，滿臉幸福的啞巴，角色互換的情誼，聖三位一體的塔尖。

　　一九八八年冬，華沙。

　　郊外的一片公寓樓生活區。

　　男青年是一位非常年輕的郵局小職員，他暗戀著一位美麗多情的女人，這女人大他近二十歲。

　　每到晚上，男青年經常坐在自己房間的寫字臺前，架好天文望遠鏡，等待對面那棟公寓樓的一個房間的燈光亮起，當燈光亮起，就證明那位中年女人回來了。

　　然後，他就開始用望遠鏡窺視她。

　　男青年窺視女人孤獨的坐在餐桌前吸煙；窺視女人在掛斷電話後打翻牛奶瓶，趴在桌子上痛哭；唯獨當女人每次帶著不同的男友回到房間後，準備開始欲望的進程之前，男青年都會痛苦的移開望遠鏡，不再去看。

　　他的窺視行為，違反了道德和法律，卻完全不摻雜任何邪惡的成分。

　　他只是愛那個女人，僅此而已。

　　直到有一天，女人發現了他窺視的行為。

　　他向她坦白了一切，並表達了對她的愛意。

　　女人並沒有指責他什麼，甚至答應了他的約會邀請。

　　這讓男青年喜出望外，在公寓樓群裡欣喜狂奔。

　　於是，在某一個白天，散發成熟魅力的女人與羞澀的男青年在咖啡廳約會，並且在晚上主動帶他回到公寓裡女人住的房間。

　　在房間裡，女人用行動暗示了男青年，根本沒有什麼愛情存在，只有性。

　　男青年情緒徹底崩潰了，落荒而逃。

　　他跑回自己家，躲在廁所裡，割腕自殺。

　　女人在男青年「逃離」自己寓所之後，後悔萬分。

在以後的一段時間裡，她想見、卻始終沒有見到過這個男青年，直到她得知他割腕自殺、已經被送到醫院搶救的消息。

她在這段時間裡思考自己的過往，終於領悟到，男青年所說的愛，是存在的，只不過她自己早已不再相信這種愛的存在。

現在，她改變了，她開始重新相信純粹的愛。

她獲得了新生。

是偷窺的男青年賜予了她新生。

更令她欣喜萬分的，是她得到了男青年被醫院搶救過來的消息。

他活過來了。

她愛上了他。

某一天，當女人主動去男青年工作的小郵局探望他時，當男青年一眼望到了帶著微笑、帶著與以往截然不同的另一種美麗的女人，正在一步步靠近他，他會怎樣？

男青年望著面對面的女人，目光平靜得不能再平靜，他只是對她講了一句話：「我不會再看妳了，我不再相信愛情。」

---

「猶太全地和耶路撒冷的群眾都出來，到他那裡，承認自己的罪過，在約旦河裡受他的洗。約翰穿的是駱駝毛的衣服，腰間束的是皮帶，吃的是蝗蟲與野蜜。他宣告說：『那比我更有力量的，要在我以後來，我連俯身解他的鞋帶也不配。我以水洗你們，他卻要以聖神洗你們。』」

——《瑪律谷福音》1:5-8.

在維爾紐斯的最後一天，伊芙莉娜帶我來到郊外。

郊外一個名叫特拉凱（Trakai）的地方。

沿途路面泛起午後的光暈，被冷風吹起的落葉翩翩起舞。

汽車反光鏡裡伊芙莉娜的肖像，緩緩帶我步入忽醒忽睡的夢內。

十月的郊外，一派流金世界。

灑滿泛黃落葉的路面兩旁，紅色、藍色、綠色、紫色，一座座奇幻色

彩的木屋，讓蝴蝶收斂的飛舞。

路的盡頭，是一片靜謐的湖泊。

湖面上矗立著一座令人過目不忘的古老城堡。

我所不瞭解的，是關於這座古堡的一切。

我所瞭解的，是伊芙莉娜帶我來到這裡的心情，儘管她只告訴了我，這座古堡的名字叫做「特拉凱」。

一個中年男女小團體請我們幫忙拍合影，我用自己的相機幫他們拍了一張照片。

從這張照片裡，我看到了哪一種愛？

親情之愛？友情之愛？生命之愛？愛情之愛？

我們口口聲聲說著「愛」，可「愛」是什麼？真的存在嗎？

這份「愛」，是否僅僅只是我們保護自己的藉口？

我對伊芙莉娜說，今天是星期天，是安息日，妳又要去教堂望彌撒了。

她教給我立陶宛語「彌撒」的發音，還說，她要去向「瑪利亞」祈禱。

每天早上都會祈禱。

星期天，是早晚各一次。

陪伴著聖母，我想她這一天應該實現了自我的「救贖」。

愛，至少可以是救贖。

把愛當作救贖：愛別人，正是在救贖自己。

只有這樣，或許一切疑惑才能迎刃而解。

否定愛，是因為得不到愛。

得到愛卻又失去愛，我們除了救贖，還能做些什麼？

一個人究竟能不能真正的審判自己？

神秘廊柱上面的雕刻，猶如誇張的非洲圖騰，那麼的「不歐洲」，與周遭景象格格不入。

一個掛著相機的小夥子熱心幫我們倆拍合影，拍完之後，我向他道謝，然後與伊芙莉娜一起看相機重播，想知道拍得效果如何。

馬馬虎虎，有些欠缺的，是沒有把腳拍進畫面，這屬於合影照片裡不

小的瑕疵。

伊芙莉娜先是點點頭，然後帶著明朗的語氣告訴我，沒關係的，這已經很好了！

她這句話，也許正是某種啟發。

我們因為愛過別人而在過後品讀自身的殘缺，我們同樣因為如今愛著對方而填滿自己的殘缺。

我們共同愛著沒那麼完美、卻獨特美妙的、共有的一段生命際遇。

這，就已經很好了。

不相信愛情、只相信利益的人，雖然嘴上聲稱愛情業已經歷得太多，所以選擇不再相信。其實，這樣說的真實原因，是這個人從來沒有得到過真正的愛情。

失去的不是愛，而是再一次去愛的能力。

而認為欲望玷污了愛情神聖性的那些虔誠的人，面對時間所派生的殘酷現實，也一定飽受煎熬。

畢竟，等愛，從某種意義上講，也是對於對方心靈之窗的偷偷窺視。

這是「天主十誡」的兩極，這是兩種信仰的對峙，相遇，勢必造成其中一方的決堤崩潰。

當一個人已經與對方分開，已然斷絕了一切聯繫，在這時候，自發的隔空想像此時的她該是多麼孤獨、多麼痛苦，一想到這些，就讓無能為力的自己更加痛苦。

只有到了這個時候，一個人才能體會到什麼是愛。

只是，有些人選擇轉移痛苦，另一些人摒棄這麼做。

可摒棄這麼做的人最終發現，他造成的痛苦更多。

愛情遠遠沒有生死相許一霎那、或者相濡以沫一輩子那麼完美，要想得到這些，一些人除了努力，還要有運氣的眷顧。

而其他人，無論一生始終沒有得到，抑或經歷得太多而心生厭倦，都會感歎：愛情，為什麼完全不是最初設想的那幅模樣？

緩步走著，直到木棧橋最外沿的水畔，伊芙莉娜單膝跪下，伸出手來，向遊過來的白天鵝打招呼。

然後，她起身，默然出神望向遊走的天鵝，帶著惋惜的目光。

　　請原諒我的無禮，在她沒有注意到的情況下，我用相機留住了她的神情。

　　只因為這一幕很美。

　　我們愛上事物是因為其本身美好？還是事物因為被我們愛上才顯得美好？

　　這個問題無從解答。

　　一個人的一生，愛過幾個人，被幾個人愛過，有過多少次戀愛經歷，這些都不重要。

　　最重要的，是能夠遇到、並經歷一份最接近於「聖詠」的愛情，因溫暖而神聖，因純粹而靠近真理，沒有轟轟烈烈，而是存在一種延續的生命力，哪怕僅僅幾天，也足夠一個人回味終生。

　　伊芙莉娜回過神來，用手指向湖面延伸到遠方的一座白色建築，問我想不想去那裡看看。

　　為什麼不呢？

　　直到現在，我仍然不知曉那棟白色建築的名字和來歷。

　　只記得驅車從古堡離開，行進在一段蜿蜒曲折的公路上，然後在一個路口右轉，開進一片枝葉繁茂的幽靜小路，接著是一段上坡路，直到路面重新回復平坦，沒多久，車就停在了路邊。我們下車，走進一個類似於花園入口的地方，行人稀少，白色建築孤零零立在那裡，仿佛舊時繁盛、今昔無人問津的古老市政廳舊址。

　　在這個時候，時間、國界，已然失去了意義。

　　就如同周遭的景象：靜悄悄的樹林，無聲的水流，懷舊的落葉，因逆光而泛黑的湖面。

　　唯一有意義的，是這個立陶宛姑娘還在我身邊。

　　明天這個時候，她將在這座古城繼續生活，而我，將在另一座城市繼續旅程。

　　身處白色建築的瞭望台，剛好望到湖面遠方特拉凱古堡的全景，只不過這個時候的太陽在淘氣的惡作劇。

　　人們總是不喜歡逆光。其實，逆光下的影像，同樣足夠表達某種情緒。

譬如告別。

離開白色建築，走在回去的林蔭路上。

伊芙莉娜微笑時湛藍的眼睛，帶給我信仰的光芒。

愛與欲望，或許根本不存在對立。

對立的兩面，其實是愛與無愛。

善良的人無非三類。

第一類，善良到天真，完全想不到那些不公正的傷害與痛苦的際遇。

第二類，思想敏銳，內心無所畏懼，冷眼旁觀角落裡的醜惡與冷漠，拒絕妥協。

第三類，面對親歷的欺騙與傷痛，選擇不再相信，失落、卻堅強的活下去。

失去愛的人，沮喪，憤怒，無助，痛苦，或者被動承受「無愛」，更可能主動選擇「無愛」。

也許你會說，這世界上不存在絕對意義的善與惡。

但不可否認的是，善良的人受的傷害，總會多那麼一些。

想到這個地步，我想我漸漸懂得了「十誡」存在的意義。

當一個人走到了不再有任何困擾、萬念俱灰的地步，當一個人開始選擇自暴自棄、自甘墮落，那麼，戒條就是最後那一道審視自我的屏障。

戒條不會勸導你，而是警告你，你不許這樣下去，善，仍然存在。

人性善良的一面，正如此刻靜悄悄的林蔭小路，就在不遠處存在著，正等著你走下去。

只不過你尚未發現而已。

我突然回憶起幾年前，同樣是秋天，在法國南部，在普羅旺斯的一個夜晚。

在那個晚上，自己突然感受到，所有關於愛與欲望的模糊臨界，以及難以達成一致而不可逾越的鴻溝，最終通過信仰來解決的可能性，依然存在。

不一樣的是，那時候我游走於雲霧飄渺的虛無之間，任由千絲萬縷的故事緩慢牽引，而現在，我選擇「位格化」的去面對，不，確切地說，我

沒得選擇。

原因很簡單，此時我眼前的，不是「卡蒂娜」旅店夜晚的每一扇窗，而是黃昏即將告別的伊芙莉娜。

這個告別我之後、去教堂參加安息日彌撒的姑娘，一生始終如此的天主教徒。

告別她之後的我，面對接下來的旅程，我想我不會再有任何困擾。

每一個相信愛情的人，不論一直相信著，還是曾經相信過的人，都不應該再有什麼困擾。

即使是在逢場作戲的速食式愛情面前，你的信仰好像白癡一樣，淪為他人的笑柄。

把一切都看在眼裡的上帝會告訴你：「孩子，別理會他們，這是你的信仰，學會祈禱，星期天的教堂大門，永遠為你敞開。」

黃昏時分，教堂廣場外，與伊芙莉娜道別。

她給了我一個擁抱，片刻過後，我給了她一個更熱烈的擁抱。

---

千言萬語，在道別之前，終究難以傾訴出口。

在告別一個人之後、與迎來下一段腳步之前的「中間時間」，人總是會經歷一生獨有的奇特。

大教堂外的潔白石柱，與泛著暗綠的黃葉交織在一起，仿佛愛的箴言。

隨意坐在一棵「金色矮樹」下的石臺上，安息日的教堂鐘聲有規律的響起，鐘樓頂端蕩漾著鳥群飛過、摩擦空氣的迴響，象徵思念的黃葉不時飄落到肩膀。

我想，黃昏之所以美，正是因為夕陽的成全。

伊芙莉娜對我說，不止一次對我說，明年你一定要再來這裡，一定要回來。

---

可是，我在想，其實我們心裡都清楚，很多時候，承諾，不過是對於

時間猶疑的揣測與經歷蛻變過後的回音。

無論是變遷中的妳之於我，還是變遷中的我之於妳。

再見的時候？

一年？五年？十年？更久？

至少，應該是在我們彼此都經歷了關於自己的、與以往截然不同的歷程之後吧。

或許，也只有這樣，在這段旅程過後，昨日的身影，才可能被「短暫即一生」的銘記，甚至充溢起「寄景於他生」的意味。

..................................................................................

這一天是周日，正如伊芙莉娜告訴過我的，每個星期天的安息日，她都會去望彌撒，早晚各一次祈禱，一生都不會改變。

而此時的我自己，完完全全陷入了即將離開的情緒當中。

站在山丘頂端，望了一眼最遠的那座「聖彼得與聖保祿」教堂。

最開始，認為欲望玷污了愛的潔淨；之後，沉湎於欲望而摒棄愛的潔淨；最後，試圖維繫欲望與愛的潔淨之間的某種平衡。

至少，一部分人就是這樣走向最終歸宿的。

至於真愛是否存在，或許同樣是「兩者之間」的某種平衡。

你信，我也信。抑或，因你信，故我信。

僅此而已，足矣。

大教堂、格迪米納斯山、「天主聖三」十字、博納蒂公園、市政廳廣場、黎明之門。

臨別之前，我拍下了在維爾紐斯的最後一組相片。

完全沒有任何有意為之的表達，也可能是情緒自然流露到了行雲流水的地步，不再需要絲毫的刻意。

個人認為，這組相片，記錄下了我眼中最美麗的維爾紐斯。

即將離開的彌留之際，往往是一個人最能體會到美麗的時候。

道理再簡單不過：在這之前，他忽略；從今以後，他漸漸忘卻。

天色漸晚。

黎明之門，祈禱的老婦人步履蹣跚的走上樓梯，然後緩慢的跪在了一

級臺階上。

「我父將一切都交給我，除了父，沒有一個認識子是誰；除了子及子
所願啟示的人外，也沒有一個認識父是誰的。」

——《路加福音》10:22.

皎潔的月光照亮了整個夜空，營造出寂靜的深藍，灑落在聖安妮教堂
的尖頂。

教堂裡面正在舉行彌撒聖祭，外面，我按下了在維爾紐斯的最後一次
相機快門。

聖特蕾莎教堂（St Teresa's Church）門外，成了流浪漢的夜間聚集地。

離開老城，市集關門了，餐廳打烊了，唯獨小小的賭場燈火通明。

從超市跑出來的姑娘，斜挎著迷你背包，問我巴士站在哪邊，還說她
快要趕不上那趟車了，我讓她別著急，向前走五十米，然後左轉就是了。

她道謝後，一溜煙飛向前方，然後一個轉彎，消失在視野裡。

喝醉酒的中年女人起身時突然一個踉蹌，癱坐在隔壁桌的椅子上，男
人攙扶起她，笑著連聲對那桌人道歉，中年女人渾渾噩噩的搖著頭表示不
解。

冷風卷起殘葉，我提前感受到了尚未來臨的冬季。

巴士緩緩出站，離開夜幕籠罩的維爾紐斯。

身旁座位的德國小夥子個子很高，看起來斯斯文文的，戴著一副線條
硬朗的德式黑邊眼鏡。

他一直很熱情的和我聊天，我主動談起了柏林，不再說關於維爾紐
斯、關於立陶宛的一切一切。

這是我有意這樣做的，因為我一心想把關於這個地方純粹的記憶沉澱
下來，不想再受任何其他印象的干擾。

巴士離開了市區，不再聊天，我戴上耳塞聽音樂。

特意找到Van Morrison的那首《Have I Told You Lately That I Love You》。

這一次播放的，是這首歌的一個Live版本，聽過的人應該不多。

歌曲的前半部分，是一位很年輕、人氣很紅的流行巨星演唱的，他唱得很棒很棒，歌喉深情，韻律精雕細琢，只不過，當後半段開始，當原唱Van Morrison登場，當這個已經六十多歲的北愛爾蘭老頭子用粗糙的音色、含糊不清的吐字唱出第一句時，全場才徹底開始沸騰。

這就是創作的力量，只有Van Morrison自己知道這首歌意味著什麼。

正如後人無論怎樣按照自己的想法與理念來詮釋過去的故事，親身經歷者的感受，永遠只有他自己清楚。

「光在你們中間還有片刻。你們趁著還有光的時候，應該行走，免得黑暗籠罩了你們。那在黑暗中行走的，不知道往哪裡去。幾時你們還有光，應當信從光，好成為光明之子。」
——《若望福音》12:35-36.

不知道究竟要往哪裡去的行走，成就了信仰的光芒。

午後的陽光，原本刺眼激烈，卻因為聖安妮教堂繽紛的塔尖與錯落的磚瓦，轉化為流金的燦爛，灑落在伊芙莉娜濃郁的金髮上，柔和的眉毛上，還有俏麗的鼻尖上。

1. 應許的聖詠。
2. 靈與肉。
3. 救贖之愛。
4. 合影，愛的詮釋。
5. 共有的生命際遇。

1.大教堂。
2.心靈之窗，窺視。
3.特拉凱，維爾紐斯。
4.逆光的情緒，告別
後繼續的旅程。
5.黃昏時分的「中間
時間」。

1. 格迪米納斯山丘。
2. 夜晚，聖安妮教堂的尖頂。
3. 最後定格，俏麗的鼻尖。
4. 蹣跚，跪倒。
5. 日落之前，博納蒂公園。

# （十五）婚禮

　　行李區的口哨，髒兮兮的毛衣針，警靴輕碰的泥腳，游離的水草，音樂教師不會彈的蕭邦。

　　耶穌對多莫說：「多莫，你相信我復活，是因為你看到了復活的我。而那些沒有親眼看到我復活的人，才是真正的相信。」

　　因見，所以信。

　　不曾見到的相信呢？

　　神父說，宗徒多莫過於偏執了。

　　他在尋求真理的過程中，反而丟失了更多真理。

　　可是，我覺得，多莫不會後悔，永遠不會。

> 「我以為天主把我們作宗徒的列在最後的一等，好像被判死刑的人，因為我們成了供世界、天使和世人觀賞的一場戲劇。我們為了基督成了愚妄的人，你們在基督內卻成了聰明的人；我們軟弱，你們卻強壯；你們受尊敬，我們受羞辱。」
>
> ——《格林多前書》4:9-10.

　　二零一四年，秋天；華沙，耶路撒冷大街。

　　中央車站的候車大廳裡，旅客們昏昏欲睡，另一些人卻格外清醒。

　　他們是特殊的群體，只不過看似平凡普通。

　　他們這些人當中，有的吹著口哨，在行李寄存區晃來晃去，看看有什麼被旅客遺落的東西；有的是「難辨真偽」的殘疾人，時不時走到垃圾桶前，把手伸進去淘來淘去；還有很特殊的一個人，一位黑頭髮的吉普賽中年女人，她就像是中央車站長條椅的常住客，坐在那裡，漫不經心織著毛衣，其他人時常過來跟她聊上幾句。

　　我坐在長條椅上休息，對於華沙秋日清晨的戶外溫度來說，這裡絕對算是最溫暖的室內公共區域。

視線右側走進來一個中年男人，身高一米九零以上，光頭，穿著與時節氣溫嚴重不符的沙灘T恤與短褲，腳上懶洋洋套著一雙破破爛爛的拖鞋。

他走到我身旁，直愣愣坐下來，然後攤開一份色情報紙，開始無聲的看起一幅幅裸體女郎的圖片。

沒過多久，車站裡的配槍巡警開始行動，他們抓走了晃來晃去的小孩子，抓走了嘴歪眼斜的殘疾人，吉普賽女人見狀之後站起身來，與員警開始喋喋不休的理論，而員警，只是抱以司空見慣的搖頭笑容。

原來，她是這群底層人的「媽媽」。

一位年輕的金髮女警向我走過來，站到我身前，用穿著厚厚警靴的右腳輕輕踢了踢看色情報紙的光頭男人的左腳，光頭之前一直很平靜，不知道究竟是不是在裝傻，這時候，突然硬著頭皮站起身來，一句話都沒說，就跟著女警走了。

原來他也是他們中的一個。

望著這一幕幕仿佛「戲劇」一般的真實，我不知道自己究竟該哭，還是該笑。

帶走這群人的員警，仿佛「時間」。

而硬著頭皮被帶走，明天依舊還會回來的未成年小偷、嘴歪眼斜的殘疾人、在垃圾桶裡淘寶的乞丐，就像是「記憶」。

時間不可逆、不復返；但是記憶，可以回去之後重新來過。

「那麼，我們能說法律本身有罪嗎？絕對不能！然而藉著法律，我才知道罪是什麼。如果不是法律說：『不可貪戀！』我就不知道什麼是貪情。罪惡遂乘機藉著誡命，在我內發動各種貪情；原來若沒有法律，罪惡便是死的。從前我沒有法律時，我是活人；但誡命一來，罪惡便活了起來，我反而死了。那本來應叫我生活的誡命，反叫我死了，因為罪惡藉著誡命乘機誘惑了我，也藉著誡命殺害了我。所以法律本是聖的，誡命也是聖的，是正義和美善的。那麼，是善事使我死了嗎？絕對不是！而是罪惡。罪惡為顯示罪惡的本性，藉著善事為我產生了死亡，以致罪惡藉著誡命成了極端的兇惡。

我們知道：法律是屬神的，但我是屬血肉的，已被賣給罪惡作奴隸。
因為我不明白我作的是什麼：我所願意的，我偏不作；我所憎恨的，
我反而去作。我若去作我所不願意的，這便是承認法律是善的。實際
上作那事的已不是我，而是在我內的罪惡。我也知道，善不在我內，
即不在我的肉性內，因為我有心行善，但實際上卻不能行善。因此，
我所願意的善，我不去行；而我所不願意的惡，我卻去作。但我所不
願意的，我若去作，那麼已不是我作那事，而是在我內的罪惡。所以
我發見這條規律：就是我願意為善的時候，總有邪惡依附著我。因為
照我的內心，我是喜悅天主的法律；可是，我發覺在我的肢體內，另
有一條法律，與我理智所贊同的法律交戰，並把我擄去，叫我隸屬於
那在我肢體內的罪惡的法律。
我這個人真不幸呀！誰能救我脫離這該死的肉身呢？感謝天主，藉著
我們的主耶穌基督。這樣看來，我這人是以理智去服從天主的法律，
而以肉性去服從罪惡的法律。」

——《羅馬書》7:7-25.

搭乘180路公共汽車，從華沙大學，一路坐到拉齊恩基・柯拉柳斯基
車站的蕭邦公園。

蕭邦公園是俗稱，正式名字應該叫做「瓦津基公園」。

公園裡的人少之又少，偶爾有跑步鍛煉的人經過，還有一位身穿正裝
的中年男人，帶著耳塞隨意漫步。

隨便找了一張空椅子坐下來，繁茂的枝葉擋住了陽光，光怪陸離的暗
影彌漫起四周出奇的安靜，只有在草地上跳來跳去的小松鼠，帶來僅有的
一份生命力。

在這個無人打擾的地方睡覺，真的能睡上一整天。

「這座女神名叫查姆達………雖然她的乳房萎縮得像老太婆的，但她
還是從中硬擠出乳汁餵成排的小孩。你們看，她的右腳因麻風病而腐
爛，腹部因饑餓而凹陷，還被一隻蠍子咬著。她忍受著疾病和疼痛，
用萎縮的乳房餵小孩。………她表現出印度人的一切痛苦。這座雕像

表現出長久以來印度人體驗到的病痛、死亡、饑餓。這座女神身上有
著他們經歷的所有疾病，甚至有眼鏡蛇、蠍子之毒。儘管如此，她喘
著氣還要用萎縮的乳房餵小孩。這就是印度…………她不如聖母瑪利
亞清純、優雅，也沒穿著美麗的衣裳，反而又老又醜，痛苦得喘息。
請看她因充滿痛苦而往上吊的眼睛。她和印度人一起受苦。這是十二
世紀製作的雕像，她的痛苦現在仍未減緩，和歐洲的聖母瑪利亞不一
樣，這是印度之母查姆達。」

----

遠藤周作的文學作品《深河》告訴我們，查姆達是現世苦痛中喘息的
東方之母，完全不同于氣質高雅的西方聖母。

車站候車大廳的場景畫面再度浮現。

那位喋喋不休的中年吉普賽女人，她應該算什麼呢？凌亂、油乎乎的
黑頭髮，目光夾雜著狡猾與欺騙，讓你完全感受不到真與假的界線，卻又
帶著一份脆弱的、抵抗生活窘境的倔強與頑強。

她對我來說，竟然如同連接「時間」與「記憶」、這不知何時開始相
互脫節的兩者之間的唯一紐帶。

甚至，她成了我自己的某種希望。

真的是這樣。

奇怪，但絕對不可笑。

「因為我們得救，還是在於希望。所希望的若已看見，就不是希望
了。」

——《羅馬書》8:24.

千萬別說想像的東西不存在。

當一個女人在午夜獨自哭泣，你偏偏就不在她身邊。

所以，你能做的，只有想像，想像她痛苦無助的可憐。

這份想像在今後會時常浮現在你腦海裡，令你痛心疾首，直到那個女
人最終找到了屬於她自己的幸福，這份想像，才會有慢慢消散的可能。

因為你給不了她幸福，這是你一輩子的歉意。

「除了彼此相愛外，你們不可再欠人什麼，因為誰愛別人，就滿全了
法律。其實『不可姦淫，不可殺人，不可偷盜，不可貪戀』，以及其
他任何誡命，都包含在這句話裡：就是『愛你的近人如你自己。』愛
不加害於人，所以愛就是法律的滿全。」

——《羅馬書》13:8-10.

水宮附近的遊人多了一些，還有很多對新人在這裡拍攝婚紗照。

婚姻，怎麼選，選擇誰，其實都是錯。

終於明白，當一個女孩子經歷了沒有結果的一段真愛以後，婚姻，婚
禮上的新娘子，成為她僅有的信仰。

「我若能說人間的語言，和能說天使的語言；但我若沒有愛，我就成
了個發聲的鑼，或發響的鈸。我若有先知之恩，又明白一切奧秘和各
種知識；我若有全備的信心，甚至能移山；但我若沒有愛，我什麼也
不算。」

——《格林多前書》13:1-2.

蕭邦，音樂大師蕭邦的巨型雕塑，屹立在公園的人工湖畔。

秋日的落陽與泛黃的枝葉交相呼應，宛如開啟大師彈奏的天然帷幕。

因為寂寞，葉子泛黃。

有沒有嘗試過？愛一個人，只是因為寂寞。

我從前一直很排斥，但現在漸漸明白，因為寂寞而愛，未嘗不是一份
最真摯的情感。

蕭邦的頭髮誇張的飄向一側，他身後的樹幹更加誇張的飄向同一側，
化成一隻巨大的手掌，籠罩在蕭邦頭頂。

最吸引我的，還是蕭邦的五官神情：雙眼似睜非睜，眉頭緊鎖，雙唇
緊閉，憂鬱的外在表情裡面，是內心深處看似柔軟、實則強硬的倔強。

我不知道蕭邦掙扎的內心世界源於什麼，或許來自家國的熱情，或許

來自血液的鄉愁，或許來自別人眼中荒謬的戀情與婚姻。

甚至，在這一刻，我不認為蕭邦是什麼音樂大師，什麼鋼琴家，他只是一個彈鋼琴的人。

他的表情，他的際遇，他的病痛，與那個車站的黑髮吉普賽女人，其實沒什麼兩樣。

只不過一個為了生存而生活，一個為了音樂才能活下去。

大概二十幾年前，第一次知道蕭邦這個名字，是在小學的一堂音樂課上。

至今我仍然記得那位年輕的音樂老師的樣子，彈著技術並不純熟的廉價老式鋼琴，吃力的不時踩下踏板，曲調音色完全馬馬虎虎，卻認真努力的教給這些孩子們一首首兒歌。

某一天的一堂課上，她不再自己彈，而是拿出一盤磁帶，裡面都是蕭邦的鋼琴作品，放在老式答錄機裡播放，放給我們聽。

直到現在，我也不知道其中一首曲子的名字，不知道究竟是蕭邦的哪一首作品。

我只記得那些旋律：鏗鏘有力、卻又細膩流暢，把家國鄉愁與情愛糾葛美妙的融合在一起。

聽完之後，老師告訴我們，蕭邦是一位愛國的音樂家，他把自己的心臟留在了自己的祖國波蘭，留在了華沙。

這麼多年過去了，當自己身處華沙，當自己瞭解到更詳細的記載：

弗雷德里克·蕭邦，一生只活了三十九歲。

波蘭，華沙，聖十字教堂左邊的第二根柱子下面。

在那裡，埋葬著鋼琴家蕭邦的心臟。

當自己瞭解到這些之後，除了對這份記載通過點頭表示理解之外，此刻仰望蕭邦雕像的面孔，其實我真的沒有為他的心臟而感動，或者說，我覺得他的音樂作品與人生經歷，僅僅只局限于國仇家恨的範疇，未免過於單薄。

這應該不是當年那位年輕的女音樂老師的教育問題，而是我自己這些年視角的變化。

　　畢竟，那一年，那位老師才二十歲，我還是個孩子。現在，人到中年、忙於家庭繁瑣俗事的老師或許早就不再聽蕭邦，而現在的我自己，似乎對蕭邦面部神情的關注，遠遠超過他的音樂。

　　音樂，原本不應該是現在我們所熟悉的樣子。

　　比如莫札特，人們把他的作品定義為某種僵硬的模式：音樂廳、盛裝出席、安靜、禁止喧嘩、不管你聽不聽得懂，甚至因為聽不懂而睡著，你還是要準時送出掌聲，然後，在音樂會結束之後，向朋友介紹自己的音樂會經歷，我怎樣沉浸在了莫札特的世界裡，怎樣讓自己的靈魂得以潔淨、甚至超脫等等。

　　這不是在欣賞音樂，這是在欣賞「音樂形式」。

　　大多數人永遠不會知道，莫札特其實寫出了很多民間小調、通俗情歌，他不是高高在上、城堡裡的王子，他同樣是混跡於市井的「流氓英雄」。

> 「男人的頭是基督，而女人的頭是男人，基督的頭卻是天主。……男人當然不該蒙頭，因為他是天主的肖像和光榮，而女人卻是男人的光榮：原來不是男人出於女人，而是女人出於男人；而且男人不是為女人造的，女人乃是為男人造的。」
>
> ——《格林多前書》11:3，7-9.

　　每一個女人，在愛情面前都是偉大的。

　　永遠比一個男人偉大。

　　哪怕再任性、再利益至上、再不被男人理解的女人，當她成為孩子的媽媽，成為一位母親，她就會成為偉大的女人。

　　這就是人性光輝的一面，永遠都是。

　　這個世界虧欠女人的，實在太多太多。

　　不可否認，女人帶給我故事。

　　我所有的故事，如果沒有了女人，將會變得蒼白無力，甚至根本算不上故事。

　　實話講，我認為自己根本配不上這些故事的恩賜，因為我同樣是個殘

忍的男人。

可是，或許正因為內心深處還保留著一份最真摯的祝福，所以才成全了自己想要表達的意願。

畢竟，所有真摯的故事，永遠不可能是嘻嘻哈哈的喜劇，而應該是血淋淋的。

「既然一個人替眾人死了，那麼眾人就都死了；他替眾人死，是為使活著的人不再為自己生活，而是為替他們死而復活了的那位生活。」
——《格林多後書》5:14-15.

婚禮，在教堂如期舉行。

一排排長椅，被掛上嬌豔的花環，難以走出俗套的商業運作。

琴師的樂聲響起，新郎新娘緩緩走入殿堂，在祭台前停步。

神父開始誦讀禱詞。

念畢，神父首先問新郎：「………………你願意嗎？」

新郎不知道什麼原因，可能是出於緊張，哆哆嗦嗦、吞吞吐吐的說出了「我願意」。

真是笨蛋到家了。

神父繼續問新娘：「………………妳願意嗎？」

「我願意！」

看看人家新娘，回答得乾脆俐落。

禮賓席上的我們，是湊巧趕上這場婚禮的。

新郎新娘我們完全不認識。

在我身旁的她，從始至終無聲的注視這整個過程，最後，悄然落淚。

我似乎不知道她為什麼落淚，卻又好像完全瞭解。

正如我永遠搞不懂：婚禮，究竟讓人走入永生，還是實現死過之後的重生。

但願這對陌生的新人一生幸福，永不分離。

在心中默默祝福以後，我緊緊握住了身邊她的手。

1.不會彈奏的蕭邦。 2.變奏。

# （十六）宿命的巴別塔

身與手，血與骨，曠野與天堂，無花果樹與橄欖枝，七角與七眼。

「當時全世界只有一種語言和一樣的話。當人們從東方遷移的時候，在史納爾地方找到了一塊平原，就在那裡住下了。他們彼此說：『來，我們做磚，用火燒透。』他們遂拿磚當石，拿瀝青代灰泥。然後彼此說：『來，讓我們建造一城一塔，塔頂摩天，好給我們作紀念，免得我們在全地面上分散了！』上主於是下來，要看看世人所造的城和塔。上主說：『看，他們都是一個民族，都說一樣的語言。他們如今就開始做這事；以後他們所想做的，就沒有不成功的了。來，我們下去，混亂他們的語言，使他們彼此語言不通。』於是，上主將他們分散到全地面，他們遂停止建造那城。為此人們稱那地為『巴別』，因為上主在那裡混亂了全地的語言，並且從那裡將他們分散到全地面。」

——《聖經‧舊約‧創世紀，11:1–9.》

驕傲，是一種罪？

驕傲，令人們彼此之間不再和睦，開始四散分離，分成不同的城市，不同的語言。

可是，如果人們完全消除了驕傲呢？

當人們完全和睦，還會不會獨自承受完全不同的、關乎於生命的歡樂與痛苦？

愛情信物，凝聚了至死不渝的心意在裡面。

無論浪漫的戴上，抑或賭氣的摘下，其實是同一個道理，很簡單的道理，那就是：自己仍然在乎對方，仍然想與對方好好繼續。

如果真的心灰意冷，決定放棄這段感情，他就不會再浪漫，不會再賭氣，而是默默的、悄悄的轉身遠走，永遠不再回頭。

信物如此，人心，更是如此。

出於信仰的祈禱：但願，有情人終成眷屬。

＿＿＿＿＿＿＿＿＿＿＿＿＿＿＿＿＿＿＿＿＿＿＿＿＿＿＿＿＿＿＿＿＿

一九八八年春，華沙。

中年男人維采爾，是一名平凡的公司職員，從小在孤兒院長大，成人後，結婚，離婚，獨身，現在有一位戀人。

某一天，在華沙市郊、維拉諾夫宮外的小廣場上，他邂逅了一位面容憔悴的老年男人。

這一次邂逅，徹底改變了維采爾一生的命運。

老年男人從黑色大衣兜裡掏出一本聖經，一本中間缺失了四十二頁的《聖經》。

並且告訴維采爾，我，是你失散多年的親生父親。

維采爾相信了，瞬間相信了，無論是出於老人的外貌特徵，還是出於那本殘缺不全的《聖經》，他都相信了。

因為，小時候在孤兒院，養護人員就讓他好好保存一大疊紙張，並且告訴他，這是散落的四十二頁《聖經》經文，是他父母留給他的信物。

這該死的信物。

可是，到了真正與親生父親面對面的這一刻，維采爾拋開了所有過往被遺棄的怨恨，滿含熱淚的與父親擁抱在一起，他找回了從未體會過的親情。

父親為了抵消他最後的疑慮，去醫院與維采爾做了一系列當時可行的血緣鑒定方法，結果，他們的的確確是父子。

之後呢？

父親向他解釋，說當年的自己很花心，處處留情，又沒有足夠的錢養家，所以只好不辭而別，那些被撕開的聖經殘頁，是《約伯傳》的一部分，是當初與你母親之間的定情信物。

《約伯傳》，是恰好被撕掉的那一部分。

又是這該死的信物。

然後，突然間，父親撲到維采爾懷裡，嚎啕大哭。

維采爾拍著父親的後背，問父親究竟怎麼了，父親回答他說，自己的腎臟壞掉了，活不了多少時日，唯一延續生命的辦法，就是換腎，而維采爾的腎臟，或許是唯一的救命稻草。

維采爾愣住了…………

經過慎重的反復考慮，最終，他決定為父親做這件事情。他只是在想，親情，是我一輩子沒有體會過的東西，用一顆腎臟去換，沒什麼遺憾。仁慈的在天之父，慈愛的聖母瑪利亞，會聆聽我的心聲，恩賜我的慈悲。

在去醫院做了全面檢查後，維采爾的腎臟，符合父親身體機能的標準。

手術室，麻醉劑，一切，順利完成。

之後呢？

維采爾有些奇怪的是，手術後在獨立病房休養的自己，怎麼連一次父親的面都沒有見到過？

只不過，他立刻排除了自己這一絲莫名其妙的隱憂，嗯，或許是父親年紀大了，不能走動，需要更多時間的休養，等我康復了，可以走了，再去看看他。

康復的日子到了，維采爾興高采烈的走出去，去其他病房找父親，卻怎麼也找不到，問了值班室，答覆是現在醫院並沒有這個病人，這個病人，在一周前就已經辦完手續出院了！

維采爾再次愣住了。這一次愣住，與上一次截然不同。

這一次，父親再次不辭而別。而他自己，並沒有找回什麼親情，並且永遠失去了一顆腎臟。

這個血緣關係層面的父親，這輩子再也不會出現在他眼前。

維采爾瘋了，他恨那該死的信物，他向天主控訴，向聖母瑪利亞控訴，為什麼，這究竟是為什麼！

........................................................................................

「誰能使潔淨出於不潔？沒有一人！」

——《約伯傳》14:4.

《約伯傳》。

古代東方的聖賢約伯，剛正不阿，富甲一方，兒女滿堂，家庭幸福。沒想到剎那間家破人亡，由頭到腳長滿毒瘡，人世間再沒有比這更不幸、更悲慘的事情了。

雖然在極度的苦痛中，約伯仍一心寄望於公益仁慈的天主，恪守自己純正的信仰。最終，天主恢復了約伯昔日的幸福，並且加倍賞報了他。

我只是在想，如果，信仰能夠揭示、應付人世的種種苦痛，並且成全將來無上的光榮，那麼，維采爾為什麼沒有成為第二個約伯？

約伯的幸福，失而復得。

但是維采爾，最終一無所有。

為什麼！

原來，血緣，也可以成為欺騙的手段。

看似最溫暖、實際最具備殺傷力的欺騙。

原來，來自血緣的信物，也可以讓人心甘情願的受騙。

《聖經》，也一樣如此。

不尊敬老人，不符合所有社會道德、所有宗教倫理的標準。

可是，如果一個老人，在年輕時候做了很多壞事，老了以後，在他年邁無助的龍鍾體態下，仍舊蘊藏著邪惡的一切，那麼，這個老人，是否仍然值得尊敬？

................................................................................................................

長壽的長者令人欣慰和感動，他們的物理壽命，的的確確攀登到了人類極限的頂峰。

可是，那些我們所知道的、留下了閃光的成就、卻很早很早就逝去的年輕人呢？

沃爾夫岡・莫札特、文森特・梵古、約翰・列儂………

他們同樣偉大，甚至更加偉大。

他們的物理壽命雖然短暫，一生飽含苦痛，卻在短暫的生命中，鐫刻了對於一代又一代後輩的深遠影響。

正因為他們的「精神壽命」永存，所以他們才會不朽。

他們深深知道，這個世界，這個當他們還是孩子時就滿懷熱愛的世界，原來遠遠不是他們想像中的樣子，所以，他們才會傷心，才會帶著悲劇情緒創作出藝術。

可是，他們直到死，依然對這個世界滿懷著熱愛，比很多人其實更愛。

這是他們的天份，更是他們的宿命。

他們一生都很驕傲，驕傲的愛著這個世界。

自己曾經視為天長地久的信物，最終成為對方永久隱藏的某一段紀念，這份感覺，就像是失去了自己的一顆腎臟一樣。

維采爾發瘋一樣跑著，儘管腰部疼痛難忍，仍然發瘋一樣跑著，跑回華沙市郊的那一片公寓樓群。

他並沒有注意到，在這一路上，與他擦肩而過的人們：他沒有注意到失去小帕維爾的數學家克利斯托夫先生；他沒有注意到從公寓樓梯吃力的跑下來、追逐載著妻子漸漸遠去的旅遊巴士的老人；他沒有注意到缺席彌撒聖祭、送舊時戀人回家的獨身男子；他沒有注意到剛剛與費特利希分手、再也忍不住淚水的海倫；他沒有注意到四處詢問自殺的郵局小職員近況的中年美麗女人；他沒有注意到一位拖著行李箱、低聲哼著戀曲、剛剛來到華沙、還沒有找到旅店的獨身旅人。

這個旅人，慢慢停下腳步，默默望著維采爾的痛苦，默默望著這一片華沙郊外的公寓樓群。

扭曲的面部表情，冰冷的公寓樓群。

這片灰色水泥森林，是「天主十誡」的審判所。

藍色的，藍得令人血冷。

從一九八八，到二零一四，華沙郊外依舊，維拉諾夫宮依舊。

旅人依舊，旅人的心情依舊。

維拉諾夫宮外，清晨的小廣場，人煙稀少，連散步的人都不見一個。

瑪利亞莊嚴的聖母像，凝視著一代又一代人歡顏背後的苦痛。

靜靜的公墓區，看起來不像是天堂，也不像是煉獄。

更像是一團永火。

冷冰冰的永火。

維拉諾夫宮（Wilanów Palace），又是一片巴羅克風格的建築群落，毫無疑問，作為旅遊宣傳的需要，自然而然將其稱作波蘭的「凡爾賽宮」。

正如維也納的美泉宮被稱為奧地利的凡爾賽，波茨坦的無憂宮被稱為德國的凡爾賽一樣。

她們都不是巴黎。

巴黎，更不是他們。

我甚至懶得再留下一張相片。

七年了，歐洲。足跡如同沙，顛簸起換了又換的喜怒哀樂；而我，將自己生命的二分之一，永遠留在了這片土地。


離開維拉諾夫宮，走不算遠的路，就可以到達公共汽車站，那裡有一趟車，可以返回華沙市區。

在走回車站的一路上，令我印象最深刻的，是兩幅畫面，這兩幅畫面，感染力遠遠勝過華麗的殿宇。

一幅，是小廣場的聖母像。

而另一幅，是經過一片清晨尚未開業的咖啡館與餐廳區域的時候，路邊牆壁上的畫像。

這畫像，畫的是一個男人。

一個不知道究竟是誰的男人。

但對於我來講，他就是維采爾。

我慶倖自己首先看到了聖母瑪利亞的肖像，然後才看到「維采爾」的。是的，我慶倖這一點，很慶倖。

維采爾的心死了，維采爾的身體還活著。

他必須活著，因為，還有一個愛他的戀人，在華沙那片冰冷的水泥森林裡，等著他回去。

在一個特別的日子，扔掉一把未知的鑰匙。

這樣也好，意味著鎖住的，永遠沒辦法被「其他」開啟。而解不開的，也終究要煙消雲散。

因為宿命，有情人，一定終成眷屬。

1. 繼續活著的維采爾。
2. 瘋狂的跑著。
3. 約伯的劫後重生。

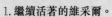

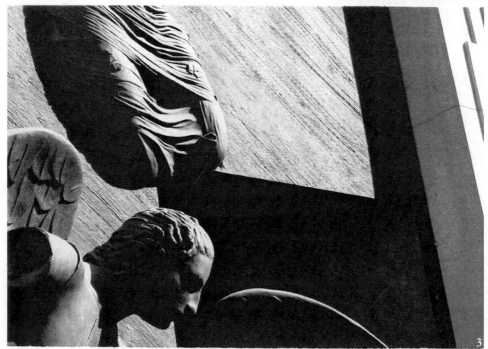

# （十七）鄉愁，八音盒

後華沙的第十一誡，白樺林的流浪青春，兩杯不加冰的威士忌，獨舞的八音盒，鄉愁的妳。

教堂外，雨，嘩嘩的下。

下得很大很大。

家，父親，本應如同教堂。

愛，其實簡簡單單就好，簡單得就像母愛一樣。

米開朗基羅盯著一塊岩石，比他自己高一些的一塊岩石。

天天如此，目不轉睛。

旁人都認為他精神分裂，甚至完全瘋掉了。

他卻一言不發，只是盯著這塊石頭。

幾個月之後，他突然不再注視這塊石頭。

然後，很快，非常之快，他就用這塊石頭，完成了雕塑作品《大衛》。

後來，他說，那段雙眼愣愣盯著石頭、什麼都不做的時間，才是藝術創作最純粹的階段、最難忘的過程。

---

最後一次，走在克拉科夫郊區街，一直走到老城廣場。

華沙，一個又一個疑問，得到解答。

華沙，一個又一個新的疑問，等待被解答。

這份解答，只有交給下一座城市。

一座比華沙更遙遠的城市。

科學與宗教彼此開著玩笑；年老疏離派生的黑色幽默；曲終人不散；內心的十段旅程；殺人的被殺者與被殺的殺人者；雙城的兩生靈魂；救贖意味的偷窺；婚禮中吞吞吐吐的誓詞；失去一切後唯一等你的人；八音盒一般的鄉愁。

這世界，所有活著的面孔，或猙獰，或冰冷，或溫暖，原本由得你選，卻又由不得你選。

十誡，不論刻在石版，或是刻進心靈；不論是行板，或是變奏；不論你忠誠恪守，或完全擯棄；不論你身在何處，不論你帶著什麼顏色的情緒。

不要把它當做一個必須去解開的命題，一個女孩子微笑的表像，足矣。

別忘了，藍色的，不一定是血液，天空也是。


「舌頭，這不義的世界，安置在我們的肢體中，玷污全身，由地獄取出火來，燃燒生命的輪子。………讚頌與詛咒竟從同一口裡發出！我的弟兄們，這事決不該這樣！源泉豈能從同一孔穴，湧出甜水和苦水來？我的弟兄們，無花果樹豈能結橄欖，或者葡萄樹豈能結無花果？鹹水也不能產生甜水。」

——《雅各伯書》3:6，10-12.


記得有人對我講過，說我的旅行「不接地氣」。

他們認為，旅行，就是找一座海島，度度假、吹吹海風；或者去飄著雪花的地方泡泡溫泉、吃吃大螃蟹；或者在歐洲某座農場品品紅酒、然後自駕車去大都市買一買香包、名表。

對此，我只想說，一個人，除了生理方面的肚子，還存在一個精神意義層面的「肚子」。

對不起，我要養活我的肚子，我要養活我「精神食糧」的肚子。

說我「不接地氣」的人。

你知道嗎？當我還是剛剛記事的小孩子，祖父總是抱著我看世界地圖，那個時候，被抱起來的我和地圖一樣高。問過祖父後，我總能喊出很多個國家的名字，沒有人強迫我刻意去記，我只是喜歡去看世界地圖，去看地圖上那些特別的名字。

你知道嗎？當我還是個中學生的時候，無論讀了多少關於江南的書、聽了多少關於江南的音樂、想像過多少關於江南煙雨朦朧的畫面，卻一直沒有

條件買上一張去往蘇州的火車票，唯獨剩下一份難以言明的失落心情。

你知道嗎？當我人生第一次獨自登上飛往歐羅巴的班機，前一晚輾轉難眠的不安，還有在旅途中，在列車到站之前連旅店都不知道究竟在哪裡的那份忐忑嗎？

你知道嗎？當我的旅程隨著時間與經歷愈發成熟、充滿了一個又一個精彩的故事，連偶爾找不到旅店，也不再緊張和忐忑，反而成為樂趣的時候，那一份充盈的體會？

從孩子到少年，從少年到青年，從青年到男人，旅行的夢，延續了二、三十年，是的，二、三十年。

二、三十年，我不是在「玩」的。

不是旅行社的客戶銷售拿在手裡好看的風光宣傳冊、口口聲聲承諾的什麼「深度、奢華、體驗之旅」。

他們是為了賺錢的。

不是當下三、四歲的小孩子，還不知道「美利堅」究竟是個什麼意思，就被父母抱著登上了跨越大西洋的航班。

他們不是靠自己「因為喜歡，所以想去感受」的自發靈感飛上天空的，而是被父母強加于自身的。

更不是那些在旅遊團中自己見到賭場就兩眼放光、用刷信用卡時「瀟灑」的手姿買下鑽石、去安撫嘮嘮叨叨責怪自己賭錢的老婆的「有錢人」。

我的旅程是全部靠自己的，是無論機票、旅店、簽證、交通，等等等等這些瑣碎事情都要自己提前來搞定的。

做這些事情，唯一作為支撐的，就是對於那個目的地源自內心的熱愛與感動。

那是一份最真摯、最純粹的求知欲，那是一份關於感動的渴望。

和我一樣的人，全世界大有人在。

我們的旅程，沒有任何人為我們去安排，我們的旅程，充滿了未知、潛在的危險、甚至兇險。

我們不是在「玩」的，我們是在用生命去幹的！

所以我們才能收穫旅程中的故事，雖然那故事僅僅停留在旅程中，卻

萬分真實、格外感人。

這是我們一輩子的精神財富，就連旅程中曾經遭遇過的種種失落與不幸，將來都一定會成為美麗的疤痕。

說我們「不接地氣」？

全世界的土地散發的氣息，都曾經彌漫在我們身上，都永遠留在了我們心底。

我說的是真正的土地散發的氣息，不是奢侈品店收銀台前的瓷磚地，不是機場海關退稅視窗的大理石地。

憑藉對生命的熱愛，去獲得旅行的感悟，任何形式都不是可恥的，都值得尊重。

把旅行作為工具來滿足其他的欲望，還自我包裝說什麼「接地氣」，這才是最可恥的。

好，請原諒我的激動，旅行繼續。

---

離開華沙的那天，我帶著出奇的困意。

甚至，坐在公共汽車的座椅上打盹，差一點坐過了站。

在去往蕭邦機場的公共汽車上，一個女孩子的表情很奇特，深深吸引住我。

從她的表情裡，我看不出她究竟是要離開華沙的家，還是要離開華沙準備返鄉。

她的神情夾雜著甜蜜的痛苦：好像帶著疲憊不堪的決絕逃離，又好像掛著欲走還留的幾分不捨。

> 「主母，我現在請求你，我們應該彼此相愛；這不是我寫給你的一條新命令，而是我們從起初就有的命令。我們按照他的命令生活，這就是愛；你們應在愛中生活，這就是那命令，正如你們從起初聽過的。」

——《若望二書》5-6.

用褲兜裡剩下的一大堆硬幣，喝光了最後一杯啤酒。

接著，「LOT」航空公司的班機，準時起飛。

華沙，和從前的每一座城市都不一樣，完全不同。

突然間，我推翻了自己曾下過的結論。

在這裡，只有答案，不存在任何疑問。

如果城市是某種輪迴的方式。

倘若流轉終將被「罪與罰」審判。

氣體、液體、被解構的數位、「十二月三十二日」。

溫室裡的天使，從此不再一無所知。

---

一九九四年，戛納影展。

克日什托夫·基耶斯洛夫斯基的最後一部作品《紅》，被美國導演昆汀·塔倫蒂諾的《低俗小說》擊敗，無緣最佳影片的金棕櫚獎。

不得不承認，昆汀這傢伙是個鬼才，而《低俗小說》也確實是一部好作品。

只是，這次歐洲的失敗與美國的勝利，在今天看來，意味著藝術電影的巔峰已然過去，甚至走向消亡。

世界，已經不再是英格瑪·伯格曼、米開朗基羅·安東尼奧尼眼中的電影世界。

不過，直到現在，偶爾看到《藍》、《白》、《紅》三部曲，我仍然為之感動。

那是一份沒必要刻意去形容、悄然觸碰心底的寧靜感動。

藍的詠歎，面對命運的痛苦與不安定、倔強的她。

白的協奏，純淨如水、敏感細膩的她。

紅的行板，輾轉奔波、自信的散發青春風采的她。

她們的生活都不完美，充斥著種種缺陷，可她們共同譜寫了有血有肉的生活樂章。

在《紅》完成之後，「道德焦慮派」大師基耶斯洛夫斯基，與世長辭。

當你和家人朋友手捧爆米花，在影院享受IMAX、3D的視覺饕餮盛宴時，是不會知道有基耶斯洛夫斯基這樣一位電影導演曾經存在過。

就算知道，當你想起他，也應該是在情緒或悲傷、或低落的時候，他就像個願意和你交談、傾聽你訴說的老朋友，隨叫隨到，不曾缺席。

他是一位真正的精神摯友。

去他的昆汀。

--------

航空公司失誤的緣故，歸途，在莫斯科被延遲到下一個航班。

十五個小時之後的下一個航班。

就這樣，我不得不停留在謝列梅捷沃機場提供的酒店裡。

酒店房間的窗是經過特別磨砂處理的，完全看不到外面的世界，不知道莫斯科此刻究竟是白晝還是黑夜。

破城市，糟糕的心情………

想家，想她………

--------

直到機場巴士來酒店接我，「終於」返回候機室準備登機，才在沿途路上看到了莫斯科，莫斯科郊外那深黃葉子已然飄落、望不到邊際的大片大片樺樹林。

究竟有多少個流浪的青春，化作永遠沒有人聽得到的吶喊，回蕩在這片永無休止的深綠中。

謝列梅捷沃機場，莫斯科。

飛機起飛之前，在一個小時的等候時間裡，我拿出背包裡面的簽字筆，還有從酒店房間裡撕下來的一張留言簿，坐在長椅上，整理一下思緒，然後按照時間順序，將旅程進行到此時、所聽過的音樂，一首首寫在紙上。

這樣做究竟有何用處，在當時的自己心裡，是不可能完全明寮的。

至少，這打發了候機的無聊時間。

............................................................................................................

有人問我，在華語音樂中，你為什麼那麼喜歡聽李宗盛和羅大佑？

我一直回答不出來。

我只清楚一點，那就是，我絕不僅僅只是「喜歡」那麼簡單。

從自己十幾歲開始，這兩個人一直在用音樂、而不僅僅只有歌聲的音樂，告訴我：摔了一個跟頭，沒關係，一個人一輩子，就是要摔這個跟頭的。

他們不會鼓勵你，摔了，快爬起來，加油！

他們會告訴你，摔了，是你所必須經歷的事情。

李宗盛會說：

「走吧，走吧，人總要學著自己長大。走吧，走吧，人生難免經歷苦痛掙扎。」

「真的要斷了過去，讓明天好好繼續，你就不要再苦苦追問我的消息。」

「會愛上你，也許只是因為我寂寞。」

「陌生的城市啊，熟悉的角落裡，也曾彼此安慰，也曾相擁歎息，不管將會面對什麼樣的結局。」

「春風再美也比不上妳的笑，沒見過妳的人不會明瞭。」

「關於我們的事，他們統統都猜錯。關於心中的話，心中的話，只對妳一個人說。」

而羅大佑告訴我的，並非少年時代的空想與虛幻，而是歷經過後的理想與堅持。

「烏溜溜的黑眼珠，和妳的笑臉。」

「人生難得再次尋覓相知的伴侶，生命終究難捨藍藍的白雲天。」

「就算你留戀開放在水中嬌豔的水仙，別忘了寂寞的山谷的角落裡，野百合也有春天。」

「讓青春吹動了妳的長髮，讓他牽引妳的夢。不知不覺這城市的歷史

已記取了妳的笑容。」

「看我看一眼吧，莫讓紅顏守空枕。青春無悔不死，永遠的愛人。」

「流水帶走光陰的故事，改變了兩個人。」

「你我為了理想，歷盡了艱苦。我們曾經哭泣，也曾共同歡笑。但願妳會記得，永遠地記得，我們曾經擁有閃亮的日子。」

這也正是為什麼，當自己親臨李宗盛的音樂會現場時，本以為會哭的我，竟然平平靜靜的看完了整個過程，千絲萬緒，諸多感慨，就如同被打開的記憶，重拾起來，然後，隨著一首首歌曲，永遠封存。

這也正是為什麼，當自己在看羅大佑的音樂會時，本以為堅強到不留一滴眼淚的我，竟然會泣不成聲。

是的，我一直覺得一個男人哭哭啼啼，是很沒出息的一件事，不過，那一次，值得！

現在很多人都喜歡自我解嘲式的說，唉，這就是人生。其實他們恰恰忽略了最重要的：人生除了感悟，還應該擁有滿懷理想的希望。

如果你沒有了理想，所有關於現實的感悟，都是無力的。

這不叫成熟，這只能說是對於生存的某種妥協而已。

不論你是自願的，還是被迫的，它都是一種妥協。

而希望，你不一定能夠實現，但你必須永遠懷有這個希望。

我想這就是李宗盛與羅大佑的音樂，之於我自己的分別。

---

黃昏時分，落日在告別之際，為雲端繡上紫邊，作為彌留。

夕陽無限好，只是，消失得太快太快。

我想，夕陽之所以無限美好，是因為在人看來，之前，已經欣賞過今天早晨的朝陽，之後，還有明天清晨新的東升旭日在等著你。

美好，其實根本沒有人們所說的那麼「美好」。

他們並沒有講實話。

美好，實際上，就是對於往昔錯失的不願再錯過，以及對於將來，不可預計的些許惶恐。

　　只有這樣，一個人才會好好把握現在，才會明白什麼是真正的美好。

　　「因為羔羊的婚期來近了，他的新娘也準備好了；天主又賞賜她穿上了華麗而潔白的細麻衣：這細麻衣就是聖徒們的義行。」

　　　　　　　　　　　　　　　　　　　　　　　　——《默示錄》19:7-8.

　　頭等艙的座位，結構感格外獨特，每一張沙發椅呈交錯狀排列，我坐在右側靠窗位置，發現自己的身體並不完全與舷窗平行，而是傾斜大概三十度的角度，這樣，身體其實是稍稍向右傾，似乎在面對著舷窗外的景象。

　　這樣也好。

　　有時候，認真傾聽情人的話語，往往剛好在這個角度，而不是完全的面對面。

　　飛行直到平穩後，一名俄羅斯女乘務員把酒單遞到我手上，我望向她的臉龐：「季莫申科式」盤起的金髮、碧藍色的雙眸、圓圓的顴骨、略厚的下嘴唇、儼然一副可愛的套娃臉。

　　她的美麗，帶給人的，是一份生命的喜悅。你看到她，會不自覺地開心起來。

　　是的，美麗，不應該帶給人哀愁，更不應該意味著「易碎的傷害」。

　　我要了「四分之三杯」芝華士威士忌，純飲，沒有加冰。

　　她問我要不要再來杯橙汁，我點點頭。

　　喝到四分之二，突然有某種叫做「感動」的東西侵襲過我的大腦，讓正在一邊獨酌、一邊享受音樂的自己，「毫無緣由」的開始熱淚滿眶。

　　天涯，愈來愈漫長。

　　人情，依舊渺渺茫茫。

　　相別是遺憾，相逢，還是遺憾。

　　不知不覺，酒杯已見底。

　　那位美麗可愛的俄羅斯女空乘走過來，問我需不需要再加一些。

　　我點點頭。

　　天空中的女乘務員，也就是大家所熟稱的「空姐」：優雅的舉止、光鮮的衣著、甜美的笑容。

　　在這份完美的外表之下，又有幾個人能夠切身體會到她們不為人知的痛苦與犧牲？

　　今天，莫斯科謝列梅捷沃。明天，臺北桃園。後天，東京成田。大後天，米蘭瑪爾彭薩。

　　每個午夜時分，拖著行李箱，走進世界不同城市、卻雷同到「倒胃口」的中轉機場休息室。

　　然後，卸妝、努力步入難以預測品質的睡眠，等待第二天早上五點鐘的早班飛行。

　　她們笑臉背後的真實情緒，要到什麼時候傾訴？向誰傾訴？


　　第二個「四分之三杯」來臨。

　　好了，舉起酒杯吧！

　　敬那不曾珍惜、如今已不再擁有的、多愁善感的淚。

　　敬那滄桑、卻美麗依舊的容顏。

　　也許我有些醉了。

　　俄羅斯女空乘又走過來了，問我需不需要再加一些。

　　我笑著搖搖頭。

　　她也笑了。

　　她的笑容仿佛在對我說：「會過去的，一切都會好起來的。」

　　我猜，這位俄羅斯姑娘的酒量，絕對不會差。

　　「我們都要好好繼續下去，珍重，姑娘！」

　　我在心裡默念。


　　在到達下一個目的地，不，換個說法，下一站。在到達下一站之前，又要經歷哪些不得不去經歷的事物呢？

　　底格裡斯河，慢慢流淌，生生長流。

　　向東？還是向西？

是否流向伊甸園？
是否流回失樂園？

1. 失樂園。
2. 溫室裡的天使。
3. 關於宗教教義的質疑。
4. 華沙的解答。

# （十八）「藍色十誡」之番外篇

「藍色十誡」，是「藍色三部曲」系列之三，即完結篇。

「藍色十誡」的十篇，確切講，前十篇，是圍繞華沙這座城市作為主題完成的。

這些文字最早發表在個人部落格，而其自帶的留言評論功能，讓自己在發佈的同時，接收到了一些朋友的真知灼見，以及看過我的文字後所引發的思考、感悟。

這些留言，反過來給予我全新啟發。

一位還是學生的朋友看過第四篇《旅客》後說：「寫自己的感覺。」

我回答她：妳的情景，可能就是我的故事；我的情景，可能就是妳的故事。

還有一位應該年齡不小的朋友看了《葬犬，生命的妄證》之後說：「以生命的名義。」

我的回答也只有一句：珍視，並且珍惜脆弱。

其中最讓我感觸的，是一位來自南京的女孩子在看過第二篇《遺書，告別的年代》之後所講的：「腦中第一個蹦出來的，是錢德勒的《漫長的告別》。是不是這所有的啟示都如你所祈求呢？聽見房東婦人開門進來又出去，你明白她本質不是一名旅者，你是。有人說在這世界上所有的夢都已經被夢過了，我想或許所有的告別也都已經被告別過了，你告別在第二次，而第一次告別是在所有詩篇裡，所有誡言裡神話一樣的告別。我也不能體會那種韻味，一個人在異鄉中會比自己更像自己，不知道是不是？祝旅途順利，保重。」

對於她的話，我所做的回答是：我告別的是「告別」。人們在昨天發誓，會留在這裡，可今天就告別離開了。面對自己發的虛誓，人們並沒有咬牙切齒的遺憾，更多的是無可奈何的感歎。正如第一篇《電腦兒童》，科技貧乏的時候，人們渴望科技；當科技過度氾濫，人們已經找不回當初的美感。我只是華沙的一名旅客，十個獨立的故事伴隨旅程。這些故事，

有幾個是生活經歷的積累，有幾個是挫折過後的經驗，有幾個是全新的際遇，或者說，這些故事都是舊時的感同身受與全新旅行融合在一起的東西。面對一切，除了虔誠的信仰，更應該有懷疑與思考的存在餘地，盡信而不假思索，豈不是最可怕的？聖經十誡，十條古老的戒律，至今仍然影響著人們的生活方式與道德準則。我人在華沙，身處波蘭這個天主教國家，感受到的是現代人在恪守古老十誡的同時，迷惘在介乎于擦邊球一般的邊界線周圍，進退兩難。這無關於上帝的審判，而在於現代社會潮流與古老宗教傳統之間的對立之下，脆弱的人們無力解決的困惑。

這份回答，實際上也是我寫「藍色十誡」系列的中心立意。

當然，還有一些讀過、卻完全沒想法的人們。

同樣有一些讀過卻不知道該說什麼的人們。

這是見仁見智的事情，我無從改變什麼。

⋯⋯⋯⋯⋯⋯⋯⋯⋯⋯⋯⋯⋯⋯⋯⋯⋯⋯⋯⋯⋯⋯⋯⋯⋯⋯⋯⋯⋯⋯⋯⋯⋯⋯⋯⋯⋯⋯⋯⋯⋯⋯⋯⋯

離開華沙，「藍色十誡」其實並沒有結束。

大概八個月過後，我來到紐約。

華沙，紐約，無論從地緣、從歷史背景、從政治演變、從意識形態、從文化氣質，等等等等，都是截然不同、卻又獨具典型對立特徵的兩座城市。

而從華沙到紐約，這段間隔時期，一些親身經歷讓自己變得不一樣。

巧妙的是，所有的一切，似乎仍然被一條主線牽引。

正是出於這個原因，讓「藍色十誡」得以延續。

所以，關於美國的部分，我權且將其作為「藍色十誡」的番外篇。

當然，相比華沙，紐約部分至少沒那麼凝重，而遊走的因素，也較之華沙更加流動。

華沙部分是新生嬰兒，紐約部分已是孩童。

時間不可逆。

孩子，總是要長大的。

# （十九）海上花

藍色變奏曲，黃色計程車，白色水氣球，紫羅蘭衣袂，赤子之心。

紐約。

劃過高高的天際線。

從華沙，飛到妳家門前。

美利堅合眾國，對我自己來講，實在是一份難以形容的、異常晦澀、卻又簡單直接的、關於存在的意義。

這份意義，承載了人生歷程中太多太多的、被無數個畫面影響的某種精神。

是的，沉浸在上個世紀六零、七零年代音樂裡面的大學時代。

是的，街邊隨意飆著粗口、泛白牛仔褲交錯飛舞、沒有歐洲那麼多的禮儀與紳士風度，但是簡單、熱情的牛仔精神。

正因為這份印象完全出自個人意識的勾勒，所以我才會萬分惶恐，惶恐真正的美國，並非這幅樣子。

所謂讓「意義」永久存在的代價，往往就是跨過那段停滯不前的腳步所強行阻隔的距離。

美國，我最熟悉。

美國，我又最陌生。

沒錯，太熟悉了，往往顯得最陌生。

分隔兩地的情侶，或許天天在電話裡細語綿綿，直等到真正見面的那一刻，反而一語不發，一個相擁的熱吻，足矣。

可美國對於我，完全不是情侶的感覺。

實際上在我二十幾歲的時候，不知道出於什麼原因，我就告訴自己一個決定：去美國，一定要在三十歲之後。

直到現在，我仍然對自己當初做的決定，一知半解。

或許，那時候的我，希望通過年齡來「打磨」閱歷，能夠隨著時間漸漸填補那些個關於美國之於我的、契合與失望之間的落差。

又或許，我只是在簡單的等待，等待「某一個點」來臨，一個過程累積到一定時候、一定程度、自然而然浮現的那個點。

除此之外，我深深知道，美國，我永遠不可能確定最後一站是哪座城市。

但是，第一站，一定是紐約，嗯，一定要是紐約。

紐約帶給我的，不可能沒有失望的東西。

恰恰相反，坦然面對紐約的一個個失望，正是三十歲之後的我，帶給紐約的東西。

哪怕………

哪怕長著一副拉美裔五官的入境簽證官，懶洋洋抬起眼皮，問我來美國做什麼，我回答說旅行，他接著問，為什麼來旅行？注意，是「為什麼」來旅行………直到我故意一字一句慢慢的說出自己即將開始旅程的一座座東部城市的名字，他才開始不耐煩的笑著說「夠了夠了，已經非常好了」。

哪怕在JFK（肯尼迪國際機場），兩名身穿黑袍的穆斯林少女，因為需要接受特殊安檢，在長長的入境通道等候隊列旁邊、反復穿梭了好幾個來回。

哪怕Shuttle Bus司機駕車從皇后區穿過林肯隧道，開進塞車的曼哈頓，和我閒聊打發無聊時間，提起被刺殺的約翰·列儂的興趣，遠遠不及即將上映的《Mad Max》。

是的，紐約，甚至美國，在最初到來的時刻，給了我太重的壓迫感，讓我非常不舒服。

這種感覺，我不知道是紐約帶給我的，還是所有過往與美國有關係的人與事，強加於美國自身的。

因為我永遠理解不了一幕親眼目睹的真實畫面：一個女孩子拆開美國使館寄來的信封，拿出護照，焦急的翻開，看到獲得美國簽證那一刻的狂喜，她突然驚叫了一聲，表情中充滿了對於未來的憧憬。

只不過，這份憧憬，並沒有讓我覺得有多感動，反而好像航海的盜賊終於發現了金山一樣。

是的，我非常不喜歡這種年輕人與美國發生關聯的方式，甚至討厭。

或許這就是我身處曼哈頓、壓迫感纏繞全身的前奏曲。

不，其實這還不是前奏。

名副其實的前奏，我認為應該是多年以來的歐洲情結帶給自己的某種定式與習慣，這種由來已久的固定模式，才是我之所以與紐約在初見一刻顯得格格不入的緣由所在。

就好像司機與我的一段聊天，我主動談起洋基隊、談起尼克斯，而他，竟然主動和我聊起足球。

是的，我難免驚訝，告訴他，拜託，老兄，這裡是美國，棒球、冰球、NBA……你和我聊足球？！

他很平靜的嘿嘿一笑，說這沒什麼大不了的，紐約住著形形色色的人，很多都是歐洲移民，喜歡足球的大有人在，我自己還是曼徹斯特聯的球迷。

我告訴他說我支持切爾西，不喜歡曼聯。

他「哦！」了一聲，說我為什麼喜歡切爾西。聽他的語氣，意思好像是說，在紐約，喜歡切爾西的人腦子都有毛病。

拜託，美國佬。


總而言之，對美國的感情，一直都在。

只不過，擔心感情被所見所聞毀滅的另一面就是：正因為毀滅之後，才可能產生另一種更真實的情感，正所謂不破不立，這樣也好。

三十四街，老賓州車站。

紐約街頭的景象，打從第一眼開始，就顯得過於壓抑，太壓抑了。

旅館大門兩側站滿了吸煙的男人和女人，即便是春天，烤火爐還是時不時吐出一股不明方向的熱氣流，保不准就「很湊巧」的與香煙的迷霧交匯，衝撞著來往穿梭永無止境的人潮。

沒錯，就是這穿梭的人潮：白人、黑人、拉美裔、黃種人、印第安人、猶太人、穆斯林……

從服飾的誇張以及衣著的潔淨程度來講，真的仿佛整個世界所有最最「屌絲」的人們，都來到了紐約，雲集在紐約，毫不誇張。

是的，曾經印象中揮灑汗水、沾著泥土、散發野草氣息、有幾處破洞

的牛仔褲與牛仔精神，瞬間消失殆盡。

　　人們的牛仔褲，是真的看得到油乎乎的污漬，髒兮兮的，很髒很髒。

　　雙腳走在街邊的金屬隔離網上，網下麵，時不時傳來地下鐵快要進站、減速時摩擦鐵軌「吱呀」、「吱呀」的刺耳噪音。

　　井蓋的小洞冒出熱乎乎的水蒸氣，一股公共澡堂每晚就要打烊時候的味道湧進鼻孔。

　　紐約。

　　洛克菲勒「巨石之巔」，俯瞰中央公園。

　　誰在耳邊窸窣碎語，警告你，天黑之後，不要在公園裡四處晃蕩。

　　一九七一年，約翰‧列儂創作的單曲《Imagine》問世。

　　這是我最喜歡的一首列儂的歌曲。

　　在錄製這首歌的時候，列儂放棄了慣常的隨意即興，採用非常認真、嚴謹的伴奏格式完成了作品。

　　「妳可能會說，我是個夢想者，

　　　但我不是唯一的一個。

　　　我希望有那麼一天，妳可以加入，

　　　那麼世界將成一體。」

　　歌曲誕生的同一年，列儂與大野洋子移居紐約，但被美國移民局拒絕簽發綠卡。

　　在苦鬥了四個年頭之後，終於獲得美國永久居留權。

　　一九八零年，四十歲的列儂，在中央公園達科他公寓門前，被一名狂熱歌迷用槍射倒，再也沒有起來。

---

　　從三十四街，一路走到四十二街。

　　紐約，更像是被拼湊出來的城市。

　　不存在單一的彰顯，而是彙聚與融合。

　　是的，我們凝聚成了「America」。

走在第五大道，看到形形色色的人種，但我看不到世界，而是美國。

或許從某種意義來講，美國就是全世界，而並非美洲大陸的一個國家。

或許又不是。

是或不是，這裡都是紐約，這裡都是美國。

不然，我就不會看到時代廣場那兩位青春靚麗的女郎：全身赤裸，用五顏六色的顏料將身體彩繪成美國國旗的圖案，豐滿的乳房，豐滿的臀部。

不止是我，在我身旁的歐洲遊客，看到後也愣愣的緩不過神。

拜託，這裡是紐約。

不然，我就不會看到走在第六街的那位塗上口紅、上身只有一條紅色胸罩、下身只穿一條紅色內褲的瘋瘋癲癲的中年男人。

不然，我就不會看到一幅幅非洲、亞洲裔的面孔，在地鐵、公交、長途巴士的各個角落埋頭工作。

不然，我就不會看到二十三街地下鐵，一個黑人不停喊著種種帶著「Fucking」的髒話，沖一個白人員警大喊大叫，突然做出一個掏槍手勢，然後，白人員警下意識摸了摸腰間佩戴的手槍，之後，看到那黑人只是做了一個手勢，不得不苦笑作罷。

那黑人，一邊繼續破口大罵，一邊離開了地鐵站。

紐約。

本身就好像一部影片，和我們所熟知的那些影片一樣。

可是妳，對我來講，已經足夠真實。

因為，這裡有一顆心，一顆此時此刻、停留在紐約的心。

紐約之心。

夜幕下的麥迪森廣場花園（Madison Square Garden），人流攢動。

這裡是紐約尼克斯隊的主場，今晚有NBA籃球常規賽。

街邊快餐車賣的「Halal」阿拉伯炒飯，辣椒醬的味道實在是熱情。

球迷們早就開始搖旗吶喊，可以想像，幾小時後，當比賽結束，接著去喝一杯的球迷會更歇斯底里。

這個地方似乎永遠沒有休息的概念。

　　只不過我的意識完全不在NBA球賽上，即使難免大煞風景。

　　看到麥迪森廣場花園到了黑夜才有的深黃色光暈，我的第一印象，只能追溯到曾經的那個光頭女孩。

　　是的，容貌秀麗、卻主動留起光頭的愛爾蘭女歌手希尼德‧歐康娜。

　　她在出道之初，拒絕被唱片公司包裝成玉女歌手，索性剪了光頭示人。

　　她在原創音樂作品大獲讚譽的同時，因為抵制海灣戰爭，拒絕去美國領取格萊美獎。

　　她在美國綜藝節目「週六夜現場」的錄製間，因為抗議天主教的性侵兒童醜聞，在觀眾面前撕毀羅馬教皇的照片。

　　就是這樣一個善良、率性、卻飽受爭議的女歌手，參加了1992年在麥迪森廣場花園舉辦的鮑勃‧狄倫三十周年紀念演唱會。

　　這場流行音樂史上不朽的經典，諸多巨擘前來獻藝，幾乎每一位歌手演唱一首鮑勃‧狄倫的作品，當時一票難求，盛況空前。

　　演唱會進行中，當主持人報出下一位登場的歌手是歐康娜的名字時，全場歌迷發出巨大的噓聲，她就是在這樣的氣氛中帶著一絲拘謹的笑意上臺，展露出光頭下天使般完美的面孔、迷人的笑容。

　　噓聲一直沒有停止，歐康娜沒辦法開始演唱，等待良久後無果，她突然平靜的摘下耳麥，拒絕唱歌，反而拿起話筒，大聲喊出雷鬼樂教父、牙買加傳奇歌手鮑勃‧馬利的一首單曲《War》的歌詞。

　　注意，是一字一句的喊出這首《War》的歌詞。

　　然後，轉身揚長而去。

　　只不過，在她走下舞臺的第一刻，面對迎面而來抱住自己、準備安慰自己的主持人，她再也抑制不住淚水，把頭紮進主持人懷裡哭泣。

　　拜託，她只是一個二十六歲的女孩子。

----

　　紐約之心，三一教堂外、泛黃的紅玫。

　　紐約之心，字字句句內、觸碰的脈動。

　　紐約之心，一雙充滿愛意的眼眸。

紐約之心，一扇守候朋友你過夜的門。

「是這般奇情的妳，粉碎我的夢想。仿佛像水面泡沫的短暫光亮，是我的一生。」

——羅大佑

清晨，上班族們右手拎著黑色公事包，左手握著咖啡杯，走在窄到剛剛好兩個人相向擦肩的街邊小路，從第七街走到帝國大廈，開始全新一天的工作。

然後，指紋打卡，上班。然後，指紋打卡，下班。

一切再平常不過，就好像工廠流水線上一個個冰冷運轉的零部件。

我承認，自己在這條窄路上的腳步速度實在太慢了，已經影響到趕時間的上班人潮。

紐約，是全世界大都市的縮影。是的，這份早晨似曾相識的盛況，在全世界每一座都市，都千篇一律到令人麻木。

只能說，紐約，是第一個變成這樣的都市，是後來所有都市運轉的參考模式。

我的壓抑感愈發強烈，似乎有種無名的東西充塞著胸口，透不過氣來。

居然是路邊熟睡的乞丐，給了我一絲冷靜，不，與其說是冷靜，不如說是某種令人啼笑皆非的片刻安定。

乞丐蜷縮著身體，渾身上下裹滿了髒兮兮的被子，背對著馬路，只有他可以睡懶覺，睡到自然醒來。

走過了帝國大廈，之後呢？繼續走？該走向哪裡？

原路回去吧。

就在這個時候，就是這麼一個轉身。

是的，一轉身。

不遠處飄來一個年輕女孩子，二十幾歲，黑色高筒皮靴、黑色制服裙、黑色襯衫、黑色眼睛、黑色長髮飄揚，除了黑色，只剩下一襲深紫色的風衣。

她是亞裔人，一幅雋秀的東方面孔。

在這段時間裡，在這個空間裡，只有我們兩個人是來自亞細亞的面孔。

我和她，僅僅只是對視了一眼，是的，僅僅一眼而已。

她短暫愣了一下，我也短暫愣了一下。

這相視，在曼哈頓每天形形色色的川流不息中，猶如滄海一粟。

這相視，不知何故，反而簡單的、輕而易舉的突然打通了所有隔絕：時間的隔絕、距離的隔絕、錯失的隔絕、回憶不起來的隔絕。

錯過，不論未逢其時，還是陰差陽錯，都在不經意的這一刻，重新回來。

她，就是那朵漂流在人潮中的海上花。

千篇一律的美版制服墊肩，交織成層層疊疊的浪花，紫色衣裳，漂流在裡面，漸漸隱去。

妳給我一個夢想，又親手讓它破滅。就像是做了一場夢，然後，醒過來。

即便如此，在這座現代都市，在紐約，輪回與轉世，作為一個願望，依舊無比清晰、萬分熱烈。

願，只願他生，昨日的身影能相隨，永生永世不離分。

紐約…………

在這座大都會的每一個角落，賺錢，你都要用腦子，動腦子，靠腦子。

或許，我所有關於紐約的話，連一美分都不值。

所以，伸出右臂，向妳致敬，紐約！

帝國大廈（Empire State Building），從二十世紀三零年代爆發的經濟大危機，一直到六零年代的夢幻破滅過後，曾經的四十年時間裡，它一直是世界上最高的建築物。

我特意選在晚上登頂，是因為白天已經到過紐約城的另一處高點——洛克菲勒「巨石之巔」。

排隊等電梯的人不算多，在我身前是個韓國女孩子：一張娃娃臉、一身嘻哈裝、歪帶著棒球帽，盡情展露著自己身在紐約的標題意義。

是啊，在第二次世界大戰之後，全世界的每個角落，毫無疑問都被美國同化。

沒有人能夠忘記第一次喝可口可樂、第一次吃麥當勞巨無霸的那份感受。

走在第八十六層的360度戶外觀景台，冷風吹得人頭皮發緊，眼睛閉不得、也睜不開。

帝國大廈，在好萊塢的電影中，它被毀滅了無數次。

被颶風、被海嘯、被隕石、被金剛，被外星人…………

這裡不是東京塔。

德國電影導演沃納・赫爾佐格，在東京塔頂反問自己，真正的影像在哪裡？影像的真實在哪裡？

所以，赫爾佐格是瘋子，是為了表達自己情緒、甘願自掏腰包拍賠錢電影的瘋子。

所以，好萊塢的導演們贏了，他們拒絕真實，認為無所謂什麼真實，他們用特技效果讓帝國大廈毀滅了無數次，他們賺足了票房。

我有沒有問過自己？

真實是什麼？

柏林的靈魂流浪？東京的追尋？還是華沙的審視？

此時此刻，都不是。

嗯，都不是的。

對自己而言，紐約，越來越像是一處簡單的風景，好在，前提是我已經證明了自己用年齡與歲月所沉積的感悟。

下行電梯的頂部閃爍起奇幻的特技效果，遊人們有的開懷大笑，有的舉起手中DV開始錄影。

記錄著其實買一張宣傳影碟就足夠表達的情景。

離開帝國大廈之前，前臺的工作人員，一個黑人姑娘問我需不需要把自己的紀念留影電子版發送到郵箱，只需要花幾美元。

我笑了笑，告訴她不用了。

　　紐約，這是一個將「夢」聖化到極致的地方。

　　這是一個勇敢的人們組成的城市，別看他們現在懶懶散散，吊兒郎當，一旦認真起來，立刻會成為最強大的對手。

　　這是一個讓我格外想家的地方，不知道為什麼。

　　這是一個街頭文化濃郁的地方，沒有奢華的高高在上，而是觸碰得到的簡陋，讓你手心熱烘烘的溫暖。

　　或許只有在這裡，「Coke」仍舊保留著最初的「殺口」味道。

　　或許只有在這裡，才能暢飲最正宗的墨西哥產「Corona」啤酒，當然，墨西哥除外。

　　或許只有在這裡，小義大利區（Little Italy）的Pizza外賣，味道甚至好過義大利。

　　坐輪渡前往Ellis Island，途中反方向駛來另一艘輪渡，船上的黑人男孩開心的向我們揮手，大喊著什麼，然後他的同伴們突然跳起了嘻哈舞，而其中一個白人女孩開懷大笑，口中喊著「Sex，Sex！」

　　哦，是的。這裡是紐約，這裡是美國。

　　作為觀者，不管你覺得高雅，還是低俗，至少，她為你呈現了足夠真實的性情所至。

　　以至於我懷疑自己為什麼還要住在格林尼治村，畢竟，那裡太「歐洲」了。

　　要知道，這裡不是歐洲，永遠不是…………

　　在紐約的第一夜，我突然夢到了舊時的一個個情景。

　　一九九一年，無意中望到一個女孩子，第一次感到莫名的異樣。

　　一九九八年，最後一次看到那個女孩子，然後，我離開了那個市鎮。

　　二零一五年，面對面坐著的另一個她，上嘴角展露出的淺淺笑意，和那個女孩子簡直一模一樣。

　　多年以前的心情，被重新召喚回來，那一年春天早來的風雨，定格了永遠未完成的戀曲。

　　那個女孩子與現在的她，僅有唯一的一點不同。

　　青春，如果有青春存在的話。

青春，始於曾經的她，死於現在的她。

昨日冰冷的雙唇，今天刻上了妳的吻。

----------

在差不多十年前的某個春天，一個明天就是自己生日的午後，剛剛開始職業生涯不到一年的我，坐在空蕩蕩的辦公室裡，不知何故，突然有了某種情緒，在寫字臺前，完成了一段心情感悟的文字。

是用鋼筆和筆記本寫成的一段隨筆。

辦公室外，是這座城市最繁華的一條街之一。這條街，是承載著我們所熟悉的某些行業最頂尖榮耀的一條街。

而這條大街所在的城市，毫無疑問，是一座很大很大的城市，一座我們所熟知的都市。

當時的那段文字是這樣寫的：

「離開自己的辦公桌，向後走幾步，是寬大的窗，外邊的景象一覽無餘。我，站在這條繁華街道的一個高點，平靜的看著，看著自己的過去。在這個地方，前年冬天，去年盛夏，還有今天；一個學生，一個新人，一個遠望外面世界的沉默的人。以前，是從外面期盼這心中的高點，現在，我是站在這裡的。但必須承認，以前那種熱切，不會回來了。

我周圍的世界，未免有些陳舊了。人與人之間，本不應該是這樣子的。

難道曾經夢想的成熟？是冷漠的代名詞？

外面的人，還是會期盼地望向這裡，因為他們，沒有站在這高點上，仿佛站在屋頂上，能夠更真實的看清這個世界。

這裡其實不是我心靈的天堂，但這裡，是我珍惜的地方。

因為，我在這裡，這裡，是我的屋頂，沒人明白，也沒人可以替代。

在這裡，我突然看到曾經的自己，看到唱著自己很久不唱的歌曲時、她們支持的目光。現在，這些都已成為過去。

去屋頂吧。站在屋頂上，體會著不可強求的遺憾帶來的溫暖，佩服著我自己的體會，繼續著或許仍是如此的新的一天。

在屋頂上，我終於看清曾有的迷茫與混亂，沒有那迷茫與混亂，或許

我現在，不會站在這心靈的屋頂上。

　　在屋頂上，我看到了靈犀相通的她，雖然還不知道她是誰，可她同樣在屋頂上。」

　　當時的自己，為這段文字起了個名字，就叫做《在屋頂上》。

································································································

　　突然發現，十年前在那座都市寫下來的文字感悟，在今天的紐約，同樣適用。

　　這令人窒息的城市節奏，容得下夢想嗎？

　　在成長的地方，我們不得不忍受壓力之于生存的底限。

　　難道，在紐約，生存，可以讓人們忘卻如何對壓力耿耿於懷？

　　這忘卻，令人樂觀豁達，還是麻木不仁？

　　為什麼我們這個族群，總是置自身於兩難？

　　我們賺的是美金，可是我們回得去嗎？

　　某年，我們搭上一座名叫「五月花號」的輪船，來到新大陸。

　　某年，我們搭上一座名叫「阿波羅11號」的太空船，來到月亮。

　　某年，我們開始了蹉跎歲月。

　　某段歲月，我們迷惑不解。

　　某段歲月，我們一直犯錯。

　　某段歲月，我們不再犯錯，卻還是被他人誤解。

　　某段歲月，我們浮浮沉沉。

　　漸漸，我們變得比年輕時候要年老一些，比真正年老時候還要年輕一些。

　　我們還是不知道，過去究竟發生了什麼。

　　我們深深知道，現在，其實一切都還好。

　　某個夜晚，我們夢到自己，一個雙眼格外清晰的自己。

　　夢到我們醉了，夢到我們飛了。

　　我們醉倒在第五街。

　　我們飛越了自由女神像。

而自由女神已經離開，去遠航了，向著大西洋的方向。

哦，算了吧。

明天又是一個忙碌的工作日，別多想了，洗洗睡吧。

1.浮沉往昔。
2.最熟悉，最陌生。
3.夢境，舊時。
4.海上花。
5.不破不立，三十歲後的美利堅。
6.從華沙到紐約。

1.足夠真實的妳。 2.天地一沙鷗。 3.蹉跎歲月，醉倒在第五街。4.泛黃的紅玫。5.何謂真實？ 6.紐約之心。

# （二十）本傑明

藍袈裟，藍十字，藍色十誡，藍色三部曲，暴雨將至。

二零一五年春，格林尼治村，紐約。

兩把吉他，不插電；一把班卓琴，外加一支布魯斯口琴；兩把高腳椅，兩雙馬丁靴，兩條牛仔褲。

調音完畢。再簡單不過的舞臺，燈光亮起，一場民謠演出即將開始。

特別感謝，來自奧克拉荷馬州的一對中年夫婦，仔細、用心的幫我完成了一張留影相片，在林肯紀念堂外，華盛頓特區。

明明買的是「灰狗」公司的車票，緩緩駛來載客的，卻是一輛遍身通綠的「彼得潘」大巴。

---

特拉華河在費城流淌著黑色，巴爾的摩的黑人暴動在持續升級。

新澤西州，大西洋城外，賣酒的黑人大姐帶著「滿臉滑稽的一絲不苟」告訴我，夥計，下次一定要仔細點兒，不要再把粘合在一起的兩張五美元鈔票遞到我手上，我可能會眼花看不清楚，這樣會多收了朋友你的錢。

公路清晰的白線，在向盡頭後退，如同倒著行走的路人。

---

她洗菜燒飯，變得像一個女人。

她享受性愛，變得像一個女人。

她照顧自己的孩子，變得像一個女人。

她不再介意咒罵與傷害，變得像一個女人。

只是，不再有人注意到，

當她哭泣的時候，其實她還是從前那個小女孩。

一直都是。

經過紐華克自由國際機場之後，曼哈頓的全景漸漸寫入。

嗨，紐約，我回來了。

車裡的乘客大都從不怎麼舒服的瞌睡中醒過來，抖擻下精神，當然，坐在最後兩排，幾個拿著公事包、穿著正裝的商務人士除外。他們似乎隨時保持著來自職業習慣的警惕。

臨近傍晚時分，光線變得柔和，有一份沉澱過後的酒感，古銅色的。

在路上一邊上坡、一邊不斷轉彎的巴士，繞來繞去的恍惚之際，不經意間，車窗外出現一片開闊的遠景，整個曼哈頓的黃昏美景盡現，靠這一邊車窗的所有乘客都被陶醉在其中，很多都拿起手機，試著拍下這一刻的城市無限風光。

只可惜這幅畫面僅僅定格了大概三秒鐘，還是因為塞車的緣故，緊接著，巴士一個轉彎，什麼都沒有了。

我保證，這幅畫面，是我所看到的、最美的紐約。

在「彼得潘」開入地下總站之前，夕陽的最後一抹餘暉，微弱的閃爍在白鴿群一轟而起後的寫字樓表面，泛起陳年威士忌的光芒。

終於明白，曼哈頓，不僅僅只是水泥森林，絕對不止。

這夕陽的美好，總能帶來一些關乎生命的希望。

如果《默示錄》提到的末日，遲早要帶走一切，那麼，至少我們還有時間，用僅剩的愛，去告解所有的罪。

到那時候，戀人們不再用時間丈量玫瑰，趕快，趕快，手牽著手，一起去看這醉人的落日。

薩爾瓦多·阿格隆，1943年4月出生於波多黎各。童年時父母離婚，之後隨改嫁的母親從波多黎各遷居美國紐約。在紐約，因為與繼父關係惡化，又被母親送回波多黎各老家、再婚的父親家生活。之後，因為目睹繼母自殺身亡，年幼的阿格隆精神受到很大刺激，隨後又被父親送回紐約，回到母親身邊。

1958年，十五歲的阿格隆成為布魯克林區一個黑幫的小混混。1959年

8月29日，在紐約一場街頭黑幫的火拼中，阿格隆誤將兩名無辜的白人少年當作愛爾蘭黑幫成員，把兩人殺死後逃離現場。

這則謀殺的消息震驚了全紐約，因為在火拼中頭戴一頂黑帽子，阿格隆被稱為「The Capeman」。

當阿格隆被紐約警方逮捕後，他用顫顫巍巍、卻死一般平靜的語氣，講了一句話：「I don't care if I burn, my mother could watch me」。

十六歲、未成年的阿格隆，被判處死刑。這在紐約引起更大的爭議，一方面，很多人認為他十惡不赦，罪有應得，另一方面，有些人，甚至包括死者之一的家長，認為他在成長過程中遭遇到的種種不安，嚴重影響到他的心理情緒，而且他尚未成年，應當寬大處理。

最終，死刑暫緩執行。阿格隆在獄中成為了一名基督徒，並且開始學習寫字，讀書，考取了高中畢業文憑，之後，他嘗試寫詩，描述他的人生和街頭混混歲月，這些文字甚至被發表在紐約的一些報刊專欄。他發奮學習，最終成功考取紐約大學的文學藝術學士學位。

1962年，他的死刑被減輕，轉為在監獄度過一生的無期徒刑。

1977年，34歲的阿格隆罪行再次被減輕，甚至允許被保釋出獄。

在保釋出獄期間，阿格隆兩次逃離紐約，不過最後都在其他州被抓捕，由於「精神疾病問題」，他沒有被指控為畏罪潛逃。

1979年，「The Capeman」正式出獄。

此後，一部關於他生平的紀錄片上映，另外，他自己創立了一個基金會，所籌到的資金用於接濟當年遇害的兩名白人青年的家屬。

甚至，這個基金會還會幫助更多的、在不同領域需要幫助的人們。

「The Capeman」，從此正式成為名人，還有慈善家。

真實的故事到這裡還沒有結束。

中年的阿格隆，成為一名律師，並且在超過五年的時間裡到處演講，話題都是關於反對街頭黑幫的暴力行為。

是的，他又成為了一名演說家。

1986年4月，曾經的未成年殺人犯「The Capeman」，現在的作家、慈善家、演說家、法律維權鬥士，薩爾瓦多·阿格隆先生，因為急性出血性肺炎病逝，享年42歲，還有兩天滿43歲。

嗚哇哇，嗚哇哇，我嘴裡輕鬆哼著走調的卡利普索曲，因為我來自波多黎各。

在紐約街頭，我幹掉了兩個白人小子，誰叫他們的生活那麼幸福。

在獄中，我想念我的媽媽，《聖經》的教誨，我真的相信嗎？

我發奮，我努力，因為除了讀書，我無處可去。

我三十多歲了，我被保釋出獄，重新呼吸到自由的空氣，在這個最自由的國家。

可我何去何從？

我只想逃離，越遠越好。

該死的，我還是被條子抓回來了。

我真的有精神問題？就算有，我也要宣洩出來，通過演講，通過公益，通過法律的鬥爭，成為一名精力旺盛、爭取權益的戰士，管他們別人什麼爭議。

直到被送進醫院的那一天，我都不知道自己一生的價值是什麼，在哪裡，這就是我的一輩子，薩爾瓦多·阿格隆的一生。

你們永遠不會知道，我究竟喜不喜歡「The Capeman」這個稱號。

就像你們永遠不知道，我心裡到底是怎麼想的。

從四十二街開往西四街的地鐵「E」線，開著開著突然減緩速度，直到停止在黑暗空洞的隧道中，緊接著，車廂內的廣播喇叭響起一長段帶有明顯黑人口音的女聲，大家的情緒開始緊張起來，一位趕時間的老人罵了一句髒話，然後雙手摀住太陽穴，閉上眼睛，低下頭沉默不語。

所幸，大概過了十分鐘，地鐵重新開始啟動運行，光明隨之來臨。

在格林尼治村（Greenwich Village），我住的地方距離華盛頓廣場公園很近。

住的旅店房間很有意思，不，應該說，這家旅店的整體風格就很獨特，外觀像是一座歷盡歲月磨礪過後的老電影場景（實際上這家旅店原本

就出現在了很多美國電影裡），旅店內部每層的佈局也有些「惡作劇」意味，窄小的過道繞來繞去，每個房間的門牌號都會在不經意間一眼發現。

我的房間雖然不大，卻匠心獨具，無論燈光、地毯、還是擺設用的裝飾，都付諸很多心思。

不知道是不是巧合，床頭上方的空白牆壁並排掛著三張老演員的經典藝術照，其中一張，是奧黛麗·赫本。

奧黛麗·赫本，曾經是我最喜歡的女演員，是的，曾經是。

毫無疑問，因為那部電影《羅馬假日》。

只不過，直到看過《蒂凡尼的早餐》，我才發現，奧黛麗·赫本，其實只是一名演員而已。

影片《蒂凡尼的早餐》，因為奧黛麗·赫本出演的緣故，導致很多人誤讀了主人公霍莉·戈萊特莉小姐。

在蒂凡尼珠寶店櫥窗外，身穿一席「Givenchy」黑色禮服，吃著早餐麵包的交際花。這一電影場景，在他們腦海中，被定義為高雅、浪漫的第五大道格調。

他們只記住了電影裡的這一幕，或許他們都沒看完整部電影，更不必說讀過原著小說了。

我一直覺得赫本「演砸」了這個角色，因為她太不像霍莉·戈萊特莉。赫本骨子裡是帶著屬於歐洲女人的持重感的，優雅中散發出嚴格，這與戈萊特莉純真的放蕩，近乎聖潔的輕率，是格格不入的。

作為觀者，我永遠不知道，一大清早坐著黃色計程車來到蒂凡尼珠寶店門口的戈萊特莉，是從哪個地方來的。

我猜她打從格林尼治村來，因為這姑娘帶著一身的波西米亞氣息。就像影片最後，找不到寵物貓的她，風雨中披著濺滿泥點子的雨衣，髒兮兮的狼狽，卻愈發展現出不屈不撓的倔強與善良。

所以，奧黛麗·赫本只是一名演員。

所以，安妮公主與「交際花」霍莉·戈萊特莉，表達無私的愛，在方式上永遠不會有交集。

所以，每一個人都應該善待別人對你的愛，雖然方式會有所不同，但那都是愛。

現時會覺得無所謂，不過終將變得奢侈。

我去過羅馬，但我從來沒有提起過在羅馬的所見所聞。
原因再簡單不過：羅馬依舊，假日再無。

風華正茂的安妮公主，短暫逃離王室的束縛，做了一天最真、最純粹的女孩子，在羅馬，僅僅一天，一生足矣。
此時此刻，我站在紐約第五大道的「Tiffany&Co.」，隨意注視著人來人往。
櫥窗外，邊吃著麵包邊望著珠寶首飾的「交際花」霍莉‧葛萊特莉小姐，早沒了蹤影。
奧黛麗‧赫本，1993年就已經走了，天使，回歸了天堂。
大概六、七年前的時候，因為瑞士的旅行，倒是讓自己寫下了一段關於赫本的感悟。
是的，在盧塞恩的那個晚上，坐在陽臺的長椅上，月光柔和，湖水清澈，一首《Moon River》再適合不過。
在瑞士一座座仿佛花園一般的美麗墓地中，奧黛麗‧赫本的，再簡單不過：一圈嬌豔的鮮花圍繞著一個瘦小的白色十字架。
赫本沒有選擇定居在大都會紐約，而是隱居到了瑞士一個不知名的小鎮，度過餘生。
赫本走了，安妮公主卻一直都在。
說了這句話，我想按照當今社會、現代人的理念，很多人都會說，別做夢了你，現實點吧。

人，是為愛而生的。
愛可以狹隘，可以固執，可以瘋狂。
愛，不應該只是一種情趣，更不應該成為取悅的方法。
活著，可以學會圓滑，但是，如果愛也變得圓滑，那麼活下去的理由是什麼？
經常把「現實」掛在嘴邊的人們，往往特別有意思。

資訊化的愛越來越膨脹，心靈的愛反而少得可憐。

他們認為用錢可以買來她們的愛情，相對應的，她們認為，對方用錢就可以買到自己的愛情。

所以他們覺得自己用鈔票、用豪宅、用名車，可以追到赫本。

那我只能說，他們也許可以追到作為演員存在的「赫本」。

沒錯啊，赫本的形象：靈動的雙眸、骨感的下巴、輕盈的小骨架、纖細的腰身、飄逸的裙擺，在舞蹈學院、電影學院這一類校園裡，不難見到這樣的女孩子。

是的，不難見到這樣的女孩子，一個，或者幾個一起，帶著優雅的舞姿，鑽進校園門口的豪車，絕塵而去，把你美夢般的「安妮公主」甩得遠遠的。

這是一個狂妄的年代。

狂妄到曾經的二道販子一旦變身富豪，就可以名正言順的開始運用自己的商業頭腦投資愛情。

對不起，我來晚了，因為我推掉了價值兩個億的合同，就為了手捧九百九十九朵玫瑰出現在妳眼前。

狂妄到學舞蹈學到出神入化的女孩子，可以為了繁華地段的一處屬於自己的房子，出賣一些「沒什麼大不了」的東西。

然後，滿臉堆歡、大言不慚的說自己至今難忘那段最美最美的戀愛經歷。

所以他們會覺得安妮公主可笑，相信安妮公主的存在，純屬做夢。

他們不懂得愛情，他們只不過熟知一種令人噁心的遊戲規則，並且認為這就是愛情。

僅此而已。

泡妞就像吃肥肉一樣，時間久了，你不得不高血脂。

我只想說，安妮公主一直都在。

她是青梅竹馬的小姑娘，和你一樣在大冬天穿著棉襖、留著鼻涕一起走路去上學。

　　她是路邊跳皮筋的小女孩，讓路過的你，想多看、卻不好意思再多看她一眼。

　　她是教堂裡、燭火邊、祈禱的少女。

　　她是圖書館裡安靜閱讀、度過閒暇時光的清麗。

　　她是歷經苦痛、卻依然堅信愛情的娉婷。

　　她是屬於舊時光的，那時候你不覺得她是，過去了，你才覺得她就是。

　　我想，我明白了格林尼治村存在的意義。

　　正如安妮公主存在的理由一樣。

　　這裡的人們，吸毒者、同性戀、女權主義者、先鋒派詩人、民歌手、「布萊希特」式戲劇演員，他們傷痕累累，可他們一直崇高的按照自我的方式活著，並且彰顯出存在的價值。

　　這世界其實很簡單，你可以讓它更美好那麼一點點，也可以讓它更噁心那麼一點點。

　　有些人一直努力讓這世界美好一點點，另有一些人，只會讓它越來越噁心。

　　這都是一個人骨子裡生來具備的特質，誰也無法改變。

　　只需記住，你可以去感動其他人，但千萬不要去噁心別人。

　　MOMA（紐約現代藝術博物館），位於西53街與第五大道的交匯處。

　　這裡陳列著畢卡索的《亞維農少女》，莫內的《睡蓮》，安迪・沃霍爾的波普藝術《瑪麗蓮・夢露》，草間彌生的前衛畫作、以及「達達主義」的一系列作品等等。

　　當然，人們關注最多的，還是文森特・梵古的印象派畫作《星空》。

　　格林尼治村，曾經的美國民謠復興運動主陣地，在一九六零年代。

　　在那個時候，格林尼治村還是反越戰、爭取黑人民權、婦女解放運動、同性戀爭取權益的基地。

　　還是那句話，懷舊沒什麼錯誤，因為懷舊在現時看來顯得廉價，但它終究是奢侈的。

　　如果可以的話，就讓我帶妳走一遍格林尼治村吧。

　　或許，在未來的某一天，這也能夠算作懷舊的存在。

克里斯多夫公園（Christopher Park），裡面矗立著兩對真人大小的同性戀戀人白色雕塑，一對站立的男性，一對坐在長椅上的女性。公園外，馬路對面，是著名的石牆旅館（Stonewall Inn），1969年，一群飽受歧視的同性戀者在這裡發起反抗運動，揭開同性戀革命的序幕。

民謠歷史上著名的瓊斯街（Jones Street），就夾在西四街（W 4th Street）與布裡克街（Bleecker Street）之間。

穿過瓊斯街，走到布裡克街上，搖滾樂歷史上非常重要的演出場所——「WHA?」咖啡館還在那裡，靜悄悄的。

從唐寧街（Downing Street）左轉，穿過第六大道，沿著彎彎曲曲的Minetta Street向東走，可以看到那家不起眼的墨西哥餐廳「Panchito's Mexican Restaurant」，著名的褐色標記「Fat Black Pussycat」被刷上了油漆、裝飾了霓虹燈，永遠封存在記憶中。在1962年，這家店名叫「The Commons」，鮑勃·狄倫就是在這裡創作、並首次獻唱了那首《Blowin' in the Wind》。

一個人究竟要多少次驀然回首，

然後才能做到假裝視而不見？

這答案，我的朋友，它在風中飄蕩。

答案在風中飄蕩。

---

在華弗利街對面，有一家小店，裡面賣的冰啤酒，我覺得在格林尼治村算是品種最多的。

店裡有位英語不算好、但是很熱情的墨西哥店員。

有一次我在店裡拿了「Corona」黃啤，在門口排隊結帳，等到我付錢的時候，無意間看到腳底附近有一枚「一美分」的硬幣。

我不知曉是不是自己掏錢包的時候掉下來的，也可能這一美分早就在那裡。

不過我還是下意識蹲下身子，把它撿了起來。

一枚硬幣就這麼明晃晃呆在地上，讓我渾身不自在。

看到我這個舉動，收銀員笑了，排在我後面的顧客，一個長著斯拉夫

裔面孔的中年大叔也笑了。

走出店門，提著啤酒，我慢悠悠走回華弗利街附近的旅店。

天已經完全黑了，格林尼治村的老式公寓樓，那暗淡的磚紅色，不但不會增亮，反而讓夜色更加黯淡。即便如此，幾個女模特還是在這些老式公寓樓的不同角落靠打光擺拍著雜誌封面寫真。

突然，身後一聲呼喚：「嗨！又遇到了，一美分先生！」

我回身一看，斯拉夫中年大叔沖我嘿嘿一笑，從我身邊超過我，繼續前行。

我笑著沖他點點頭，這代表了我的默認？嘿嘿，也許吧。

不可否認，格林尼治村見證了屬於二十世紀的文藝復興。在那個時候，有成群的波西米亞主義者，酒鬼，詩人，戲劇演員，民歌手、布魯斯歌手、藍草歌手；規模不大的電影院裡播放著非好萊塢模式的小成本藝術電影。這其中包括歌手鮑勃·狄倫，西蒙與加芬克爾（Simon & Garfunkel），彼得、保羅和瑪麗（Peter, Paul and Mary）；演員羅伯特·德尼羅，阿爾·帕西諾；編劇及導演伍迪·艾倫；詩人艾倫·金斯堡，作家傑克·凱魯亞克；畫家威廉·德·庫寧……很多很多才華橫溢的年輕人實驗著他們的藝術。他們的初衷並不是一定要出名，一定要成為明星，他們只是單純的在做自己喜歡做的事情。同時，包括「民謠中心」、「煤氣燈」、「格迪斯民歌城」等等演出場所那些酷愛藝術的老闆們，堅定不移的大力支持年輕人的藝術夢想與追求，不僅僅只是為了賺錢，老闆們更熱愛藝術。他們共同影響了時代，至今仍然影響著全世界的各個領域。

鮑勃·狄倫，保羅·西蒙，我心目中的兩個神，一九六零年代，他們都在格林尼治村。

他們都是最早一批簽約哥倫比亞唱片公司的歌手，都由Tom Wilson擔任唱片製作人。

Tom Wilson，這位值得敬佩的音樂人，因為製作鮑勃·狄倫的單曲《Like a Rolling Stone》，獲得編曲的靈感，在民謠創作中注入電子樂元素，成就了保羅·西蒙的《The Sound of Silence》。

很多人都覺得狄倫是當之無愧的第一，西蒙最多只能算第二。

我不這麼認為。

　　在自己的大學時代，保羅‧西蒙的地位不可取代。當然，那個時候的西蒙，是以Simon & Garfunkel（西蒙與加芬克爾）的民謠二重唱形式存在的。而隨著學生時代結束，保羅‧西蒙單飛後的音樂歷程，是與我人生閱歷的磨礪與豐富，相呼應的。

　　實在話，那是一份屬於精神世界的共鳴。

　　而鮑勃‧狄倫的嗓音，在二十歲的我耳朵裡聽來，實在像極了「破鑼」。

　　可人生就是這麼奇妙，三十歲的時候再聽狄倫，我終於等來了「遲到的十年」。往昔的破鑼嗓子，竟然成為冷漠敘述世事的聖音。

　　當然，保羅‧西蒙的聲音帶著與生俱來的誠摯與清澈，而鮑勃‧狄倫的嗓子卻充滿了冷嘲熱諷的批判與嘲笑。一個走的是單一化，另一個具備雙重性。

　　他們兩個人無所謂誰是第一，他們都是音樂的「活化石」。他們影響了迄今五十年的音樂藝術與價值取向，他們在當今七十歲的高齡依然在發行新的創作專輯、背著吉他四處巡演。

　　他們曾經是格林尼治村的文藝青年，他們現在是兩個倔老頭，他們永遠是不朽的神。

　　朋友，如果你一輩子感歎沒有崇高的音樂可聽，或者困惑於究竟聽什麼音樂才具備傳世性，那麼，我很誠懇的告訴你，在你的人生中，至少聽一張鮑勃‧狄倫的專輯，至少聽一張保羅‧西蒙的專輯。

　　好了，冒著旅行文字「跑題」到音樂評論的風險，我還是想把兩個人的兩首音樂作品按照自己的理解與感悟，詮釋出來。

　　理由再簡單不過：至少，現在的我，住在格林尼治村。

　　先來鮑勃‧狄倫的。

　　《Like a Rolling Stone》，我還是習慣把「Rolling Stone」翻譯成「流浪漢」來理解，而不是「滾動的石頭」。

「曾經那個時候，妳衣著光鮮，

　　妳那麼優越，給那些要飯的扔一毛錢鋼鏰玩兒，有那麼回事兒吧？

　　人家對妳說過：『嘿，小妞，妳遲早會栽跟頭』，

妳以為他們都在跟妳開玩笑，

對那些在街頭無所事事的混混，妳向來一笑置之。

現在呢，現在妳講話不那麼大聲了吧，

妳的表情也不再那麼驕傲了吧，

關於那些沿街乞討、有了上頓沒下頓的人們，

妳現在有什麼感受？

沒家的滋味，找不到家的方向，

妳覺得怎麼樣？

沒人認識妳是誰了。

像個流浪漢一樣。


沒錯，妳上的是貴族學校，Miss Lonely，

不過妳知道嗎，在那裡妳得到的只有享受和麻痺，

沒有人教給妳真正的東西，怎麼在社會上混，

現在妳明白了，明白自己需要學著應付，

妳曾說過，面對流浪漢，妳絕不妥協，

現在，妳意識到了吧，

當妳盯著他空洞的雙眼，問他，要做個交易嗎？

那傢伙實在不用找任何藉口推辭。

這是什麼感覺？

這是什麼感覺？

獨自一人，完全沒人認識妳，

像個流浪漢一樣。


妳從來不會轉過身來，注意到那些魔術師和小丑蹙起的眉頭，

他們變著戲法當面取悅妳，背後卻在承受苦惱與掙扎，

妳從來不會意識到這樣不對，哪怕他們都是在代妳承受。

妳曾經跨在塗得鋥亮的摩托車後座上，與妳的外交官情聖在一起，

那傢伙肩膀上還臥著一隻暹羅貓。

這滋味不好受吧？

當妳終於意識到他根本心不在焉，在他把妳掏空了、偷走了所有能
從妳這裡偷走的一切之後。
這滋味不好受吧？
當妳變成獨自一人，
找不到家，沒有人搭理妳，
就像一個流浪漢。

塔頂上的王子，以及所有那些漂亮的人們，
他們正在暢飲杯中酒，琢磨著怎麼淘換到更值錢的玩意兒，
可是妳呢？
妳最好摘下那枚鑽石戒指，當掉它吧，寶貝。
妳不是曾經很得意嗎？
人都有倒楣的時候，看看戲裡走背字的拿破崙吧，身上的髒衣服，
嘴裡的髒話，
現在，到他那兒去吧，他正在招呼妳呢，妳無路可退了。
當妳一無所有的時候，妳就不用再擔心失去什麼了，
妳現在已經透明了，再也沒有什麼好深藏不露的了。
妳覺得怎麼樣？
孤身一人的滋味？
妳覺得怎麼樣？
無家可歸，沒有人再搭理妳。
像個無名氏，
像一塊滾石。」

接下來，保羅·西蒙的《The Only Living Boy In New York》。

「湯姆，要準時去機場了，
我知道你會一路珍重，
搭乘飛機，飛去墨西哥，
而我，選擇留在這裡，紐約唯一活著的男孩。

我看天氣預報，得到我要的消息。
只能留意天氣預報，得到所有想知道的關於你的消息。
嘿，今天一整天我都無所事事，除了微笑。
是的，我還在這裡，紐約唯一活著的男孩。

我們度過了半生，卻不知道歲月究竟在哪裡，
不知道時光何去何從，
只不過我還在這裡。

湯姆，要準時去坐飛機了，
我深知你飛心似箭，
嘿，讓你的真誠閃耀、閃耀、閃耀，
讓它照耀在我的身上，
這紐約唯一活著的男孩，
紐約唯一活著的男孩。」

之所以不會為妳改變，不是不想，而是，一旦改變，我將不再是我。
愛情，在最初始，就是按照兩個人各自最原本的方式相互吸引，才展開的。
不改變，並不是自私，反而是對這份愛的一種堅持。
我們一定會更愛改變了自我之後的對方？
未必。

「在這個世界上的每個城市，都有感覺自己正生活在別處的人們。與其說格林尼治村是一個實際的地點，不如說它是一個概念，一個存在於人們心中的符號，一次對『大地上的異鄉客』的召喚。甚至可以說，這個地方還在不在已經無所謂，在哪裡也無所謂。重要的是：有價值的思想、偉大的創意註定能夠找到土壤，然後生根發芽、茁壯成

長；而只要有創造的精神，就永遠能夠找到方向。」

——蘇西・羅托洛

一九六零年代的美國，總是和「搖滾樂」、「毒品」、「性」聯繫到一起。

實際上，這並非全部。

那個年代，格林尼治村的「村民」們為自己的思想而活，為自己的理想而活，為自己的信仰而活。

他們活得深刻，一點都不膚淺。

他們滿腔熱情的相信可以改變這個世界，從某些方面，他們的確做到了改變。

他們用音樂、用文字、用繪畫，堅定不移的為弱勢群體和邊緣人群發出吶喊的聲音，他們的藝術成就，為後世的發展指明了方向。

今天的格林尼治村，房租比那個時候貴了很多。

「村民」也大多是中產階層，咖啡廳、酒吧、餐館也走向了濃郁的商業化。

當今社會，人們更多的是在關注「國家、社會能夠給予我什麼，別人能為我做些什麼」，而不再是「我怎樣用自己的行動方式去說服別人，感動別人，讓他們感受到生之希望，讓這個世界美好那麼一點點」。

我們的生活中充斥著沒有什麼不可以吃的美食、沒有什麼不應該喝的美酒、沒有什麼不可能泡到的美女，人人都是「帥哥靚妹」，「女神」的稱呼可以隨隨便便脫口而出，完全沒有絲毫的顧忌。

小小的年齡與性的老練可以同時出現在同一個年輕人的基本特徵裡，沒有詩歌、文學、音樂，只有手機、掌上電腦與電子遊戲，沒有對現實殘酷的怒吼，只剩下木然的嘿嘿一笑，還稱之為圓滑老練的成熟。

到這裡，我的旅行可以結束了。

在格林尼治村結束，完全可以了。

正如那些殘留在牆壁上的褪色海報，不失為一道風景的依舊。

你去過那個在西北方的國度嗎?

她就來自那個地方。

每到冬季，嚴寒，讓呼出來的熱氣變得清晰。

把飲料瓶埋進厚厚的白雪，很快就涼到骨子裡。


她出生在那個西北方的國度。

叛逆青春的短髮，叛逆過後留起的長髮。

現在笑起來的臉頰，和剛滿一歲那時候一模一樣。

生來的天真，傷痛過後的天真，是僅有的區分。


某年，她離開了那個在西北方的國度。

一個人離開。

現在她告訴我，她來自那個在西北方的國度。

一個人生活。

那裡的家，那裡的臥室，曾經讀過的小說，靜悄悄的還在那裡。

這裡的寓所，小得雖然溫馨，卻令她時常感到孤獨。

感到孤獨的時候，她會看看床邊白牆上掛著的那幅地毯畫。

那是她從那個在西北方的國度帶來的。

畫面裡，有一對青年夫婦，騎著黑色毛驢，男人在前，手抱著琴，女人在後面摟著男人的腰。

她說，畫中男女歡歡樂樂的奔向遠方，一輩子在一起。


她想回到那個在西北方的國度。

她承受不住了，她想回家。

回到那個嚴寒中看得到自己呼出來的熱氣的地方。

她只是想想，想想而已。

她再也回不去那個在西北方的國度。


如果你有機會去那個在西北方的國度，請告訴我。

不是求你幫忙，僅僅只是告訴我，你要去那裡。

那裡，曾經有過她。

她一邊帶著始終無法癒合的傷口，一邊說著「願意為你」。

她一邊帶著毫無方向的困惑，一邊完成了一件圍巾、與一幅素描畫像。

直到有一天，我領悟到了一切，領悟到，她不再屬於那個在西北方的國度。

她已經不在那裡，所以我不會再去那裡。

請代替我去，去那個在西北方的國度。

1.格林尼治村，紐約。 2.林肯紀念堂，華盛頓。 3.特拉華河，費城。 4.獨具匠心的旅店房間。 5.飄揚的公路，倒退的白線。 6.丈量玫瑰，夕陽的成全。

1. 現代藝術博物館，紐約。
2. 答案在風中飄。
3. 先鋒藝術陣地。
4. 一美分先生的獨白。
5. 西北方的國度。

# （二十一）「藍色三部曲」完結語

　　「藍色十誡」系列，至此，全部結束。

　　祈禱：為尼泊爾的地震，為巴黎的逝者，為離開人世的日本演員原節子。

　　最後，衷心感激一直以來用心讀過這些文字的一個美麗、善良的姑娘，謝謝妳。

　　妳是我存在的唯一道理。

　　妳，就是這世界的希望。

# （二十二）雅園

　　流氓的口哨，廁所的花白頭髮，瘋子的詩句，烤糊的油栗子，被夾住腦袋的小孩。

　　清晨，里斯本。長途巴士緩慢停靠在東方車站（Lisboa Oriente）。

　　千絲萬縷的烏雲編織起天空，在縫隙中隱隱約約透露出微弱的泛白光亮。駐足在三層過街天橋第三層的高處仰望天空，這一幕看起來完全不像喧鬧都市即將上演的繁忙早晨，反倒更像是節奏緩慢、生活悠閒的小城黃昏。

　　公共衛生間裡的場景熱鬧非凡，所有流浪漢占滿了所有洗漱位置。洗臉，刷牙，抹了一整臉的肥皂泡準備刮鬍子，還有掬起一捧水，好像塗油膏一樣認真縷著一頭髒兮兮的、白黑相間的卷毛長髮。

　　我走到行李寄存區，發現大門被鎖上了。正不知道該怎麼辦，打算去問訊處打聽一下怎樣開門的時候，突然傳來一長串略顯猥瑣、清脆響亮的急促口哨聲，順著聲音來源下意識側過頭望去，發現這口哨是路對面不遠處一個蹲坐在石臺上的中年男人吹的，還是用右手大拇指和食指夾在嘴中間吹出來的。黝黑的面孔，蕭索的神情，透著一副老子我想當年也是個玩世不恭、遊戲人生的浪子的倔強。看到我望著他，他隨即用帶著痞子氣質的不屑一顧，甩手指了指右邊不遠處一位身穿車站制服、正在走遠的女人。

　　直到這個時候我才明白，原來他的意思是叫我快步跑過去問問那個制服女人，可能行李寄存區的鑰匙就在她手裡。

　　原來這位中年「流氓大叔」是在幫忙。

　　面對這一切，我真不知道該如何向他道謝。是化解誤會的笑意，還是不會說的葡萄牙語「謝謝」，再或者打個手勢敬個道謝禮，還是，跑過去塞給他兩歐的鈔票？

　　拜託，我剛剛從西班牙坐了一整夜的國際長途汽車，今天早晨才回到里斯本，回來後做的第一件事、也是到目前為止做的唯一一件事，就是

花了很長時間才找到一個僻靜角落的小洗手間，洗了把臉，刮了鬍子。然後，走出來就碰到一個雙眼佈滿血絲的黑人搭訕，匆匆忙忙甩開他之後，誤打誤撞買錯了一張不能退款的里斯本一日通全天火車票。

我的旅程，真的越來越寫滿「故事」。

不錯，荒唐，也是故事。

---

里斯本，是多重時態的。不論你何時步入這座城市，你都能感受到時間的無序、跳躍，然而漸漸的，隨著時間，你又會驚奇的發現，原來自己一直走在故事的線性之中。

燦爛的陽光，讓聲音熠熠生輝。

聲音的故事，讀出你來我往的詩性。

聲音。

世界上存在兩種聲音。一種，是行業工作者運用科技手段精心製作完成的產品。另一種，則來自於我們的日常生活。也正是這源自生活的親切、熟悉的聲音，往往是我們最容易忽略的。

里斯本，是一座關於聲音的城市。

啤酒瓶的碰杯聲，自家陽臺晾衣服的塑膠衣架相互碰撞聲，孩子嬉戲打鬧的笑聲，法朵的歌聲，跳蚤市場的討價還價，母親懷裡嬰兒的啼哭，羅西歐廣場鴿子群振翅的撲棱聲，噴泉的汩汩流動聲，老式鐵匠鋪的磨刀聲，電車在街角轉彎的叮叮噹當，脫衣舞俱樂部的迪斯可，輪船駛離港口的汽笛，教堂的鐘聲，啤酒瓶的摔碎聲………

有沒有這樣一種人，帶著某一類記錄聲音的設備，答錄機也好，帶錄音功能的隨身聽也好，隨意漫步在一座城市，隨時、隨地、隨性記錄著自己聽到的聲音。

因啤酒瓶的碰杯聲而開懷，因晾衣架的碰撞聲而犯困，因法朵的音樂不由得翩翩起舞，因嬰兒啼哭想起自己的母親和童年，因噴泉邊的獨行女孩而幫忙為她拍照，因電車的叮叮噹當而找到正確的路，因脫衣舞俱樂部的鼓點而半夜失眠，因離港的渡輪而想起一個人，因教堂的鐘聲而懺悔，因被摔碎的啤酒瓶而惋歎………

這種人少之又少，實在太少了。

而肩上掛著相機，用拍照作為記錄方式的人，比比皆是。

里斯本，是真實、自然的客觀存在，以一座城市的面貌呈現於我們的主觀性投影。

一張相片，是我們在按下快門的那一刻，以相對客觀的方式，對所聚焦的景物開始、進行、並最終完成的主觀性詮釋。

那麼，假如我們放下肩上的照相機呢？

記得幾年前我曾經感慨過，當自己拿起相機拍照的那一刻，在記錄一處景象的同時，也註定了已經錯失其他一些你看不到的景象。是的，在得到的同時失去。

放下照相機，我們不再拍攝，隨意走著，遊吟城市的樣子、氣息、味道，把它們投射到腦海中，無論以後是否遺忘。

徹底丟掉相機的束縛，徹底摒棄自我關於客觀景象的主觀性束縛。

可是，一旦這麼做，會不會陷入到另外一種極端？截然相反的極端？

陷入「刻意為了擺脫主觀性」的主觀性之中？

畢竟，漫無目的，本身也同樣是一種目的。

陽光灑落到里斯本層層疊疊的民房，暗黃色的老式電車來往穿梭在忽上忽下的青石路，錯落有致的紅色屋頂連接起海天之間蒼茫的阻隔，沿著斑駁的白牆，上坡路延伸到某個漫不經心的慵懶陽臺，晾曬的衣服隨風翩翩舞起繽紛的色彩，愛撫著你毫不驚慌的迷蹤。這座城市曾經大航海時代的輝煌早已逝去，卻似乎從來沒有被現代化的城市定義洗禮過，仿佛激情過後獲得了永恆的寧靜，慵懶，悠閒，詩意。

記錄的方式五花八門。有些人用魚眼鏡頭觀察世界，有些人慣用長焦捕捉肖像，還有些人一輩子只用固定機位，永遠在等待被拍攝的景物自行走入畫面。

如果，我們把照相機反綁在自己後背，讓鏡頭對準自己身後的景物，然後，邁開步子開始行走，而鏡頭記錄的，恰恰是距離我們漸行漸遠的那些景象。

這種行為是不是存在一份關於時光的不可逆性？

我們深深知道，年齡、愛情、健康、親人，這些都是一生中註定會距

離我們漸行漸遠的事物，也正是這些，構成了一個人完整的一生。

從中興鬥士廣場搭乘超過一百歲高齡的葛洛利亞升降機（Elevador da Glória），向高處一路緩慢爬升三百米之後，到達高區的聖・佩德羅瞭望台（Miradouro de São Pedro de Alcantara）。在這個視角，以聖・喬治堡（Castelo de São Jorge）為中心焦點的里斯本「七丘之城」全景盡現。

風景對我而言，就是表達個人情感狀態的表像。

正如記憶是反映客觀的真實存在。

聖徒在行走，行走在先知勾勒出的虛無世界。

聖徒，先知，他們其實都一樣，一樣被上帝剝削。

命運的悲劇，不同於生活的壓迫。人與人之間的交往如果只是迫不得已，那等於謳歌自我的不幸。生來自由是關乎智慧的實踐，這道理存在於某些人的血液裡。

四處流浪的隱居者，高於上帝。因為上帝的意願來自權力，而隱者的意願，來自於對權力的滿不在乎。

做夢，是真正的行動。因為生活原本就是一種精神狀態，你為「生」而「活」，因為「活著」而體悟「生」。我們在生活中思考，行為，我們認為值得，一切就值得。一個人的夢，是他自己發行的紙幣，流通在他自己所構建的精神世界裡，沒有通貨膨脹，不會貶值，除非他停止再發行這一類紙幣。

一個人的情感應當是原生的。我們生活，就是不斷的讓這份原生情感以各種面貌、諸多方式重現。

面貌不同，形式各異，但煥發出來的根本，始終如一。

對於親歷者來說，萬事萬物屬於我們自身。對於後來者而言，萬事萬物取決於當下的我們怎樣滿懷熱情地描述出自己的想像。這份真摯的想像，被五顏六色的景物形象化，從而讓景物變得不僅僅只是風景。我們每個人都是講故事的人，我們有故事，我們敘述的故事並非虛構，因為所謂的真實，原本就是複雜難解的萬事萬物本身。

活著，不能只是為了活著。用靈魂去表達愛，這樣活著，才是造物主想要表達的意圖，這才是上帝的真相。

靈魂的夢不是不可以賣，除非你用造夢者心靈的聲音去買。

從Restauradores搭地鐵「海鷗」藍線到羅西歐廣場，再換乘地鐵「帆船」綠線到達索德雷碼頭（Cais do Sodré），之後買好船票，坐輪渡到達對面的卡契利亞斯（Cacilhas），再坐一趟開往山頂的公共汽車，最後到達目的地——大耶穌像（Cristo Rei）。

塔古斯河就像是無邊無際的大西洋，卡契利亞斯是另一片大陸，晃動的嬰兒床。

如果再買一張電梯票，就有專人帶你乘坐電梯攀升到大耶穌像一百一十米高的頂部，這裡是整個里斯本的制高點，能夠俯瞰整座城市的全景，以及壯觀的「四月二十五」大橋（25 de Abril Bridge）。

畢竟葡萄牙曾經是巴西的宗主國，所以我實在搞不清楚這裡和里約熱內盧的基督山相比，究竟是哪一個抄襲了另一個。

不重要了。

戴著金絲眼鏡、一絲不苟的德國老婦人右眼貼緊相機的取景框，拍著一張又一張「四月二十五」大橋。

來自南部法國的中年夫婦不走尋常路，避開主流人群，找到另一邊很遠的僻靜角落，坐在亂石上吹著海風。

斑駁陸離的里斯本，展露出勝過鮮花的嬌豔。

如果用女性美來形容此時此際的里斯本，那麼，她就是美麗的裸體。

別誤會，這是不帶任何褻瀆意味的純粹讚美。

正如相對於遠古時代人們赤裸的生活，才會進化成人類對於衣裝的嚮往。同理，只有身著文明衣裝的我們，才懂得欣賞裸體的純粹美感。

凡事都有一個類似於「度」的節制。

如果你的感官體驗是節制的，那麼裸體就是美麗的。如果你濫用自己的感官，只想著去釋放，那麼裸體就成了你欲望的、最初以美麗形式出現的、最終束縛。

就好比電流與電阻的關係。

自由也是一樣。

我享受里斯本，是因為我不在這裡生活。在初見的一剎那，里斯本因為陌生而給予我去發現的源源不斷的靈感，反過來，我向里斯本傾注了日益的豐富。

如果一個人在成長、成熟的過程中沒有貼上過哪怕一次只屬於自己標籤的生命感觸，那麼他根本不知道什麼是自由。

只有經歷過約束，在約束中懂得取捨，才能體味到自由的意義，並且不會摒棄、反而珍惜被約束那段日子的烙印。

而始終認為自己自由、從不接受約束的人，記住，那不是真正的自由，那只是你的自我逃避。

一個虔誠的過客，勝過一個被動接受聖油的受傅者。

看似漫無目的的沉思者，因為沉思並非刻意，他終成自我放逐的王子。

基督耶穌伸展開寬闊的雙臂，將里斯本的整個天際線、地平線、海岸線全部攬入懷抱，以威嚴並且熱烈的歡迎姿態，等待觀摩的眾生來膜拜。

夢的真實性在於，夢的實現永遠達不到我們的想像，我們也永遠無法讓夢完全實現。

現實可能很荒謬的展現出來：茱麗葉關閉了那扇高高的窗，不可能再與羅密歐約會。因為她對她的父親唯命是從，而他，也最終聽了家人的話。

在生活中履行自我職責的同時，耐心保護自我心靈版圖的自由漫步，這就夠了。

女人輕聲唱起一首法朵，是關於塔古斯河的，只有一個男人在傾聽。

「你喜歡嗎？」

「妳指的是這首歌？還是這條河？」

「有分別嗎？她們早已合為一體了。」

---

四十五米高的聖胡斯塔升降機（Elevador Santa Justa），等候的冗長隊列甚至甩到了主街上。

排在我前面的，是一對來自英國的父子倆。我問其中的兒子，一個白白胖胖的英國小夥子半個小時能不能排到，他無可奈何的搖了搖頭，表示他也不知道。

除了這對父子，還有一個黑頭髮的女孩子。

這個女孩子一言不發默默排著隊，烏黑的眼眸，優美弧度的鼻尖，一副再典型不過的葡萄牙面孔。

除此之外，她的雙頰有一些細小的黑色雀斑。

當然，這些都是我等候時間一眼略過的觀察，僅僅只是初印象，並沒有拿出相機來拍什麼。

女孩面孔的雙重性，讓我陷入關於攝影的最原本的兩難境地。

代表美麗的骨骼輪廓，與代表瑕疵的黑色雀斑，共同呈現在此時此刻的同一張面孔。

對我來說，記錄真實，永遠是第一位的，然後才是美麗。

不得不承認，有一種感受在我心底愈發強烈，那就是，每當我舉起相機將焦點對準某一事物的時候，我感覺自己就像是舉起一把槍對準了獵物。

當然，這只是一閃即過的念頭罷了。

⋯⋯⋯⋯⋯⋯⋯⋯⋯⋯⋯⋯⋯⋯⋯⋯⋯⋯⋯⋯⋯⋯⋯⋯⋯⋯⋯⋯⋯⋯⋯⋯⋯⋯⋯⋯⋯⋯

老式電梯模樣的聖胡斯塔升降機一次可以容納十幾個人，緩緩上升到樓頂之後，再徒步爬一段狹窄擁擠的樓梯，然後就到了最高處的觀景露臺。

整個過程中，不知什麼緣故，我並沒有再看到那個黑頭髮的女孩子。

最高處的觀景露臺，里斯本另一個全新視角的「七丘之城」全景，以陽光更加燦爛的姿態重現。

聖母合唱團（Madredeus）的法朵也再度響起，這次是單曲《Haja O Que Houver》。

主唱特蕾莎一襲盤起的烏黑長髮，烏黑的睫毛，烏黑的雙瞳，烏黑的唇線，烏黑的風衣。

歌聲還是那麼空靈，平緩，安靜，娓娓道出觸手可及的迷離，撲面而來的暖意憂傷，深沉、動人。

除了法朵，還有費爾南多・佩索阿的詩篇。

「讓我們在充滿思想、閱讀、夢想和寫作構思的開明氛圍中，過著平

心靜氣、有教養的生活。這種生活節奏緩慢，常常幾近於單調，然而，引人思慮，從不覺其平庸。讓我們遠離情感和思想而生活，僅僅活在情感的思想中和思想的情感中。讓我們在金色陽光下稍作停留，像鮮花簇擁的幽暗池塘。讓我們在這庇陰處求得一份心靈的高貴，對生活無欲無求。讓我們像旋轉世界的花間塵土，在午後的空中迎著未知的風輕快地飄過，飄落在倦怠的黃昏，無論飄落何處，消失在蒼茫塵世中。像這樣生活，瞭解自己為何如此生活，既不快樂也不憂傷，對太陽的光輝和星辰的遙遠心懷感恩。不再成為什麼，不再擁有什麼，不再期盼什麼………是飢腸轆轆的乞丐的音樂，是盲人的歌聲，是默默無聞的旅人走過的廢墟，是沙漠裡既無擔子亦無目的的駱駝留下的足跡………」。

---

實話講，因為光線太過濃烈，所有在里斯本拍的相片都太亮了，不是相機的物理問題，也不是沖印的化學原因，而是我實在應該選擇低飽和度的膠片，這是始料不及的情況。

美麗，是富有生命力的。

一些人，一些事，看起來的確很美，但是沒有生命力。

只不過有些人看得出，另一些人看不出來，也可能他們本就喜歡沒有生命的美麗。

我們的生活充斥著越來越多的虛假影像，主導了日趨病態的價值取向與道德準則。這並非人的介入所致，而是人在介入之後，心靈的缺失。用心的感動成為背離，嘩眾取寵成為主導，我們活在自我肖像漸漸模糊的時代，並且渾然不覺。

摒棄方式不是最重要的，無論用哪種手段，召喚回心靈，才是最重要的。

是的，找回，而並非找到。

我愈發感受到用相機聚焦帶來的如同舉槍一般的負罪感。

只不過，攝影，本來就是聚焦的主觀行為。只要記錄的是美麗本身，

只要你運用自己的智慧去實踐，任何成果必定帶有藝術性。只要是這樣，我們就沒有理由不堅持下去，不繼續進行創作。

　　將美麗以真實的原型永遠保存下來，我們為此一生自豪。

　　我是我思想的尺碼，不是我身材的尺碼。我思想之所見，是無法衡量的心靈財富。

　　從深邃的情感之井，到遙不可及的星辰，井水映照著星光，而星星，也許真的就在井裡面。


　　多年以前，有人說我的旅行過於沉重，思考的東西太多，他們只想在旅行中享受快樂。

　　多年以後，我因旅途中的思考而收穫，溫暖、釋然、欣慰，而他們只為了快樂的快樂，難免蒼白。

　　今天，在里斯本，歷盡林林總總的我，放下了所有，回歸最簡單的快樂，飽含生命力的喜悅。

　　關於旅行，經過之後的回歸，永遠比不去經歷的簡單珍貴。

　　有些人一生都在一座城市，可是心在全世界飛翔了無數次。另外一些人一輩子填鴨一般湊夠了一千座城市的足跡，可是心還是被困在自己生活的小圈子裡，無法自拔。

　　現代社會有很多人只注重結果，忽略過程，為了快感，對漫長的歷程不屑一顧。其實他們都錯了，因為，一切，在最初的那一刻，就已經決定了。

　　只不過如果你不經歷過程，不經過時間的洗禮，不走到最後，你永遠領悟不到最初那一刻的註定，原來是這個樣子。


　　一些人希望自己永遠成為主角，另一些人會帶著一份奇怪的心不在焉，去渴望別人的存在。

　　一些人因為相互理解而讓愛更加牢固。另一些人因為理解而把愛忘記。

　　夢，很有可能就是真實的存在，並非虛假。

　　入睡之後，我們都會變回孩子。在沉睡中，我們不會犯錯，想回到哪

裡，就回到哪裡。想見哪一個人，即使那個人永遠離開了，我們也一樣能夠見到，然後滿含熱淚的擁抱。

相反，生活，真實的生活，可能才是一個夢。

生活是母親，夢是孩子。

母親的名字叫做命運，而夢的名字，叫做我們。

里斯本，帶領我回歸最簡單純粹的快樂，所有的一切都是輕鬆的，歡快的，嘻嘻哈哈的。

這裡沒有了紐約的孤冷與飄零，沒有了巴黎對愛的懷疑，沒有了東京追尋的踟躕，更沒有華沙對人性血淋淋的直面。

里斯本，是我的雅園。

從這一天的這個地方開始，我永遠不會再放棄任何一個自我的選擇，因為它一定是某一時空、本我的真情流露。

---

這一撥搭升降機、再爬樓梯來到觀景台的人們，陸續走樓梯返回。而新的一撥人還沒有乘電梯上來。

所以，觀景台的人所剩無幾。

我是倒數第二個走下去的。

就在我走到下樓樓梯的入口處，即將走下去的最後一刻，我無意中望到了露臺最外沿憑欄處的黑色身影，纖瘦的，親切的，一襲黑髮隨風飄揚。

也正是在這時候，葡萄牙女孩子的臉龐稍稍向右下方輕側過來，原本輕緘的雙唇微微開啟，露出一抹輕鬆、卻轉瞬即逝的笑意。她的右手輕輕抬起，仿佛在隔空輕柔撫慰著清靈的空氣。

我毫不猶豫的舉起相機，記錄下這一瞬間的美好。

然後，從入口走下樓梯，離開。

微側的肖像，暖意的微笑，讓所有之前關於攝影的兩難境地，讓睫毛與雀斑之間的對立，瞬間化解，煙消雲散。

在回程電梯裡，我還是沒有看到那個姑娘。

不知道她究竟要在露臺待多久………

她是閃爍在塔古斯河上飄然經過的靈與肉。

她給予他飽含生命力的夢境，他發現了，並且欣然接受，然後，注入詩意的塗鴉。

所以，他配得上彼岸的榮耀。

1. 多重時態。
2. 雅園。
3. 里斯本，
聲之都。
4. 通向瞭望台
的電車。
5. 跳格，線性，
七丘之城。

1. 井裡面的星星。
2. 哪個是複製品？
3. 聖胡斯塔升降機。
4. 自我放逐所傾注的日益豐富。
5. 融為一體的歌與河。
6. 看似心不在焉的暗自渴望。

# （二十三）聖韻

　　調色板的愛欲，啞巴的耳語，眩光的鬼影，鬥人的牛士，天上的上天。

　　歌聲是空氣，舞步是呼吸。

---

　　「妳們是不是該下車了？」

　　「這地方是哪個車站？」

　　「我剛才聽見司機用西語說了『阿爾瑪斯』。聽妳們說過不是要在這站下嗎？塞維利亞有兩個車站，我下站下車，塞巴斯蒂安。妳還是過去問問司機，別坐過站！」

　　我提醒身旁睡眼惺忪的一個女孩子，她們是四個人結伴，遊蕩在葡萄牙、西班牙的一個個城鎮。

　　「謝謝了！我們真是在這站下車！」

　　四個女孩子拖著沉重的大行李箱，帶著甩不掉的、顛簸一整夜的困意，晃晃悠悠下了車，昏昏沉沉找旅店去了。

　　在她們這個年紀的時候，我慶倖獨行的自己沒有坐過站。

　　坐錯站被定義為青春的代價，坐過站，卻成了以嶄新風景詮釋的、所謂成熟的印記。

　　荒唐。

　　巴士繼續開。

　　早上五點三十分的天空不見哪怕一絲光明，路燈排列起縱向延伸的整齊火把，昏黃的燈光點亮一個行人都沒有的街道，而路面的折射光澤回饋給街燈深不可測的湖底。車窗外四十五度角方向，幾棵高大的棕櫚樹無風揮舞起被燈光的暗黃色線條所佔據的綠色枝葉，寬大的、卻又詼諧的細長著，不規則羽毛一般，隨著馬路倒退的黯淡白色實線，妖嬈起神秘的烏黑。

棕櫚枝誇張的掩護起被細微光暈點綴成厭世意味的宮殿，線條輪廓散發出基督教義與伊斯蘭文明結合的、曲折蜿蜒的滄桑。

那個地方，是王的宮殿？彌漫著皇權威嚴的紙醉金迷，饋贈給等候晨露的我一座趨於幻滅的海市蜃樓。

這一幕，完全契合我自己對於塞維利亞，甚至整個西班牙的預知構想。

西班牙，從來都不是少女。她展現的，永遠是舞女風情萬種的成熟魅力：豐腴、狂放、天生的舞者。

大約二十分鐘過後，巴士停在普拉多・聖・塞巴斯蒂安長途汽車站（Estación del Prado de San Sebastián）。

安達盧西亞大區，晨風，塵封住原以為放肆的狂放，一切，顯得太過收斂。

沒有地圖，沒有路標，沒有行人，沒有行李箱，是潛意識，牽引我準確無誤的直行，然後右轉，一步步靠近城市的心房。

餐廳提前準備著午餐時分的瓦倫西亞海鮮燴飯原料，晨步的謝頂老人，是我漫步近二十分鐘後、見到的第一個人。

周遭彌漫著並非霧氣的白煙。

大教堂的恢弘，在僅僅只是路過的我眼中已經初現端倪，顯露不出一絲一毫的出乎意料。反倒是路旁整齊停靠的馬車縱列，在棕櫚樹的掩映之下，讓我不由自主想起天亮之前那行進中倒退的白色馬路線。

老乞丐呆坐在教堂門口，望到經過的我，招了招手，並且輕聲喊著什麼，示意我走近，嘶啞的嗓音讓他原本應該很大聲的叫喊顯得可憐。望到他的表情，我領會的意思大概是：「來吧，快進來吧，大教堂的大門可不是那麼輕易敞開的，更何況是參觀人眾尚未到來的大清早，好好把握機會，夥計，順帶著扔給我兩枚硬幣！」

我搖搖頭，逕直走過教堂的大門，但願這位滿臉花白鬍子的老漢能從我的表情中看出過意不去的歉意。

戈雅旅館，一定要先找到戈雅旅館。

聖十字區（Barrio de Santa Cruz），無人街巷的兩側掛滿了抽象主義色彩：單一的紅，單一的黃，單一的白，單一的藍，獨佔了一面面豎牆，共

同演繹了一組酣暢淋漓的歲月狂想曲。

如果你覺得清晨無人的情景過於安靜，平淡無奇，那麼你一定是誤會了。

《FESTA DE RUA》，一把吉他無精打采撥弄起琴弦，帶出女歌手懶洋洋的歌喉，意在採用平鋪直敘的方式，烘托出人們清晨睜開雙眼的兩難情緒：我們不想起床，無論是美夢被打斷的不甘心，還是才發現噩夢終於掙脫的喘息。而僅僅過了片刻，期待已久的街頭慶典，今天就要舉行！人們隨即沒了睏意，紛紛摩拳擦掌，躍躍欲試。

旋律突然趨於寂靜，幾乎沒有了聲音，幾秒鐘之後，流暢的美妙韻律好像緩緩上升的啤酒泡沫一樣浸入我們雙耳，快意的蕩漾出微醺的生命喜悅。

無人街巷，舞動起萬人狂歡的盛況。街道慶典，正式開始。

大鬍子司機是今年被選中的幸運兒，一襲盛裝勒緊了他呼之欲出的大肚腩，只見他高舉起特雷莎修女圖案的藍紫色馬賽克聖像牌，一路小跑在隊伍最前沿，老人們好像都年輕了四十歲，簇擁在四周緊緊跟隨，小孩子們因為身高的緣故被甩在了最後面，一個個扯著嗓子喊叫著，哈哈大笑跟隨著大人，孩子們後邊，是搖著小尾巴、胖得像香豬一樣的小狗。不一會兒，他們統統轉彎，奔向路對面的下一條街巷，隱隱傳來的喧鬧聲，伴隨音樂的旋律減弱，漸漸消逝。

「當……當……當……」

清冷的鐘聲，響徹在抬頭正上方。禮拜堂的修長腰身，不見舞女扭動的肉欲誘惑。

戈雅旅館到了，就在轉彎後、不遠處的路邊。

沉甸甸的金色鑰匙攥在手中，接下來的一段時間，什麼都不再顧及，立刻去睡覺。

是的，我需要睡眠，需要洗掉一身的繁冗，然後保持清醒的頭腦，完完全全投入到塞維利亞的懷抱。

塞維利亞大教堂，舊日瘋狂的宏篇。宗徒聖保羅不在十二門徒之列，

他一生有過三次漫長的傳教旅行歷程，在雅典碰壁，在梵蒂岡殉道。我記得聖保羅在寫《聖經‧格林多書》的時候提到過，西班牙，是他傳播福音的下一站，距離耶路撒冷如此遙不可及的一站。我不知道保羅在有生之年是否來過西班牙，不過他旅行不為外人道的艱辛一面，我感同身受。不管怎樣，一點可以肯定，那就是，塞維利亞大教堂的設計者與工程師，以及所有參與該建築的人們，一定投入了巨大、甚至狂熱到偏執的宗教想像力與滿腔熱情。他們為聖保羅完成了向全世界傳播福音的夢。

戈雅旅館最頂層，兩間客房中間的公共區域擺放了一台長沙發，樣式顏色詼諧得好像長條巧克力，萬萬沒想到，這地方成了我每天中午和晚上最愛去的角落。

整個旅館被明黃與深藍兩種顏料浸染，以遍佈馬賽克、亞光色調的陶制瓷器出爐。

這基調，讓我呼吸到了誇張的寧靜。

出門右轉，再右轉，有一家不起眼的披薩店，店主兼廚師的小夥子極其用心的烘烤著披薩，每一位光臨的客人都是對他廚藝最大的贊許。

說真的，味道非常好，只不過吃得出一定不是義大利人的手藝。

聖徒除了宗教熱情，同樣也要填飽肚子。

---

走在萊加列多大街，不論拖著行李，還是雙手空空，懸而未決的困惑，至少是平心靜氣、甚至帶著幾分瀟灑寫意的，從思想的堨口升起，點亮瞳孔影影綽綽的迷蒙光澤。

我們深深的不知道，一些人，一些事，在未來的某個時間，會永遠離去，會反向的變了味道。

原因很簡單，我們不會刻意去思考未來。塞維利亞賦予我們此刻的東西，充其量只不過是一個稍縱即逝的「假如」。

沒錯，假如。

我們永遠只想到，假如將來我告別一個人，那麼她將在你的生命中永遠消失，然後，我們該如何是好。

我們永遠不會去想，或者說想也想不到，假如將來我告別了一個人，

其實沒什麼大不了，更好的那個她，終將來到。

我的這個設想難免落入俗套。

不過說真的，走在塞維利亞的這條大街上，此時此刻，我的的確確是這麼想的。

所以才說，塞維利亞，僅僅給了我一個假如。

天真臉龐掩蓋下的醜陋本性，終有一天會顯露出來，引導我們看清，從而吹散曾經困惑的難以割捨。同時，更加珍惜另一個截然相反的、骯髒面孔掩蓋下的善良本性。

「假如」，是不能再假如的。

塞維利亞，是終將獲得答案的預言，一定會按照歌舞神聖的韻律，讓一字不識的觀者迎風起舞。

我想我不會再重新回到這個地方，應該不會了。

西班牙廣場（Plaza de España），號稱整個西班牙最美麗的廣場。

哥特與摩爾兩種式樣混搭而成的馬賽克矮牆，延續了戈雅旅館的發散式荒誕。

傍晚，黑夜，兩種截然不同的景象。

縱然黃昏流逝得太慢，鏡頭也永遠追不上肉眼所見。

肉眼所見，永遠追不上心靈的企盼。

最後，心靈無法實現的企盼，重新回歸照相機，用鏡頭釋懷。

在這裡的我們步入睡夢中，在另一個地方的我們卻是清醒的。

每一個人都是兩個。

每一個人都害怕黑暗，所以，願我們都成為光明之子。

夜晚，小型劇場，弗拉門戈的現場演出，正式開始。

戴著金絲眼鏡、斯文、瘦削的吉他手，懶散的撥弄起吉他琴弦。

另一個滿臉花白鬍子、寬大白衫露出胸毛的老男人開始吟唱，聲音仿佛不帶音符的控訴，過程中還時不時自己雙掌相擊，奇怪的是竟能聽出節奏韻律。

兩個男人一段時間的彈唱，像是在為舞女登場做鋪墊。

不經意間，在觀眾視線左側的黑暗角落裡，舞女姍姍來遲。

她的肌膚是古銅色的，在紫色燈光的映照下顯得格外光潤柔滑。眼睛很大，嘴唇也很厚，帶著分明的線條，還有一口雪白的牙齒，紮起的馬尾濃密油亮，看得出一襲又粗又黑的長頭髮，好像烏鴉的翅膀。

全場觀眾開始在安靜的氛圍中屏息靜氣。

舞女雙眼緊閉，眉頭輕鎖，喃喃自語，豐腴的身體沉浸在深紫色情緒中。她即將要用肢體訴說的，不是愛情幻滅的痛苦，而是對愛情不屑一顧的拋開，不是用哭泣表達痛苦，而是用痛苦表達當斷即斷的果敢。

這場面帶給我的，不是女性的柔美，而是女性堅強的力量。

她開始舞動起來，裙底的黑色高跟鞋與地板敲擊出明快的節奏。這節奏，讓真實的靈魂開始自由奔放。

人相信神，人盡力去模仿神，於是誕生了藝術。弗拉門戈，無論明快的西班牙吉他撥弦，還是更明快的擊掌節拍，都比不上女舞者雙腳踏地的聖韻。

我對舞蹈完全不瞭解，自己所有的感同身受，也只是從一個純粹的觀眾角度出發所得。我想，舞蹈展現的，一定是關於生命的愛與痛。主題不變，表現形式卻是多變的。所謂塞維利亞女人的驕傲就是，就算我痛苦，也沒打算哭給你看。

舞蹈結束，舞女笑了，笑容綻放出一種奇異的野性美，那雙透亮的眼睛發出多情、卻又兇狠的光芒，令人過目不忘。

----

新的一天，雨天，雨，嘩嘩的下。

從聖十字區一路向北，經過一家聖像店，玻璃窗內的長條展臺擺放了一層層有關聖經故事的手工彩色木雕，不過看起來沒什麼特別的。

直到再走過三個街口，我才開始後悔當初怎麼沒進去看看。

找不到回去的路了。

在小郵局門口躲雨的，沒有一個是西班牙人。等了很久，雨勢才稍稍減弱。這雨並不猛烈，可是異常細密，如同某一類女人的心思。

郵局裡面走出來一個會講幾句英語的中年男人，成了所有人的問路救

星。

從他回答問題的神情中，我確定，此時此刻他把自己比作了救世主。

按照他指的方向，我找到回去的路，並且再次經過那家聖像店。

走進去，店主朝我笑了笑，我慢慢用目光掃遍所有東西，然後，不帶遺憾的離開。

實在沒有特別打動我的聖像，不，應該說，是所有聖像都過於打動我。

大雨，停了又下，下個不停。

這原本是意向中陽光灼烈的塞維利亞。


所有的一切都是不確定的。將來，是當下的某種希望；過去，也僅僅只是現在的某種回憶。

存在，統統按照「摸不清」的形式成立。

將來，過去，都是以現在作為依託而被定義為真實，那麼，現在又是什麼呢？

我們並非絕對否定時間，只不過，面對不可挽回、日漸衰落的生命，時間顯得多麼可憐、無助。

生命，只是見證衰落的主觀回憶。

或者說，生命，是記憶自動保存的客觀反映罷了。

都市陽傘（Metropol Parasol），原來在這裡。

人們戲稱這座古怪的木制建築，是全世界最大的蘑菇。

我覺得它更像一個巨大的蜂巢。

還像一張網，一張時間的網。

時間的千萬個頭緒，從左邊按照無數條繩子的形狀自然編織成網，然後，向右邊再次發散出繩子形狀的千頭萬緒。

左邊是從前，右邊是未來。

正如我始終無法找到一個最佳角度，讓手中鏡頭容納下整個都市陽傘的全景，無論怎麼拍，都覺得彆扭一樣，我們也無法看到時間的整個全景。能看到的，只不過是某個繩子成網，或者網成繩子的節點而已。

一個結局可能同時又是另一個開篇。

白雪公主後來覺得小矮人比王子更適合自己；王子們放棄了一個個門當戶對的公主，一心只等灰姑娘；賣火柴的小女孩最終嫁給了縱火犯；佐羅騎馬跑去華爾街炒股票。

我們在活著的不真實中，想像我們業已死去的真實。

........................................................................................................

走回到大教堂對面的阿爾卡薩爾王宮（El Real Alcázar de Sevilla），雨徹底停了，充沛的陽光迅速蒸發掉地面的雨水，就像根本沒下過雨一樣。

塞維利亞老城的住宅大多有一片典雅的庭院院落，還有一條長廊，連接起內院與臨街的門。

王宮中的少女中庭，算是最有風情的其中之一了。

很湊巧，光線將石門的明光與暗影對半平分，預言了男與女情愛的交融。

捕捉不到的西班牙少女肖像，面貌像極了伊芮茵・薩斯特蕾。太容易捕捉到的金髮女郎，反而不像是西班牙女人。

回廊，摩爾，基督，哥特，一千零一夜的故事，其實發生在第一千零二個夜晚。

清麗的薩斯特蕾悄然離開，我保證，她一定流淌著波西米亞女人的血液。

是的，波西米亞血統的、會算命的西班牙女人，從咖啡杯底的渣子裡，能不止一次看出自己與戀人的分分合合，還有最後註定的分離。

不同的是，她的祖母會大方的講：「分就分，咱們走著瞧！」。

她呢，只會困惑不解望向臥室的窗外。

沒有後續的任何行動，畢竟，她只有四分之一的波西米亞血統，儘管她仍然是西班牙女人。

........................................................................................................

分散到世界各地的獨行旅人，在冥冥之中建立起屬於宇宙的王朝，他們共同讓地球的面貌更清晰的展現。

隨便找個地方坐下來，在大教堂外的古老石階，再不問時間。

　　左手邊坐著一大家子美國遊客，超大號盒子的披薩外賣很快就被吃個精光。

　　右手邊大概七、八米遠，坐著一個當地老頭兒，紅撲撲的臉蛋兒不知道是不是壯年時期酗酒留下的「財富」，一顆大腦袋忽左忽右，不停注視著來往行人，還時不時手夾住嘴吹響口哨，引起路人注意，然後做一個夾香煙的手勢，討根煙抽。

　　閒來無事，我也來了興致，關注起這個老頭兒，看看到底有沒有人給他捧場。

　　沒想到剛過不久，一對遊客打扮的老年夫婦見狀後駐足，然後丈夫掏出香煙盒，遞給他一支煙。

　　西班牙老頭兒立刻來了情緒，興高采烈的和他們攀談起來，天南海北的說，一顆大頭可能是因為激動所以脹得通紅，從他們你一句我一句的對話中，我聽出這對夫婦是瑞士人，然後老頭兒馬上拽了幾句不靈光的瑞士法語套近乎。

　　在西班牙，遞來、接過一根香煙，兩個陌生人就算建立起了友善的關係。

　　塞維利亞，一切都在平穩的表像下顛覆著我們的視角。

　　甚至倒轉。

　　回憶將來，預感過去。

　　基督耶穌定居在聖皮斯胡安足球場，哈姆雷特抽著大麻，堂吉訶德經營一家百年西餅屋。

　　夫婦倆向老頭兒道別，往教堂裡去了，老頭兒可能是煙癮解決了，也不再那麼忙忙叨叨，安靜下來，坐著愣神發呆。

---

　　我不知道老頭兒什麼時候起身離開的。

　　我也不知道自己什麼時候起身離開的。

　　天快黑了，又一次走回到西班牙廣場。

　　塞維利亞，是舞女的節奏。

　　短衣、長裙、高跟鞋，全都是火紅色的。

卡門，尊重的是靈魂深處的愛情，不是倫理道德的選擇。

沒有嫣然一笑，沒有彬彬有禮，始終熱情奔放的呈現自我完整的內心。

一次次在愛河翻雲覆雨，最後，以死一了紅塵。

你可以說她是放蕩的妓女，放心，她為了自由，會自己跳進墳墓，用不著你操心。

西班牙如果有一個女性名字，一定叫做卡門。

................................................................

昏黃的街燈點亮了聖十字區。

聖十字，卡門因為無畏的爭吵，在別的女人臉上劃了一個十字。

第二個夜晚，我看的第二場弗拉門戈，另一家劇院，場景，形式，都完全不同於第一場。

光線，從深紫色的暗場，變成了明光。

首先登場的是一名男舞者，一段力度十足的獨舞過後，女舞者從舞臺另一面落落大方的登場。

第二場，表演的性質更重一些。

登場的舞女一身鑲著白色碎花邊的藍色套裙，髮鬢斜插著一枝茉莉花，我相信在場所有人都能用眼睛「讀出」花瓣在夜色中的芳香。

她的身型並不豐滿，甚至過於瘦長，臉型也太過骨感。

不變的，是弗拉門戈的節奏。一雙輕巧的摩洛哥紅皮鞋有節奏的敲打著地板，肩膀帶著韻律輕靈的聳起，又輕靈的落下。男舞伴的舞姿愈發激烈，汗如雨下，而舞女則叼起一朵金合歡花，扭動起纖細的腰肢，款步由遠到近，漸漸地輕柔靠在男舞者的胸前，微側起西班牙獨有的身姿，來填補搭檔的殘缺美，讓兩者的結合在觀眾面前顯得天衣無縫。

多情的波西米亞女郎，流浪的氣質告訴身為追求者的你：愛情，你召喚不來；愛情，你不召自來。

................................................................

午夜時分，靠近阿拉伯水煙館的街邊，苦練的舞者帶給我第三場弗拉

門戈。

我不清楚她究竟是不是在用這種方式乞討，即便是，在這座城市，每一位乞討的人，都表現出自己力所能及的精彩。

街頭藝術家才是文明遺產「活著」的衛士，而並非高掛認證標識的官方虛名。幾隻嘎嘎叫的烏鴉，真的能保全一座古老露天劇場的廢墟。

如果只有一百天大、在床上亂爬的那個嬰兒最終選了麵包而不是一支筆，那麼，我們還是會遇見，只不過，妳遇見的，並不是現在的我了。

上午，強烈的陽光投射到西班牙廣場的一座座宮殿，輝煌得如同鬥牛士鑲嵌黑邊的金色衣衫。

上午，強烈的陽光讓回廊的陰影猶如黑洞般吞噬萬物，黯淡得如同奄奄一息的黑色奔牛。

在西班牙這個國家，只有一個地方，我拒絕買票去看。

這也是我多年以來、最抵觸的一件事情。

這個地方就是鬥牛場。

這件事情就是鬥牛。

一位在眾目睽睽之下，以刺死一隻公牛作為榮耀的鬥牛士，實在沒什麼美感可言，更不值得驕傲，牛同樣有生命的尊嚴，無論西班牙人怎麼解釋，說什麼只有這樣做才能保證最優秀鬥牛的繁殖延續，對不起，我忍受不了鬥牛的舉動，一輩子也理解不了西班牙人的解釋。

塞維利亞大教堂（Catedral de Santa María de la Sede），高高的穹頂，通不到天的巴別塔。

上帝隨便設計的一個BUG，就讓人類彼此陌生到遙不可及。

最滔滔不絕的話語顯得最為蒼白，最無聲的表達，卻又最不被看重。

人與人之間溝通的隔閡與障礙，是每個人心靈構築的危樓所致，與上帝有意阻礙的巴別塔全無關聯。

我憑藉對光的直覺，用純手動曝光模式，拍下很多張教堂內的聖象。

一座座聖象，聖父，聖嬰，聖靈，堅信愛情業已死亡，如空氣般輕飄。

一個、兩個、三個………沒有數究竟轉了多少個彎，總之，徒步走上了大教堂內部一百零一米高的鐘樓——吉拉爾達塔（Giralda）。

在塔頂，西班牙最古老的鬥牛場，被包括在視線範圍之內。

女鬥牛士的謝幕演出，脊背中了數劍的奔牛，把美麗、瀟灑的她頂成了醫院病榻的植物人。

從此以後，男友一心一意照料她，兩個人再也發生不了任何爭吵，因為只有男友一個人能說話，對她說，而不再是與她對話。

這感覺，和我在教堂面對這一具具聖象所派生出來的冰冷情感，如出一轍。

愛情在孤獨面前變得表面化，愛情，不過是孤獨傾訴的對象。

有多少人肆無忌憚的大聲表達愛，也同樣有多少人把愛的表達埋藏心底。

大聲說的，說了等於白說；而沉默的，無人傾聽。

牛的愛情，簡單得多。

臨近傍晚，大教堂開始清場。

人越來越少。

一座聖嬰的肖像因為反光的緣故，二次折射的光暈碰巧與我的鏡頭重合，重新投影到肖像本身。

這是張巧妙的相片。

這份巧合的巧妙，是身處最黑暗的夜裡、最明亮的一道光。

上帝眼裡忠實的孩子們，陷落在搭建高塔的通天夢想中，所謂望到的歸途，不過是碰巧反射過來的一束光，僅此而已。

上帝根本就沒有毀滅在建的巴別塔，是建塔的人類自己羈絆住了自己。

舊約時代，先知輕輕撫摸幼小的牛犢稚嫩的額頭，然後殺了作為祭品；二十一世紀的今天，我們不過是上帝眼中迷途的羔羊。

和講著同一種語言的人打一輩子交道，可能他還是領悟不到你的心思。而真正拯救你靈魂的，或許是一個講著不同語言、與你萍水相逢的異鄉客。

上帝在創世之初擾亂了人們建造巴別塔的計畫，巧妙的是，因為語言不通而天各一方的，在若干世紀後的今天，終於親切的向你迎面走來。

四海之內，皆兄弟也。

分開的，終有一天，重新結識。

塞維利亞的眾生相，來自安達盧西亞的泥土芳香，簡單，直接，粗獷，即便邪惡，也邪惡得純粹真實。

甚至你可以嗅得到聖皮斯胡安球場的歡呼聲和汗臭味。

沒錯！昨晚，塞維利亞剛剛在西班牙甲級聯賽主場二比一擊敗了強大的巴塞羅那。

西班牙國旗的紅與黃，熱血與黃土，終究要密不可分的共同流淌。

深夜，巴士緩緩駛離聖‧塞巴斯蒂安車站。

還要在武器廣場那一站簡短停靠一下，然後才徹底離開塞維利亞。

夜一樣的黑，倒轉的白色斑馬線，隨著漸漸闔上的惺忪睡眼，化作夢境中看不到結尾的破折號。

另一個版本的《FESTA DE RUA》，女歌手的嗓音既沒有溫暖的慵懶，也聽不到蔓延開來的歡快，而是非常古怪的先蒼白、然後突然高亢，那感覺就像是一個人從平緩的陳述突然轉變成拿起擴音喇叭的高聲呼喊。

我喜歡這種演繹方式，太喜歡。

聽完這首歌，過了武器廣場車站，我睡著了。

遺忘無關緊要；遺忘是清醒時、無夢的睡眠。

「時間有無數系列，背離的、匯合的和平行的時間織成一張不斷增長、錯綜複雜的網。由互相靠攏、分歧、交錯或者永遠互不干擾的時間織成的網路包含了所有的可能性。在大部分時間裡，我們並不存在；在某些時間，有你而沒有我；在另一些時間，有我而沒有你；再有一些時間，你我都存在。目前這個時刻，偶然的機會使您光臨舍間。在另一個時刻，您穿過花園，發現我已死去；再在另一個時刻，我說著目前所說的話，不過我是個錯誤，是個幽靈。」

——豪爾赫‧路易士‧博爾赫斯

直到Milton Nascimento真假音變換自如的歌聲響起，我才從筆直公路

模樣的睡夢中轉彎、停下。

《Vendedor de Sonhos》，同一首葡語歌曲，巧合的聽到了另一個版本，距離最初的版本，相隔十年時間。

十年，從杭州到雲南，從彩雲之南，到告別西班牙的午夜巴士。

在做夢的人的夢裡，被夢到的人，是清醒的。

被叫醒。

我旅行的路，並不是因為與旅行的固有涵義產生敵意從而上路，而是看到了旅行的固有涵義對大眾的導向之後，對於那些被遮蔽的、同樣重要的東西的追求而上路的。

這樣子上路，有種儀式感。

時間，是倒立的金字塔。

答案，終成一齣悲喜劇。

一個永恆的旅人用不斷重複的無序串聯起一條故事的長線，這是否能給孤寂的守候者一些暖意的寬慰，只能說因人而異。

至少，回憶似曾相識的滄桑變幻，我們不再茫然不知所措，不再投生輪迴，而是懂得隨著節奏走出宿命。

循環的聲音，來自上帝的聖韻。

1. 西班牙最美麗的
廣場。
2. 聖韵。
3. 塵封，狂放。
4. 慵懶撥弄的吉他
琴弦。
5. 聖十字區。
6. 遠方的鬥牛場。

1. 眾生相，循環的聲音。
2. 不召自來的愛情。
3. 聖嬰之光。
4. 卡門之路。
5. 安達盧西亞的清晨，塞維利亞。
6. 通幽的中庭院落。

# （二十四）日落之處

悟，況味，三重門，離港列車，時光的地方。

人的肉身活在當下，精神卻活在以前某個年代；等到這個人真的穿越到那個他心目中的理想年代，卻發現，肉身活在那個年代的人，精神同樣活在更早的某個年代。好吧，就算是做了場夢，那個和你一樣、喜歡走在雨中巴黎的姑娘，最後還是來了，來到你身邊，陪你一起走，永遠不再離開。

> 「同一個事物每次激發出不同的含義，但這含義中迴響著（像回聲，像一連串回聲）之前曾有的所有含義。」
>
> ——米蘭・昆德拉

七年前，巴黎。

列車飛馳，鐵道兩邊是望不到盡頭的金色油菜花田。

空蕩蕩的一望無垠，一幢磚紅色老房子成為視線的座標。

開始減速，巴黎，就在前方不遠處。

TGV車門、行李、月臺、車站帶著音樂節奏的法語播報，我全沒了印象。

「GARE DE LYON」車站的站牌非常醒目，一對中年情侶深情吻別。

巴黎，在我心中總是一言難盡、毫無頭緒的一份美麗。

春天的左岸，此時完全是寒冬節氣，獨坐長椅的老人，冷風吹起他稀疏、凌亂的白髮。他緊了緊脖子上的深紅色圍巾，抵擋一些蕭索的寒意。

C'est Si Bon…………

左岸，右岸。錯誤的美，美的錯誤。

為什麼人們總是首先提到左岸？

人文情懷？富家子弟玩出來的「新浪潮」？

還是我們在那兒都盡可能的身處文學和藝術的庇佑之下？

我看到一個人拍照時總喜歡把右手放在左邊心口。

好像心痛的掙扎。

聖母院，窮人聖于連教堂，盧森堡宮，埃菲爾鐵塔，叫不出名字的景物。

在盧浮宮，參觀畫作的人們，遠比畫本身有趣。

兩個女孩子望著一幅畫作，時而凝視，時而打著手勢低語，相互探討彼此新的領悟。

還有個女孩子獨自坐在不遠處，托腮沉思，得到靈感啟發後，偶爾在素描畫板添上一筆。

蒙娜麗莎的微笑，被遊客圍得水泄不通。

在巴黎，露天咖啡館永遠是多姿多彩的。不，每個咖啡館都有屬於自己的顏色，僅僅一種顏色。

多彩與無色，天生一對。


從巴士底廣場去往右岸的蒙馬特高地。

她和他，能否成為「我們」？

夕陽映照下的聖心大教堂被塗抹上一層暖意的粉紅。教堂內，祈禱信眾緩步前行，環繞一周後從出口離開。

教堂外的高高臺階，叛逆青春期的少年正揮霍他恰逢其時的狂想與躁動。

比無賴更無賴的黑人小販，壞笑時露出滿口白森森的牙齒，與聖心大教堂透出的綠光詭異得並無二致。

這就是巴黎，包容了千奇百怪、各式各樣的存在，骯髒的聖潔著。

夜幕降臨，第十八區，皮嘉爾廣場，一座座聲色場所開始熱鬧起來，紅磨坊其實並非廣告式的焦點，甚至每家夜總會都比她更「巴黎」一些。

香榭麗舍大街，凱旋門，愛麗舍宮，不起眼的總統府，夜晚閃耀起黃光的埃菲爾鐵塔，四處流竄的黑人小販，五月寒冷的空氣。

我不想再繼續旅行了。

厭倦了。

寒冷的清晨，凱旋門不停歇的車流，旋轉在有礙視線的弧形交叉路

口。

坐在香榭麗舍大街的長椅上，無力的四處望著，好像在經歷「什麼都沒有的經歷」。

長髮盈動的姑娘，翩然經過還沒開始熱鬧的咖啡館。

那座咖啡館的顏色，就像「克萊楓丹」筆記本的紅色塑膠封皮。

讀書男人的雙腿擺成一個怪異的弧圈。

我身上什麼都沒有，沒有書，沒有香煙，沒有啤酒，沒有照相機。

蒙帕納斯第五十九層的開放式平臺，我站在最邊緣的位置，望向那一片聖潔的白色公墓區。

風吹亂了頭髮。

站在至高點所看到的公墓，原來這樣光芒萬丈，神采竟然蓋過地標建築埃菲爾鐵塔。

塵世中的理想天國，也莫過於此吧。

午後，綠樹紅花掩映下的埃菲爾鐵塔，總算有了春的暖意。

便利店買的草莓，香氣芬芳了一整個下午。

凡爾賽區，是巴黎郊外的一片楓葉。梧桐樹下，獨坐的長髮姑娘望著鋪滿落葉的長街。

凡爾賽宮的一切：大理石台、穹頂壁畫、木板高門………昔日「太陽王朝」金碧輝煌的所有，讓我失去方向感。

紀念，是為了不會忘記。

忘不了的人和事，為什麼也要留下紀念？

也許只不過是為了徹底忘記而找到的、最適合的藉口罷了。

沒錯，紀念已經留下了，放在那個地方了，從此以後，就可以輕輕鬆松的忘記。

一位身穿黃袍的亞洲僧侶，帶著奇特的目光注視著穹頂的壁畫，在他身旁同樣凝神注視的，是一位與僧侶素昧平生的、金髮飄飄的歐洲女郎。

路易十四哪怕再奢侈無度，好大喜功，他終究留給世人一座宮殿。

男人總想改變女人，女人也同樣渴望男人為自己改變。

走出宮殿，富麗堂皇的後花園內，噴泉，池塘，幾何形狀的路。

路盡頭是一片開闊的不規則林木區。

這是一座「無邊」花園。

找到一個永無盡頭的前方，比找不到前方，更叫人不知所措。

兩座附宮，哪一座是「Grand Trianon」？哪一座是「Petit Trianon」？

兩座看起來完全一樣的附宮，為什麼還要用不同名字區分開？

巴黎野玫瑰，綻放？還是繼續枯萎？

美麗的香水姑娘，左耳佩戴一朵白裡透紅的花，一頂優雅的黑色禮帽，以優美的曲線過渡到右眉後。

淡雅的芬芳，給了我巴黎的顏色，讓我總算有了「繼續下去」的靈感與勇氣。

走在一條普通的巷子裡，前方不遠處一隻可愛的小狗，從路邊自家大門內露出半個腦袋，一雙淘氣的小眼睛向我這邊張望。

天色將晚，巷子的石路成了溫暖的醬黑色，日落的餘暉懶洋洋灑落到紅色咖啡館的棚頂。

今夜，我還沒有真正離開巴黎。

其實已經離開了。

不是只有飛機起飛後一次輕輕的揮手，才算正式道別。

五光十色的塞納河夜色撩人，河畔的天鵝林蔭道，閃爍起船的燈火。

霎那，給了「延續」一個再優雅不過的理由。

我們邂逅于彩虹消失前的最後之際。

然後呢？

一切油然而生，自然發展。

巴黎告別夜，旋律進入抒情的「VIOLIN」。

---

離開的清晨，巴士被堵在路上，車窗外，是聖丹尼斯的法蘭西大球場。

妳是我生命中的陽光。

真愛，真愛。

真正的愛，就是真愛。

我們深愛著「真愛」，生生如此。

巴黎芬芳如她，右手無名指上戴著一枚花戒。

這代表什麼？

神聖的訂婚？

純屬自娛自樂的率性而為？

還是真的具備修女的心性？

戴高樂機場就在不遠的前方，想像，回歸於想像。

---

巴黎，戴高樂機場TERMINAL F，2000個日日夜夜過後，重回。

這一次，巴黎僅僅只是中轉站。

周遭的空氣氣流、語音播報、你來我往的乘客，這一切，由不得我不想起第一次來巴黎的舊時光景。

那時候，二十七歲的我，去了巴黎幾乎所有遊客能去的地方。

可我感覺自己好像沒來過巴黎。

這感覺一直延續到今天。

那是心底深處不時釋放出的一絲涼意，就像當年親眼看到的、左岸長椅上吹著冷風低頭讀書的老者。

隨著時光流逝，很多的人，很多的事，到了最後，會讓你感覺特別的滑稽，特別的微不足道，對此，你只有像個孩子一樣回頭望去。

塞納河永遠擺脫不了遊人走掉一地的匠氣。浪漫之於巴黎，與無跡可尋之於愛情，並無二致。

左岸，是一條通往幻滅的長路。

長椅，不論左岸、香榭麗舍大街、還是凡爾賽的寧靜郊外，坐在這上面，我們想像著自己業已老去，然後，重返年少的青春現場。

巴黎的一切都是中性的。沒有激情與瘋狂，也不存在什麼非主流的冷漠與詼暗。懷疑，也像是掛在牆上並非最新完成的五彩塗鴉，幾種顏色不規則的擴展起各自誇張的版圖。

小咖啡館散發的是濃情，淡雅的，原來是女性香煙的味道。

　　對愛的懷疑，不是對愛的對象的懷疑。愛人，可能只是我們觀念之中的一個具體形象，一個印象，我們愛的不是對方，而是自己的印象。對方，只不過是自己印象投射過去的某種契合。

　　多年之後的今天，巴黎對於我最深刻的一段記憶，是從蒙馬特高地返回凡爾賽區的路上，時間大概是晚上九點鐘，汽車經過一座古老石橋，然後向右轉，這時候剛好汽車前燈照亮了左手橋邊的一座白色石灰雕像，雕像是一個女人，裸體，身高與正常女人一樣，就這麼孤零零佇立在憑欄處。

　　在白天，這個地方一定是一道美麗風景。

　　如果不是因為汽車轉彎燈光導致我的突然發現，我想另一尊完全一樣的雕像，一定靜悄悄佇立在橋另一端的憑欄處。

　　黑夜，轉彎，讓平凡變得突然不再平凡。

　　終究要回歸平凡。

　　那一夜的巴黎，看不到星星。

　　在這座歐洲最大的都市，凡爾賽郊外的夜，呈現出巨大的寂靜。

　　我在巴黎寂靜的星空下，揮霍起年輕生命的無題倦怠。

　　究竟是不是為了思考而思考，不得而知。

　　那一夜，我以為巴黎是最後一站，歐洲的最後一站，甚至整個世界腳步的最後一站，左岸，看起來就像一個並非句點、卻代表終結的古怪符號。

　　是啊，不說一句臺詞，只在臺上走來走去的龍套，因為可以登臺露面，繼而享受那一份難免華而不實的莊重，便心生滿意。

　　如果真的只是這樣，那我做得足夠了。

　　不是這樣的，絕對不是。

　　今天看來，巴黎遠遠不是終結。

　　印象中的巴黎，反而終結得過早，太早太早。

⋯⋯⋯⋯⋯⋯⋯⋯⋯⋯⋯⋯⋯⋯⋯⋯⋯⋯⋯⋯⋯⋯⋯⋯⋯⋯⋯⋯⋯⋯⋯⋯⋯⋯⋯⋯⋯⋯⋯⋯

　　兩個小時，從巴黎飛抵里斯本。

　　機場開往阿爾梅達站的地鐵紅色「船舶」線，車廂內的北非流浪漢左

肩掛著風琴，右肩膀搭著一隻小狗，小狗蹲坐得很穩，流浪漢在他小嘴上掛了一根細繩，繩子下面懸著一個乞討用的塑膠瓶底。

流浪漢的琴聲，動聽過藝術家。

小狗的目光告訴每一位注視的乘客，它和流浪漢是一組親密的落魄搭檔。

這就是里斯本，事物的狀態被故事的主線取代，人們不習慣認同大眾的主導視點，而更習慣各自心底暗自欣喜過後，彼此面孔相對的歡顏。就好像從相片的畫面感裡，能夠讀出聲音的存在。

羅西歐公寓就在臨近聖胡斯塔升降機的街區，遲到的胖房東菲利佩‧卡巴列羅先生滿臉歉意，他幫我打開一瓶「Quintalinho」白葡萄酒，像是在告訴我，作為一名里斯本居民，遲到是情理之中的生活必備，你要學會慢慢適應。

羅西歐廣場噴泉邊，一個俄羅斯女孩請我幫忙為她留影。我端詳了半天，也捕捉不到她和噴泉時不時飛來的鴿子共存的畫面，最後還是硬著頭皮拍了一張「到此一遊」。她看了照片倒是很高興的樣子，對我笑著說聲再見，然後徑直往聖喬治堡的方向快步走了。

噴泉水在同一個地方升上去，落下來，再升上去，再落下來………在陽光下閃耀出日復一日的毫無意義。

好在，有那個留影姑娘的笑容，無聊的噴泉才有了塔古斯河潺潺流水的寫意，連我也不由自主微笑起來。

對於根本不可能實現的願望而言，空想家們會快樂一輩子。

而對於生活中那些摸得著碰得到的、很可能實現的願望，才可能給一個人最有力的幻滅一拳，足夠致命。

對於不能成為第二個愛因斯坦，我一點兒也不失落。

對於從今以後再也看不到哪怕一次那個從羅西歐廣場街角右轉消失的噴泉留影女孩子，我才會感受到莫大的遺憾。

有一種夢，牢牢的靠近不可能實現的巧合畫面。

傍晚，海邊，日落之前。

天空是「Super Bock」啤酒的琥珀色，海浪如同斟滿一整杯的藍色小麥氣泡。

滿瀉的落日，營造出天空中淤滯的金色緘默，共同勾勒出一份錯覺。這份錯覺，讓我無原由的生出一份懷舊之情，並且就此無限蔓延開來。

黃昏，外部的黃昏，心中的黃昏，沒什麼兩樣。

如果黃昏千篇一律，那我還看什麼落日………

在這日落之處，我該歸向何處？

一對葡萄牙情侶遞給我手機，請我幫忙拍張合影。

他們還告訴我說，用手機也能拍出你手中照相機同樣效果的照片。

我禮貌的笑了笑，沒再講什麼。

舉起相機，拍了遠方駐足的一對飛鳥。

光線呈現出暗紅色與古銅色匯合的奇幻，這不是微風呈現的色彩，而是不情願掠過的雙鳥對於天空短暫停留的點綴。

在這片海岸石台閑坐的人們，不是流浪漢就是情侶。

我既不是流浪漢，也沒有情侶的身份。

我就像地面上碎渣一地的啤酒瓶，不頹廢，反倒是里斯本海岸沿途風光的默默奉獻者。


愛情，現在沒有，並不意味著永遠沒有。

總會有的，在某個日落黃昏。

里斯本市郊，辛特拉，摩爾人城牆的單一粗糙，與佩娜宮的抽象色彩，是從醜陋真實走向貌似美麗的一則寓言。

一路上聽了一整天Madredeus（聖母合唱團）的法朵，主唱特蕾莎的嗓音哀傷清亮，她告訴你的是，即使悲傷，也要優雅從容的悲傷下去。

明快的吉他伴奏進程中漸入的四三拍風琴，悠揚如駛離港灣的渡輪，盼著歸期，載辛載奔。

半山腰的小車站，雙肩背著書包、放學等車的小姑娘笑著和汽車司機揮手。

歐陸最西端的羅卡角，路止於此，海始於斯。

落日彌散的倩影，是吹進我眼裡的砂子。

白皙的一雙長腿，是心頭拔不掉的一根刺。

隨風飄蕩的衣袂，是抹也抹不去的一個字。

汽車站就像個露天微型古劇院，人們在一個個轉彎抹角處歇息等候，很難看到彼此。

車遲遲不來，落日餘暉行將散盡。

兩個俄羅斯男人開玩笑說今天不會有車來了。

聽了他們一席話，我至少陪送了一個粉飾尷尬的笑臉，而旁邊那個始終冷著臉的韓國女孩子依然無動於衷。

天黑之後的歐洲最西端，除了嶙峋怪石，以及頑強活著的醜陋植被，再無其他。如果再沒有車來，我真的準備在這個小車站待一整晚。

有多久沒這樣過了？我問自己。

等候來時路的轉彎處突然出現一趟車，就像是等待求生的最後一絲殘存希望。

人只有在這時候，才能徹徹底底分清早該珍惜的，與早該放棄的。

剛開過玩笑沒多久，車就來了。

夜晚霓亂的卡斯凱什，路燈、車燈、商鋪的彩燈，鋪張開一大片類似摘掉近視鏡所看到的碩大圓型光暈，以莫名的顏色，在天黑過後的第六感意向中反而趨於明顯，而並非模糊。

........................................................................................................

迷宮般的上下坡路，仿佛盤根錯節的古老樹根，縱橫交錯在隱秘的里斯本阿法瑪（Alfama）區。

「叮叮，當當當…………叮叮，當當當…………」

有軌電車來了，又走了。

又來了一輛。

又走了。

當你的隨身聽播放的是再熟悉不過的一段音樂，那麼，即使你忘了摁「播放鍵」、帶著空耳塞漫步街上，你也會毫不在意的、以為音樂在耳朵裡播放。

太過熟悉的親切，用不著特意去傾聽。

聖喬治堡（Castelo de São Jorge）最高點的瞭望台，將里斯本的河兩岸分隔成船槳形狀的離島，大耶穌像，是一位在山巔觀看馬戲表演的慈祥老人。

時間關係，光線還是太過強烈，反倒是陰暗處「散步」的灰鴿子成了一道風景。

在縹紗樂聲的指引下，穿過三重門，步入未知的昏暗房間。房間裡只點了一根蠟燭，一隻葡萄牙的新派「法朵」樂隊正在排練，樂隊的名字叫做Madredeus（聖母合唱團），正在排練的曲目名叫《Guitarra》。女主唱特蕾莎（Teresa Salgueiro）輕輕頷著頭，眼瞼低垂，帶著一抹轉瞬即逝的微笑，動人的歌喉飄揚起空靈舒緩的磁性，而伴奏的古典木吉他，尼龍弦音色溫潤，彈奏著傷感、優雅的拉丁旋律。

「親手」帶給你這座城市的，是聲音，是法朵，是流浪漢，是陽光，遠不是小山高的書籍。一升容量的「Super Bock」冰啤酒，足夠帶著你步入慵懶卻不頹喪的情境之中。

> 「我感到自己像一個虔誠的過客，一個被塗抹聖油的朝聖者，一個無理由、無目的的沉思者，被放逐的王子，臨行前憂傷地完成對乞丐的最後一次施捨。」
>
> ——費爾南多·佩索阿

在里斯本，我試圖脫離故事，最後，卻又不得不陷入故事。

主教堂外（Sé de Lisboa），一身黑衣的乞丐老婦人，看不到臉的老婦人，躺在緊閉的大門前啜泣。

比爾·蓋茨和某個乞丐具備同樣的聲望影響力。我們要試著學會在特定環境中去看特定的人和事。整個世界沒有人不知曉那個頂著世界首富稱號的美國人，而在整個里斯本，同樣沒有人不知曉主教堂大門外躺在角落裡乞討的老婦人。

我們拒絕施捨乞丐零錢，並不是因為我們吝嗇，而是因為我們羞怯，羞怯到懶於解開我們的外衣紐扣。

甚至連我自己都不知道，為什麼在里斯本拍了那麼多關於「流浪的

人」的相片，流浪的人，包括流浪藝人，教堂外的乞丐，純粹的流浪漢，還有一些你不知道他究竟是幹什麼的人。或許，在他們身上，我找到了某種脫離故事的親切狀態。

那些曾經愛過我的、已經不在的親人，童年枕在悠悠起伏的白色胸膛，就在今天，似乎遺棄了我的心靈，讓我不得不在不知是否自欺欺人的自我之暗夜，孤零零、無意識的遊蕩。

我是想哭、卻哭不出來的乞丐。

如果有故事存在，那麼故事的形式，就叫做里斯本。

故事的內容，就叫做里斯本故事。

15E黃色有軌電車穿過一條條街，來到市郊的貝倫區。

我是自己靈魂的路人，是一塊掉在地上、沒有被摔碎的鏡子，憑藉真實的感受，映照起整座大千世界的冰山一角。

貝倫塔不遠處的大航海紀念碑上，恩裡克王子率領一個個航海家，達伽馬，麥哲倫………奔向天空遠航。

聖熱洛尼莫修道院外，歷史上第一家蛋撻店「Pasteis de Berlim」，夜幕灑落在微微閃著淡藍、水紋圖案的遮雨棚上。

日落約了日出，日出爽了日落的約。

日落繼續等，等到新的日出。

新的日出，定格在日落之處，從此之後，不再放逐。

日落，終成一篇幻滅的黃昏之詩。

這些年，在一個個港口稍作停留，勾勒出一長串漂流與孤獨的長久。

見多了浩瀚的海流，也就從此謹記，淚水，切莫輕易的流。

去，還是留，都是由不得自己的願望。

該去的時候停留，該停留的時候遠走，希望變成困惑，而困惑，惶恐等待起下一個未知的希望。

未知的希望，在今晚的貝倫區，像一場隆重的黃昏葬禮。

什麼是命運？

命運就是，今天想方設法讓你喜歡上什麼、想要得到什麼，到了明天

就變戲法一般告訴你，你喜歡上的，其實是你永遠得不到的。

在情感世界裡，我們曾被錯誤寵倖，我們曾被幻滅愛撫。

在深知可能永遠找不到永恆的寧靜之後，仍然義無反顧、孜孜不倦的追尋愛情，是因為我們同樣深知，一定可以找到哪怕片刻、哪怕少許的寧靜。

那個妳，究竟在哪裡？

塔古斯河，不再是大耶穌像之巔望到的、抹上金綠色的醬藍。

河流終將流入大海，而海浪回饋的浪花，可能就此注入沙灘上不起眼的小水窪，永遠不再回到海裡。

自我的迷失，就像那條得不到海洋任何回饋的河流。

對此，不要再講什麼悲傷或是喜悅，因為這是大自然不可抗拒的力量。

會有那麼一天，人會變老，想像力、情感、某方面的心智、處理感受的方式，這一切都會衰退、喪失，很遺憾，卻也不足為奇。

你不可能總站在岸邊，註定要穿越旋渦，一步步靠近深海。

陰差陽錯的是，只有站在海岸上，才能看清楚那個海底的自己。

........................................................................................

返回Baixa Chiado的15E電車，一路上無論從任何兩棟樓的間隔望去，都能看到「四月二十五」大橋之上、俯瞰眾生的大耶穌像。

這裡是里斯本，不是里約熱內盧。

這裡沒有桑巴，這裡有法朵。

還有大航海時代過後、永遠抹不去的驕傲血統。

在天之父長長的大手，用無影無形的姿態與方式引領我們一步步走在未知當中，是的，不是走向未知，而是走在未知當中。我們都是塵土，世界是風，心靈在變幻莫測中起伏不定。小時候我們的小手被大手牽引，現在愛人的手被我們牽引，低處信仰的目光被高處耶穌展開的長臂牽引，每個人的熱情實際都在被幻想牽引，而並非自我清醒的意識。

所以，請別再說我的「意識流」意義何在，即使從最低處的生活解不開的矛盾，攀登到無垠的天空最高處，如果沒有過程，只有點對點的空間置換，每個人都避免不了可怕的虛無，不論承認與否。

「我的愛啊，我在不安的靜寂之中，在風景變成『生』的光環而夢只是夢的這個時辰，我舉起這本奇怪的書，像空房子敞開的大門。

我搜集每一朵花的靈魂去寫它，用每一隻鳥唱的每一個流逝的旋律織出永恆和靜止。

請你讀它，那就是為我祈禱，請你愛它，那就是為我祝福，然後忘記它，像今天的太陽忘記昨天的太陽…………」

——費爾南多・佩索阿

夢如果有目的性，應當是為了摒除對抗的生活，這樣才要依靠旅途的腳步來續。

如果我們的生活僅僅只是某種「被生活」的狀態，那麼，口中緩緩道出的故事，恰是最值得自豪的自我創作。

創作出來的作品，屬於我的作品，並非快樂。快樂過於膚淺，很多人認為自己很快樂，同時認為其他人不快樂，其實他們快樂的從屬性並非生活，而是生活中對於自我的過分沉浸，並且毀滅了與他人生活之間聯繫的紐帶。正如絕症患者的快樂是死亡的暗影，正如熱戀中女孩子的快樂是婚姻那一刻尚未到來之前、浮想聯翩的、無意識的下意識。

在思念這份曾經的悲情之際，我不知曉究竟心存怎樣的懷舊之情。

自我的黃昏，平靜如大河。

風景不再是風景。

我，還是我。

肋骨唱著情歌，把它傳遞給遙遠故鄉的某個尚未來臨的妳，作為愛撫，過濾掉即將來臨的、夜的愁緒。

我們，和我們追逐的夢，終有一天，不再錯過。

里斯本，見證了我自己一段又一段、漫長的歷程：職業生涯從顛簸到

平穩的十年歷程，人生歲月成長、成熟的二十年歷程，六次搬家的歷程，足跡遍及五大洲的歷程，拍攝的相片獲得國際認可的歷程，還有我的感情走到歸屬的歷程。

在乘坐法航班機從里斯本返回巴黎的九個半月、近三百個日日夜夜之後，葡萄牙男子足球隊在巴黎聖丹尼斯球場擊敗東道主法國，捧得歐洲杯。對於這份不多不少、不偏不倚的「巧合」，我由著情緒的自然流露，寫下了一段話：「巴黎，清晨的香頌；里斯本，黃昏的白葡萄酒。里斯本故事，以流浪作序，以光明收尾」。

1. 她和他，我們。
2. 長髮盈動的巴黎姑娘。
3. 獨坐的老人。
4. 日落之處。
5. 況味，左岸。
6. 不停歇的弧形交叉。

1. 塵世中的理想天國。
2. 佩娜宮的奇幻色彩。
3. 花戒。
4. 王子率領的先驅們。
5. 金色緘默。
6. 低語。

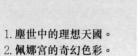

1. 落日彌散的倩影。
2. 隨風清揚的衣袂。
3. 行將散盡的餘暉。
4. 寓言，預言。

1. 虔誠的過客。
2. 約定與爽約。
3. 乞討的老嫗。
4. 悠然起伏的胸膛。
5. 隱秘之迷宮。
6. 流浪藝人。

1. 流浪作序，光明收尾。
2. 不再錯過。
3. 我和我追逐的夢。
4. 那個妳，在哪裡？
5. 從此不再放逐。
6. 自我黃昏，平靜如大河。

# 尾聲

關於「銅弦」篇的旅行內容，實際發生在2014到2015這兩年期間。

開始於尼泊爾的加德滿都，結束在葡萄牙里斯本。

在此，我想把自己的旅行經歷特意劃分一下，分成不同時期、不同階段，並且以幾個字來概括定性每段時期、每個階段的總體狀態。

那麼，1990年代，從學前開始，父母帶我去拔牙，以帶自己去歷史博物館看恐龍作為「招牌」，作為安慰還是小孩子的我忍受拔牙之痛的「糖果」；然後，上學階段每年盼望的春遊，興奮到出發前一晚肯定睡不著覺，等等等等。這一時期，算是旅行伊始的「蒙昧」時期。

2001年至2005年，是以江南、以杭州為主題的「萌芽」時期。

2006年至2009年，從四川開始，到青島為止，是「成長」時期的「少年」階段。

2010年至2011年，從約翰尼斯堡到伊斯坦布爾，是「成長」時期的「青年」階段。

2012年至2013年，臺北的出發，京都的歸來，這一「成長」時期的「成年」階段，毫無疑問，是我個人旅行經歷的巔峰時期。是的，無論天時、地利、個人身心狀態、各種因素和睦共生、相互交融所派生的影響力，俱在最佳。而克服生活中紛繁瑣事帶來的重重困難之後完成的這段旅程，更顯難能可貴。

在這之後，我原本以為自己會長時間的休息。調整狀態，培養情緒，累積新的知識，因為關於旅行的靈感源泉，在多年以來的盡情迸發過後、瀕臨枯竭。

實際情況呢，比料想中的時間早了很多，在2013年底，我就因獲得全新靈感，開啟了又一段時期的旅行。

這份全新的靈感，源自難免老掉牙、往往被眾人逃避甚至忽略的、返璞歸真的「愛」。

去尋找愛，以愛的歸宿，作為人生這段獨行旅途徹底的終結，是再好

不過的告別方式，遠勝巔峰過後的休養生息。

就這樣，2014年至2015年，成為我的旅行最為成熟的「黃金時期」。

在今天看來，其蘊藏的內在價值，對外展現的風貌，所思所想，我認為不亞於2012年到2013年這段旅程，甚至某些方面，功力還要更深厚。

因為我比以往更成熟，不論旅行經驗，還是生活磨礪。

「藍色」三部曲關於宗教與人性的碰撞思考，在里斯本的最後一聲呼喚，雖然關於愛，並沒有任何結果，但真正的結果，從一年後的2016開始，一個個接踵而至。

那已然是關於「蜜月」旅行的後話，更是與以往截然不同的嶄新階段。

所以，在幾年後的今天看來，2014年至2015年這一時期，里斯本的見證，業已成為真正意義上、一段人生歷程的終結。

當時是看不出來的，一定要經過時間沉澱，才能看得清楚。

而這正是「銅弦」篇成書的緣由、意義所在。

---

之前的「沙漏」篇，結束在日本。關於鎌倉的尋找、以及東京五光十色的迷蹤，讓我完成了超越狹義愛情、昇華到關於家庭、親情、人生、生死這一廣義的愛的文字。

那次結束，讓我到達某種意義上的頂點，無需再繼續什麼了。

甚至連讀過那篇文字的朋友，都在留言中說，以為我不會再繼續旅行。

而「銅弦」篇中的里斯本，作為再一次終結的里斯本，不同於鎌倉。

鎌倉是靜態的無聲畫面，而里斯本，是關於聲音的，是音樂性的，是律動的。

鎌倉是追尋的無意義張力，里斯本，則是優雅從容的悲劇感染力。

鎌倉是重的，里斯本是輕的。

一個是畫，另一個是音。

一個完成於三十歲的我，另一個完成於三十二歲的我，反過來，這兩個地方將我不可能再複製的年華，相對完整的記錄下來。

---

「沙漏」篇的尾聲，是一句「旅行繼續」。

這一次，我不想再重複這句話。

不重複，不代表忽略，而是更細化語言的分量。

因為，下一個主題，下一個關於旅行的人生時期、階段，應當是「永不停歇的旅行」。

是的，永不停歇，正是下一個主題。

一段旅行接著一段旅行，沒有時間劃分，沒有地域的特別意義，完成一段，記錄一段；繼續下一段，繼續記錄下一段。周而往復，直到內容足夠成書。

成書，並不意味著結束。

還有下一本嘛，旅途不停，文字不停，音樂不停，畫面不停，情緒不停。

就算老去，一切仍不停歇。

一個人，兩個人，三個人，一家人。

歸來的笑意，才是永恆。

姜輝

2019年9月3日，北京。

# 結束語

謹以此篇文字獻給我的女兒。
妳是夜空中最明亮的那顆星。

用腳步抒寫的生命之旅。

國家圖書館出版品預行編目

旅客 / 姜輝著. -- 臺北市：獵海人, 2021.01
　　面；　　公分
　　ISBN 978-986-99523-4-7(平裝)

1.旅遊文學 2.世界地理

719　　　　　　　　　　　110000702

# 旅客

作　　者／姜　輝

出版策劃／獵海人

製作銷售／秀威資訊科技股份有限公司

　　　　　114 台北市內湖區瑞光路76巷69號2樓

　　　　　電話：+886-2-2796-3638

　　　　　傳真：+886-2-2796-1377

網路訂購／秀威書店：https://store.showwe.tw

　　　　　博客來網路書店：https://www.books.com.tw

　　　　　三民網路書店：https://www.m.sanmin.com.tw

　　　　　讀冊生活：https://www.taaze.tw

出版日期／2021年1月

定　　價／500元